SUPPLEM

MATERIALS for

FIRST YEAR POLISH

SUPPLEMENTAL MATERIALS for
FIRST YEAR POLISH

Leonard A. Polakiewicz

Slavica Publishers, Inc.

Slavica publishes a wide variety of scholarly books and textbooks on the languages, peoples, literatures, cultures, history, etc. of the USSR and Eastern Europe. For a complete catalog of books and journals from Slavica, with prices and ordering information, write to:

Slavica Publishers, Inc.
PO Box 14388
Columbus, Ohio 43214

ISBN: 0-89357-215-2.

The tapes listed on pages lv to lxi may be ordered from Department of Russian and East European Studies, 253 Elliott Hall, University of Minnesota, Minneapolis, MN 55455. They are not available from Slavica.

This book was published in 1991.

Printed in the United States of America.

INTRODUCTION

The material in the present workbook is largely based on Oscar Swan's *First Year Polish*, second edition, revised and expanded (1983). Part I, Alphabet and Phonetics, consists of a presentation of the Polish alphabet; an inventory of Polish consonants; a note on Polish phonetics; and an extensive set of phonetic drills involving oppositions. Part II, Intonation, contains a note on Polish intonation followed by contours corresponding to the dialogues found in Swan, L 1-3 and intonation drills with contours based on Stanisław Puppel *et al.*, *A Handbook of Polish Pronunciation for English Learners* (1977), units 56-59. Part III provides an Index to Recordings based on Oscar Swan's *First Year Polish*, located in the Learning Resource Center in Walter Library with references to corresponding pages in Swan's text. The last segment of the workbook, Part IV, contains additional reading texts, dialogues, and an extensive set of grammatical drills all keyed to Swan's textbook. A Polish-English glossary is provided at the end of the workbook. Nearly every lesson offers examples of Polish proverbs and tongue twisters accompanied by an approximate English translation or an equivalent English proverb. These are to be treated as supplementary material which, together with the songs and illustrations are designed and intended to offer the student additional insight into Polish culture. Vocabulary from the proverbs and tongue twisters is not reflected in the glossary. A complete set of recordings (23 cassettes) for all four parts is available from the author of the present volume. Materials contained herein are intended to convey a sense of Polish culture. This, at times, may be at variance with American cultural attitudes and is not to be interpreted as necessarily reflecting the author's personal views.

I wish to express my gratitude to the following individuals of the Maria Curie-Skłodowska University, Lublin, Poland, for their assistance in the preparation of these materials: to Mgr Anna Dunin and Mgr Anna Grzesiuk for their help in developing the grammatical drills and to Mgr Anna Grzesiuk, Mgr Marek Kędzior and Mgr Anna Trębska for making the recordings. A special thanks is in order to Mgr Barbara Karczmarczuk for her help in developing the phonetic drills; to Doc. dr hab. Stanisław Grabias, MCSU and Prof. Michael J. Mikoś, University of Wisconsin, Milwaukee, for their advice regarding matters of intonation and phonetics; to Prof. dr hab. Józef Szymański for his wise counsel and technical assistance and to James A. Bueltel, University of Minnesota, for typing the manuscript. Finally, I wish to thank the Office of Educational Programs of the University of Minnesota for several EDP Grants which made this project possible.

Leonard A. Polakiewicz
University of Minnesota
June, 1990.

iv
ACKNOWLEDGMENTS

Most of the intonational contours in Part III as well as the pronunciation diagrams on pp. viii-ix and xiii are based on Stanisław Puppel, Jadwiga Nawrocka-Fisiak and Halina Krassowska, *A Handbook of Polish Pronunciation for English Learners*, Warsaw, 1977, Units 56-59 and are included with permission from Państwowe Wydawnictwo Naukowe and the authors. The illustrations "Adam Mickiewicz" on p. 36 and "Henryk Sienkiewicz" on p. 62 from Julian Krzyżanowski, *History of Polish Literature*, Warsaw, 1978, illustr. 20 and 34 as well as "Lech" on p. lxii, "Krakus Slays the Dragon," on p. 83 and "Krakus, elected Prince, establishes Kraków in the year 700" on p. 96 from Julian Maślanka, *Literatura i dzieje bajeczne*, Warsaw, 1984, illustr. 2, 4 and 7 are also included with permission from PWN.

Acknowledgments are also made to the following for permission to use their illustrations and graphics in the present workbook: To Adam Ropa for tonograms on pp. xxvii-xxviii, xl, xlix and liv from *Intonacja języka polskiego*, Instytut Badań Polonijnych, Uniwersytet Jagielloński, Kraków, 1981, pp. 47-48, 64, 67-69. To Polanie Publishing Co. for songs "National Anthem" on p. lxi, "One Hundred Years" on p. 67 and "Third of May Mazurka" on p. 108 from *Treasured Polish Songs with English Translations*, selected and edited by Josepha Contoski, Minneapolis, MN, 1953, pp. 27, 182 and 29. To Wydawnictwo Interpress for "Mikołaj Kopernik" on p. 6 from Janusz Wałek, *Dzieje Polski w malarstwie i poezji*, Warsaw, 1987, p. 72 and "Stanisław Moniuszko" on p. 123 and "Poster of the First Production of Moniuszko's *Halka* " on p. 125 from *An Outline History of Polish Culture*, Bolesław Klimaszewski; ed., Warsaw, 1984. To Arkady for "Orzeł polski z XVIII w." on p. 9 from Jan Zachwatowicz, *Stare Miasto i Zamek Królewski*, Warsaw, 1988, illstr. 27, p. 60; "Plac Zamkowy i Zamek Królewski" on p. 150 from *Warszawa: portret miasta*, photo by Krzysztof Jabłoński, Warsaw, 1981, illustr. 22; "Białostocczyzna" on p. [213] from Jerzy Kostrowicki, *Polska: przyroda - osadnictwo - architektura.*, photo by W. Puchalski, Warsaw, 1972, illustr. 328. To Jacek Skrzydlewski, artist, and *Świat Młodych: polonijny miesięcznik nastolatków* for illustrations on pp. 17, 27, 42, 44, 80, 101, 121, 137, 145, 161-162 and 167 from No. 9 (60) Dec. 1988, etc. To Antoni Bełtowski, artist, for illustrations on pp. 35, 69, 102, 107, 151. To Lech Wałęsa for photograph of him on p. 56. To Adam Bujak, photographer, for "Zaśnięcie Marii - w szafie ołtarza" on p. 74 from *Kościół Mariacki w Krakowie*, Wydawnictwo Sport i Turystyka, Warsaw, [1987], illustr. 38. To Mariusz Szelerewicz, artist, and Wydawnictwo PTTK "KRAJ" for "Wawel" on p. 88 from *Cracow: Information*, Cracow, 1988. To Auriga for "Pomnik konny króla Jana III, przed 1694" on p. 114 from *Artystyczne zbiory Wilanowa*, Warsaw, 1979, illustr. 1. To Jan Sokołowski and Instytut Wydawniczy, "Nasza Księgarnia" for illustr. on p. 149 from *Tajemnice ptaków*, Warsaw, 1980, p. 77; and to Andrzej Brożek for maps on p. 184 from *The History of Poland*, Instytut Badań Polonijnych, Uniwersytet Jagielloński, Cracow, 1985, pp. 18, 72-73.

TABLE OF CONTENTS

PART IV SUPPLEMENTARY READINGS, DIALOGUES
AND GRAMMATICAL DRILLS
for Oscar Swan's *First Year Polish*

LEKCJA 1	*Pokój*	1
	Ćwiczenia	2
LEKCJA 2	*Cześć*	3
	Ćwiczenia	4
LEKCJA 3	*Kto ma zbyt dużo pracy?*	7
	Ćwiczenia	8
LEKCJA 4	*Pan Wiktor Orłowski*	9
	Ćwiczenia	9
LEKCJA 5	*Czy Maria będzie wolna?*	11
	Ćwiczenia	12
LEKCJA 6	*John w Warszawie*	13
	Ćwiczenia	14
LEKCJA 7	*Telefon*	15
	Ćwiczenia	16
LEKCJA 8	*Idealna kobieta*	19
	Ćwiczenia	21
LEKCJA 9	*Jak się na to mówi po polsku?*	23
	Ćwiczenia	25
LEKCJA 10	*Życie na wsi*	27
	Ćwiczenia	29
LEKCJA 11	*Pan Jacek Nowacki*	31
	Ćwiczenia	32
LEKCJA 12	*Dzień Marii*	37
	Ćwiczenia	39

Learning Resource Center Call No.

L822.16A	Lessons	1	-	8
L822.16B	Lessons	9	-	12
L822.17A	Lessons	13	-	17
L822.17B	Lessons	18	-	20
L822.18A	Lessons	21	-	24
L822.18B	Lessons	25	-	27 a, b
L822.19A	Lessons	27c	-	28
L822.19B	Lessons	29	-	30

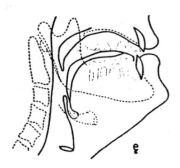
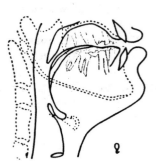

PART I

ALPHABET & PHONETICS

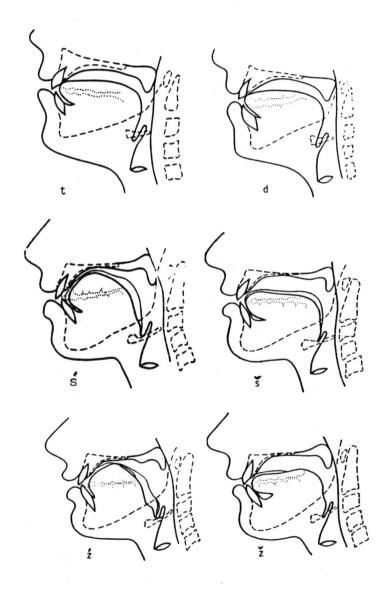

POLSKI ALFABET
POLISH ALPHABET

Litery drukowane Printed Letters		Nazwa litery Name of Letter
A	a	a
(Ą)	ą	ą
B	b	be
C	c	ce
Ć	ć	cie
D	d	de
E	e	e
(Ę)	ę	ę
F	f	ef
G	g	gie
H	h	ha
I	i	i
J	j	jot
K	k	ka
L	l	el
Ł	ł	eł
M	m	em
N	n	en
(Ń)	ń	eń
O	o	o
Ó	ó	o kreskowane
P	p	pe
R	r	er
S	s	es
Ś	ś	eś
T	t	te
U	u	u
W	w	wu
(Y)	y	y igrek, ipsylon
Z	z	zet
Ź	ź	ziet
Ż	ż	żet

NB: Letters in parentheses never begin a sentence.

INVENTORY OF POLISH CONSONANTS

Hard		Soft	
voiced	voiceless	voiced	voiceless
b	p	b'	p'
d	t	dź	ć
g	k	g'	k'
w	f	w'	f'
z	s	ź	ś
rz, ż	sz		
ɤ	h (ch)	ɤ'	h' (ch')
dz	c		
dż	cz		
m		m'	
n		ń	
ł		l (l')	
r			
		j	

NB: ' indicates the vowel i̲ follows the consonant.
              ł and j are semivowels [u] and j i.e., consonantal
              counterparts (in some conexts) of the vowels u̲ and i̲.

Litery pisane — *Written Letters*

Aa Ąą Bb Cc Ćć Dd Ee Ęę
Ff Gg Hh Ii Jj Kk Ll Łł
Mm Nn Ńń Oo Óó Pp Rr Ss
Śś Tt Uu Ww Yy Zz Źź Żż

A NOTE ON POLISH PHONEMES

In the Polish language one can distinguish approximately 40 phonemes which in spoken texts appear in the form of sounds uttered relatively in the same way in various inflections of Polish. Pronunciation differences in specific styles and variations due to social factors do exist; however, they do not pose a great problem to a foreigner. An exception here would be some of the problems posed by regional dialects.

The vocalic system contains the following phonemes:

-- oral   a o u e y i

-- nasal   ę ą [in words of foreign origin, there also appear sporadically   ą ų y į]

Consonants, depending on the degree of opening, fall into the following categories:

-- stops	p - b p' - b'	t - d	k - g k' - g'
-- fricatives	f - v f' - v'	s - z š - ž ś - ź	x (ch) x' (chi)
-- dental affricates	c - ʒ (dz)		
-- alveolar affricates	č - ǯ	(cz - dż)	
-- palatal affricates	ć - ʒ́	(ć - dź)	
-- liquids	l l'	r	
-- nasals	m m'	n ń	
-- semivowels	ł [ŭ]	j	

These phonemes do not present a major pronunciation problem to the foreigner. The problem can occur when:

-- consonantal phonemes occur in opposition, e.g.:

   ś - š   ź - ž   ć - č

   (siny - szyny)   (ziarno - żarno)   (bić - bicz)

-- when consonantal phonemes occur in clusters, e.g.

   gd (gdzie)   tš (trzy)   xc (chce)

-- unsynchronized pronunciation of p' b' m' which at times leads to their being pronounced as diphthongs or two sounds, e.g.:

     p' = p + į   (piasek)   b' = b + į (biały)

-- the pronunciation of dental sounds t, d with a higher rise of the tip of the tongue, i.e., alveolar as t, d̃ as in *tam* and *dam*.

In the area of vowel phonemes, one often encounters the following difficulties:

-- a lack of sufficient differentiation between the articulation of y and i, as in *być - bić* and *tany - tani*.

-- the labialization of the vowels a, o, u, i.e., the pronunciation of these sounds as diphthongs consisting of a labial u and a true vowel, i.e.:

    ᵘa, (łapa)   ᵘo, (łoże)   ᵘu, (łuk)

The Polish language differs from the other Slavic languages by its fixed dynamic accent. It falls in words of Polish origin on the penultimate syllable. The accented syllable is pronounced with greater emphasis, e.g.

ko - mí - nek

An exception to this rule are words of foreign origin such as matemàtyka, fìzyka, which preserve their former (Latin) accent falling on the antepenultimate syllable.

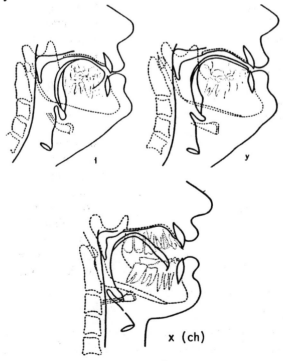

a : o (1)

tak - tok
tan - ton
sas - sos
las - los
nas - nos
płat - płot
tran - tron
tam - tom
dam - dom
wada - woda
kara - kora
kapać - kopać
wanna - wonna

a : o (2)

dobra - dobro
zła - zło
ta - to
da - do
miła - miło
mała - mało
ciepła - ciepło
prosta - prosto
zimna - zimno
krzywa - krzywo
lata - lato
okna - okno
zielona - zielono

a : u (3)

Ala - Ula
bat - but
bal - ból
wał - wół
rak - róg
was - wóz
rada - ruda
kara - kura
gama - guma
grab - grób
łaska - łuska
kalka - kulka
dał - dół

a : u (4)

pana - panu
kota - kotu
psa - psu
szewca - szewcu
krawca - krawcu
biurka - biurku
miasta - miastu
gościa - gościu
chłopa - chłopu
męża - mężu
morza - morzu
pola - polu

o : u (5)

los - luz
sos - sus
bok - buk
ola - ula
rok - róg
stok - stóg
trop - trup
oraz - uraz
korek - kurek
kolka - kulka

o : u (6)

to - tu
zło - złu
sto - stu
dno - dnu
oko - oku
auto - autu
okno - oknu
radia - radiu
dobro - dobru
państwo - państwu
miasto - miastu

a : e (7)

tan - ten
piasek - piesek
las - less
wars - wers
kram - krem
tran - tren
mata - meta
bak - bek
kant - Kent
hala - Hela
łaska - łezka

a : e (8)

ta - te
gruba - grube
dobra - dobre
zdrowa - zdrowe
ciekawa - ciekawe
smutna - smutne
marna - marne
blada - blade
jasna - jasne
czysta - czyste
głupia - głupie
ładna - ładne
smaczna - smaczne

a : y (9)

rasa - rysa
raba - ryba
ram - rym
mała - myła
krata - kryta
bała - była
trap - tryb
wabić - wybić
waga - wyga
wada - wyda

a : y (10)

karta - karty
woda - wody
zupa - zupy
masa - masy
kasa - kasy
klasa - klasy
mapa - mapy
lampa - lampy
nuta - nuty
rasa - rasy
ściana - ściany

a : i (11)

wał - wił
bas - bis
mat - mit
paw - piw
bam - bim
wata - wita
mara - mira
masa - misa
mały - miły
lanie - linie
maska - miska

a : i (12)

ładna - ładni
wolna - wolni
główna - główni
znajoma - znajomi
głupia - głupi
skąpa - skąpi
nudna - nudni
zapisana - zapisani
malowana - malowani
lekkomyślna - lekkomyślni

e : y (13)

sen - syn
bet - byt
wesz - wyż
cena - cyna
krecha - Krycha
krem - Krym
stek - styk
teka - tyka
weszła - wyszła
deski - dyski
teczka - tyczka

e : y (14)

dobre - dobry
myte - myty
bose - bosy
ładne - ładny
złe - zły
grube - gruby
ważne - ważny
cudne - cudny
jasne - jasny
złote - złoty
zrobione - zrobiony

y : i (15)

pył - pił
był - bił
wył - wił
byt - bit
tyk - tik
bym - bim
pysk - pisk
dym - Din *
myły - miły
myty - mity
wydać - widać
nabyć - nabić

y : i (16)

skąpy - skąpi
tępy - tępi
nowy - nowi
znany - znani
ładny - ładni
inny - inni
wolny - wolni
ważny - ważni
gotowy - gotowi
żywy - żywi
zdrowy - zdrowi
piękny - piękni

e : i (17)

lek - lik
bez - bis
net - nit
becz - bicz
Lena - lina
mer - mir
bela - Bila
wena - wina
less - lis

e : i (18)

tępe - tępi
grube - grubi
gotowe - gotowi
główne - główni
ładne - ładni
zgrabne - zgrabni
nudne - nudni
wolne - wolni
żywe - żywi
czarne - czarni

* **Not a minimal pair.**

a : o : u (19)

ta - to - tu
las - los - luz
Ala - Ola - Ula
bak - bok - buk
rak - rok - róg
bat - bot - but
lak - lok - luk
trap - trop - trup
płat - płot - płód
kara - kora - kura

a : e : i (20)

bas - bez - bis
las - less - lis
mara - mera - mira
laku - leku - liku
lanie - lenie - linie
nowa - nowe - nowi
łysa - łyse - łysi *
gruba - grube - grubi
główna - główne - główni
znajoma - znajome - znajomi

e : y : i (21)

bet - byt - bit
pełł - pył - pił
mełła - myła - miła
nowe - nowy - nowi
słabe - słaby - słabi
biedne - biedny - biedni
piękne - piękny - piękni
zdrowe - zdrowy - zdrowi
gotowe - gotowy - gotowi

a : o : u : e : y : i (22)

bat - bot - but - bet - byt - bit
ta - to - tu - te - ty
lak - lok - luk - lek - lik
bak - bok - buk - bek - byk
trap - trop - trup - trep - tryb

wada - woda - wóda - wyda
nowa - nowe - nowy - nowi
ładna - ładne - ładny - ładni
zdrowa - zdrowe - zdrowy -
  zdrowi
nudna - nudne - nudny - nudni
gruba - grube - gruby - grubi

ą : ę (23)

pąk - pęk
piąć - pięć
prąd - pręt
zdjąć - zdjęć
mąka - męka
wiązy - więzy
kąsa - kęsa
cząstka - często *
ciągi - cięgi
piąta - pięta
rządy - rzędy

p : p` (24)

pył - pił
pał - piał
pysk - pisk
pędź - pięć
pana - piana
gapa - gapia
pasek - piasek
małpa - małpia
pęta - pięta
pastować - piastować

b : b` (25)

bek - bieg
byt - bit
bel - biel
bały - biały
być - bić
bez - bies
bada - biada
buro - biuro

p : b (26)

pal - bal
pas - bas
pąk - bąk
pól - ból
prać - brać
próg - bruk
półka - bułka
park - bark
paczki - baczki

p` : b` (27)

pić - bić
piec - biec
piorę - biorę
pióro - biuro
pies - bies
pieg - bieg
piła - biła
wypić - wybić
pielić - bielić
piały - biały

d : dd (28)

oda - odda
buda - Budda
nadać - naddać
podać - poddać

t : d (29)

tam - dam
tom - dom
tym - dym
tama - dama
tanie - danie
trzeć - drzeć
rata - rada
wata - wada
luty - ludy
koty - kody
buty - budy

k : kk (30)

leki - lekki
mąka - mokka
męka - Mekka

k : g (31)

kura - góra
kra - gra
koń - goń
kość - gość
kas - gaz
kuma - guma
koniec - goniec
kram - gram
kmin - gmin
kładka - gładka
mokła - mogła
mokli - mogli

g : g` (32)

drogę - drogie
nogę - nogi
długo - długi

k` : g` (33)

kies - giez
kier - gier
doki - dogi
okien - ogień

c : ć (34)

cap - ciap
ceń - cień
jedz - jedź
prac - prać
córa - ciura
cało - ciało
palce - palcie
walce - walcie
koce - kocię
Jacka - Jadźka
wiece - wiecie
zapowiedz - zapowiedź

c : dz (35)

noce - nodze
moce - modzę
prace - Pradze
Wacek - wadze *
racą - radzą

ć : dź (36)

cień - dzień
ciało - działo
ciura - dziura
cielę - dzielę
jecie - jedzie
nucić - nudzić
uciec - udziec
sieci - siedzi
bucik - budzik
wiecie - wiedzie

dz : dź (37)

władza - Władzia
wodze - wodzie
rodzę - rodzie
wiedza - wiedźma *
miedza - miedziak *
grodzę - grodzie

cz : c (38)

czar - car
Czech - cech
płacze - płace
czele - cele
tańczę - tańce
walczę - walce
ojczym - ojcem *
czynnik - cynik *

cz : ć (39)

płacz - płać
tkacz - tkać

lecz - leć
miecz - mieć
bicz - bić
badacz - badać
działacz - działać
boczek - bociek
wieszcz - wieść *

cz : dż (40)

czemu - dżemu
czyn - dżyn
czysto - dżdżysto *
raczy - radży
czczy - dżdżyć *

f : f' (41)

Ford - fiord
chwyt - kwit *
harfa - harfia
swat - świat *

f : w (42)

faza - waza
fara - wara
sofa - sowa
rafa - Rawa
fala - Wala
fur - wór
fal - wal
floty - wloty
frak - wrak

w : w' (43)

wyć - wić
wal - wiał
wesz - wiesz
wodę - wiodę
wydać - widać
wydma - widma
żywy - żywi
prawe - prawie

f` : w` (44)

fiza - wiza
mafia - mawia
kwitek - Witek *

s : ś (45)

nos - noś
kos - koś
sadź - siać
Serb - sierp
sarka - siarka
kasa - Kasia
sanie - sianie
syna - sina
syto - sito

s : z (46)

ser - zer
sad - zad
kosa - koza
rasy - razy
sapał - zapał
samiec - zamieć *
spije - zbije
spiorę - zbiorę
spada - zbada
stany - zdany
swoje - zwoje

z : ź (47)

ząb - ziąb
wozy - wozi
koza - kozia
baza - bazia
zęba - zięba
Zuzu - Zuziu

ś : ź (48)

śle - źle
kosi - kozi
Basia - bazia
siać - ziać
sioło - zioło
dusi - duzi
siemię - ziemię
łasić - łazić

s : sz (49)

sum - szum
sos - szos
sus - susz
syk - szyk
was - wasz
nas - nasz
sok - szok
sal - szal
syty - szyty
basta - baszta
syna - szyna
masa - Masza
kasa - kasza
Skoda - szkoda
kos - kosz
mas - masz
wers - wiersz

ś : sz (50)

siew - szef
sidło - szydło
siła - szyła
siny - szyny
sito - szyto
Kasia - kasza
siata - szata
koś - kosz
wieś - wiesz
nosie - nosze
piesi - pieszy
mysi - myszy
dalsi - dalszy

z : ż (51)

ze - że
zer - żer
zebra - żebra
gaza - gaża
zebrze - żebrze
zażyć - żarzyć
zęby - żeby

sz : ż (52)

szal - żal
szpik - żbik
nosze - noże
szycie - życie
zszyć - zżyć
wiesza - wieża
rusza - róża
kosze - korze
moszna - można
szarzenie - żarzenie

ź : ż (53)

zim - Rzym
ziarno - żarno
buzia - burza
wiezie - wierze
Rózia - róża
Lizie - liże

ch : ch` (54)

Lecha - Lechia
hop - Hiob
chmara - chimera

m : m` (55)

myk - mig
mech - miech
mecz - miecz
mały - miały
mara - miara

myła - miła
marka - miarka
mód - miód
motać - miotać
mewa - miewa
myszka - Miszka

n : nn (56)

rany - ranny
winy - winny
rana - ranna
pana - panna
godziny - godzinny
obrona - obronna
ceny - cenny
czyny - czynny
rodziny - rodzinny
Mariana - Marianna
zabobony - zabobonny

m : n (57)

moc - noc
masz - nasz
tom - ton
tam - tan
czym - czyn
może - noże
rama - rana
widmo - widno
mowa - nowa
kuma - kuna
Lem - len
Marta - narta

n : ń (58)

pan - pań
len - leń
kona - konia
ładne - ładnie
uważny - uważni
groźne - groźnie
silne - silnie

przyjemne - przyjemnie
okrutny - okrutni
biedny - biedni

m` : n` (59)

mit - nit
miech - niech
miska - niska
mina - Nina
mil - Nil
dmie - dnie
zmieść - znieść

l : l` (60)

las - lias
lana - liana
bilon - bilion
Kola - kolia
pal - pali

l : ł [u] (61)

lep - łeb
lęk - łęk
lub - łup
pól - pół
stal - stał
szal - szał
wal - wał
lany - łany
pola - poła
kulka - kółka
walka - wałka
mały - mali

r : l (62)

bar - bal
rok - lok
bór - ból
dar - dal
ren - len

frak - flak
star - stal
tren - tlen
cera - cela
kura - kula
chrapać - chlapać
firm - film

j [i] : l (63)

jak - lak
jeść - leźć
jeż - leż
juk - luk
bije - bile
faja - fala
bój - ból
daj - dal
hej - Hel
obaj - obal!
jama - lama
koja - Kola

j [i] : r (64)

jak - rak
koja - kora
tuja - tura
bój - bór
daj! - dar
gaj - gar
klej - kler
mój - mur
wuj - wór

j [i] : ł [u] (65)

juk - łuk
daj - dał
czuje - czułe
koja - koła
szyja - szyła
wij - wił
szyj - szył
mija - miła
myj - mył

A Note on Polish Intonation

We use the same organs for breathing and other related physiological functions, such as swallowing, as for speaking. Speech is organized, as a secondary function, in terms of the expiratory airflow from the lungs in minimal deviation from the respiratory activity that is necessary to sustain life. Intonation of a language is determined physiologically by the length of breath-group we use to produce sentences and by the activity of vocal cord muscles we employ for modulation of utterances. The pitch produced by a speaker depends upon how fast the vocal cords vibrate; the faster they vibrate, the higher the pitch. In physical or acoustic terms, pitch is referred to as the fundamental frequency of the sound signal. The fundamental frequency usually falls at the end of expiration (or breath-group) and at the end of the sentence. If we want, however, to adjust and tension the laryngeal muscles to counteract the falling air pressure, we can produce sentences with rising or level fundamental frequency contours.

Since intonation is determined to a large degree by our physiological activity, we should not be surprised when we observe that speakers of many languages use similar intonation patters. In general, statements or declarative sentences have a falling contour, while yes - no questions (questions requesting confirmation or negation in reply) have a rising pattern of terminal contour.

In Polish, utterances can be generally divided in terms of their acoustic structure into three major types of intonation contours:

1.   **Falling intonation contours.** These show substantial terminal fall. This type of intonation is used mainly in declarative sentences, for example:

To był dobry plan   (It was a good plan)
_____wysokie
_____średnie
_____niskie

or

Musimy już wracać do domu   (We have to go home now).
_____ wysokie
_____ średnie
_____ niskie

It is also used in alternative questions, e.g.

Idziemy pieszo czy jedziemy?   (Are we going on foot or by bus?)
_____ wysokie
_____ średnie
_____ niskie

or

Wolisz lody czy truskawki?   (Do you prefer ice cream
_____ wysokie   or strawberries?).
_____ średnie
_____ niskie

In this type of question, the first part of the sentence displays a rising intonation contour, the last one a falling contour.

2. Rising intonation contours. The rising contours are employed in yes - no questions, which display substantial terminal rises, e.g. in the sentences:

Czy on ma samochód?   (Does he have a car?)
_____ wysokie
_____ średnie
_____ niskie

or

Idziemy do kina?   (Are we going to the movies?).
_____ wysokie
_____ średnie
_____ niskie

In both cases - with or without an optional *czy* - the intonation is rising.

In view of the grammatical structure of Polish, the final rise plays an important role in these questions, since it is the only cue which distinguishes the interrogative sentences from the declarative ones. The intonation becomes the sole marker to signal the distinctions between the sentences:

(We're going back home.)   (Are we going back home?)

(A) *Wracamy do domu.*   (B) *Wracamy do domu?*
_____ wysokie   _____ wysokie
_____ średnie   _____ średnie
_____ niskie   _____ niskie

Since the structure of (B) is a normal and frequent one in Polish, the intonation cue is obligatory.

In some declarative compound sentences, e.g.

Kiedy skończyłem pracę i umyłem ręce, poszedłem do domu
_____ wysokie
_____ średnie
_____ niskie

(When I finished work and washed my hands, I went home),
we can also notice the rising intonation patterns on the non-terminal phrases, signalling that the sentence is not finished.

3. Level intonation contours. Wh-questions in Polish, e.g.

Kto był na wykładzie?   (Who was at the lecture?),

```
_____ wysokie
            ——      —— średnie
_____ niskie
```

with a special phrase or word at the beginning (in English *when, who, where* etc.) and requiring an item of information in reply generally have a level terminal intonation. They are significantly different from both yes - no questions and alternative ones in terms of acoustic structure.

Besides the general patterns described here, intonation may also be used to emphasize, for various reasons, a certain word in a sentence, and cause a change in the overall contour, e.g.:

(Janek went to the movies)

Janek poszedł do kina.   (Janek went to the movies - neutral)

```
_____ wysokie
——      ———— średnie
            ——— niskie
```

Janek poszedł do kina.   (It wasn't Tom.)

```
_____ wysokie
        ———— średnie
        ——— niskie
```

Janek _poszedł_ do kina.   (He didn't go by car.)

```
        ———— wysokie
——      ——— średnie
        ——— niskie
```

Janek poszedł do _kina._   (He never goes to the movies.)

```
            ——— wysokie
——      —— średnie
_____ niskie
```

POLSKA 25 ZŁ

The pitch is also used to distinguish different meanings of a single word as, for example, in the following responses:

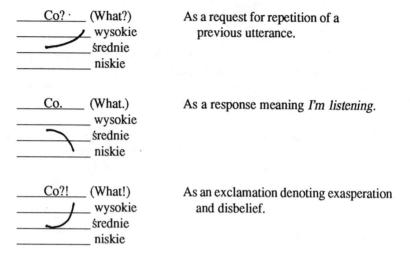

Co? · (What?) wysokie średnie niskie	As a request for repetition of a previous utterance.
Co. (What.) wysokie średnie niskie	As a response meaning *I'm listening.*
Co?! (What!) wysokie średnie niskie	As an exclamation denoting exasperation and disbelief.

We can summarize this short overview by saying that intonation contours employed by the speaker are based physiologically in the expiratory flow of air air from the lungs and on the activity of the vocal cord muscles, manifested acoustically as the pitch. The contours reflect some grammatical distinctions in a language, for example the difference between the declarative sentences and the corresponding interrogative sentences. Intonation contours may be modified by the speaker, if he wants to emphasize a particular segment of the utterance or to express emotional involvement.

Based on: Michael J. Mikoś, "Intonation of Questions in Polish", *Journal of Phonetics*, 4, 1976, 247 - 253.

Tonograms which appear below are based on Adam Ropa, *Intonacja języka polskiego* (Kraków: Instytut Badań Polonijnych, Uniwersytet Jagielloński, 1981), pp. 47-48, 64, 67-69.

Intonation Contours for Oscar Swan's *First Year Polish*, Lessons 1-3

LEKCJA I

Dialog A   *DZIEŃ DOBRY*

1. Dzień   dò - bry !

             wysokie   Tonogram for:
             średnie   Do widzenia.
             niskie   (Good-bye.)

2. Dzień   dò - bry !

             w
             ś
             n

3. Jàk   się   pà - ni   má?

             w
             ś
             n

4. Dò - brze,   dzię - kù - ję,   a   pán?

             w
             ś
             n

5. Też dò - brze.   Co   pà - ni tu ró - bi?

             w
             ś
             n

6. Ró - bię   za - kù - py.

             w
             ś
             n

7. Prze - prà - szam, bàr - dzo się śpiè - szę.

             w
             ś
             n

8. Nò to do wi - dzè - nia!   Do   wi - dzè - nia

             w
             ś
             n

Dialog B   *CZEŚĆ*

1. <u>Cześć!</u>

       w
       ś
       n

2. <u>Cześć   Mà - rek!   Co   słý - chać?</u>

       w
       ś
       n

3. <u>Nic   no - wè - go.   A   co   słý - chać   u   ciébie?</u>

       w
       ś
       n

4. <u>Też nic.   Gdzié   í - dziesz?</u>

       w
       ś
       n

5. <u>I - dę   na   za - ję - cia.   Prze - prà - szam,</u>

       w
       ś
       n

     <u>jès - tem   już   spóź - nio - ny.</u>

       w
       ś
       n

6. <u>Nò,   to   na   rà - zie!</u>

       w
       ś
       n

7. <u>Cześć,   do zo - ba - czè - nia</u>

       w
       ś
       n

Tonogram for:
Cześć. (Hi.)

LEKCJA 2

Dialog A *JAK SIĘ PANI NAZYWA?*

1. Jàk się na - zý - wasz?

    w
    ś
    n

2. Na - zỳ - wam się Mà - rian Zie - Íiń - ski.

    w
    ś
    n

3. Gdzié miész - kasz?

    w
    ś
    n

4. Mièsz - kam w Kra - kò - wie. Dla - czé - go pý - tasz?

    w
    ś
    n

5. Po pròs - tu jès - tem cie - kà - wa.

    w
    ś
    n

Dialog B *JAK MASZ NA IMIĘ ?*

1. Jàk masz na `i - mię?

    w
    ś
    n

2. Mam na i - mię Chrís - tine.

    w
    ś
    n

3. To níe jest pól - skie i - mię.

    w
    ś
    n

4. Nie, an - gièl - skie.

```
_____ w
      ___/  ___          _____     ś
    ___                            n
```

5. Jak to bę - dzie po pòl - sku?

```
  ___        ___        ___   ___     w
       ___        ___      ‿       ś
                                n
```

6. Po pòlsku   Chrís - tine   to   Kry - stỳ - na   al - bo

```
         ___   ___   ___  ___              ___  ___  ___    w
       ___                        ___  ___                  ś
                                                            n
```

po pròs - tu   Krỳ - sia.

```
                ___                  w
       ___  ___     ___              ś
                         ___         n
```

LEKCJA 3

Dialog A   *GDZIE MIESZKA TWOJA SIOSTRA ?*

1. Gdzie   mièsz - ka   tè - raz   twò - ja   siós - tra?

```
       ___   ___   ___  ___  ___    ___ ‿ ___    w
       ___              ___       ___         ś
                                ___             n
```

2. Mò - ja   siòs -tra   mièsz -ka   te -raz   w   War -szà -wie.

```
     ___      ___        ___       ___    ___  ___       w
          ___     ___         ___      ___     /  ___    ś
                                                    ___  n
```

O -na   jest   na -u -czy -cièl -ką   w   szkò -le.

```
                                    ___         w
       ___  ___  ___  ___      ___    ___       ś
                         ___            ___     n
```

3. Czy   jest   szczę - ślí - wa?

```
     ___              ___  ‿      w
          ___     ___            ś
               ___              n
```

4. Tàk, jest bàr - dzo szczę - śli` - wa.

 w
 ś
 n

5. A twój bràt, gdzie ón jest?

 w
 ś
 n

6. Mój bràt jest tè - raz w Kra - kò - wie.

 w
 ś
 n

7. On jest stu -dèn -tem na u -ni -wer -sy -tè -cie.

 w
 ś
 n

8. Czy jest szczę - śli´ - wy?

 w
 ś
 n

9. Nie, nie jest zbyt szczę - śli - wy.

 w
 ś
 n

11. Mó - wi, że ma za dù - żo prà - cy.

 w
 ś
 n

Dialog B   *KOLEŻANKI*

1. Jàk twój ko - lé - ga ma na i´- mię?

 w
 ś
 n

2. <u>Jà - nusz.</u>   <u>Dla - czé - go   pý - tasz?</u>

w
ś
n

3. <u>On   jest   dość   mĭ - ły.</u>   <u>Skąd   go   znász?</u>

w
ś
n

4. <u>Znàm   go   od   dzie - cĭń - stwa.</u>

w
ś
n

<u>On   nie   jest   tak   mĭ - ły,   jak   się   wy - dà - je.</u>

w
ś
n

Dialog   C   *O   ILE   WIEM.*

1. <u>Czy   to   rá - dio   jest   dó - bre?</u>

w
ś
n

2. <u>Nie,   jest   stà - re   i   ze - psù - te.</u>

w
ś
n

3. <u>A tàm - to?   Czy ò - no jest też ze - psú - te?</u>

w
ś
n

4. <u>Nie,   o   i -le   wièm,   zu -pèł -nie   dò -brze dzĭa -ła.</u>

w
ś
n

INTONATION CONTOURS
based on
A HANDBOOK OF POLISH PRONUNCIATION
FOR ENGLISH LEARNERS
by Stanisław Puppel, Jadwiga Nawrocka-Fisiak,
Halina Krassowska

INTONATION IN DECLARATIVE SENTENCES
Unit fifty-six: pp. 234 - 236

1. Òj - ciec pá - li w piè - cu.

                   —   w
   /   — —   ś
      \\   —   n

2. Piótr słú - cha rà - dia.

            —   w
  —   /   ś
       \\   —   n

3. Mát - ka mý - je òk - na.

           —   w
  —   —   ś
   —   —   — n

4. Pá - da śnièg.

        w
 / \\   ś
    —   n

5. Drzé - wa w dész - czu mòk - ną.

            —   w
  /   — —   ś
   \\   —   n

6. Wczó - raj u - ka - zá - ło się w sprze - dá - ży

                     w
 / \\ — — — — —   — — ś
             —   n

   nó - we cza - so - pìs - mo.

            —   w
  — —   —   ś
         —   n

7. Ptá - ki   przy - le - cià - ły.

8. Kwiá - ty   na   łą - kach   za - kwit - ły.

9. Dzié - ci   po - je - chá - ły   na   wy - ciecz - kę.

10. Na   dwó - rze   jest   bàr - dzo   zim - no.

11. Do   koń - ca   mie - sią - ca   skoń - czę   pí - sać   prà - cę.

12. W   má - ju   bę - dą   e - gza - mi - ny.

13. Po   za - jé - ciach   pój - dę   do   księ - gàr - ni.

14. Za   tý - dzień   já - dę   do   War - szà - wy.

15. W   Or - łó - wie   skoń - czó - no   bu - dó - wę.

no - wé - go mò - la.

w
ś
n

16. Psý szcze - ká - ły cá - łą nòc.

w
ś
n

17. Wszýst - kie klá - sy nie miá - ły lèk - cji.

w
ś
n

18. Ta - kié - go a - tra - mén - tu w kiós - ku

w
ś
n

nie dos - tà - niesz.

w
ś
n

19. Jábł - ka są jész - cze zie - lò - ne.

w
ś
n

20. Chłóp - ca za - brá - no do szpi - tà - la.

w
ś
n

21. Pá - weł zmié - nił à - dres.

w
ś
n

22. Wy - pá - dek miał miéj - sce na skrzy - żo - wà - niu.

w
ś
n

23. <u>Ciás - to</u>   jest   ná - dal   w   pie - cỳ - ku.

     w
     ś
     n

24. <u>Nié</u>   wiem   ja - ki   bę - dzie   kó - niec   tej   wi - zỳ - ty.

     w
     ś
     n

25. <u>Nie</u>   lú - bię   tej   płỳ - ty.

     w
     ś
     n

26. <u>Le - ká - rstwa</u>   dos - tá - niesz   w   a - ptè - ce.

     w
     ś
     n

27. <u>W</u>   cá - łej   dziel - ní -cy   wy - łą - czó - no   prąd.

     w
     ś
     n

28. <u>Lód</u>   o   tej   pó - rze   ro - ku   jest   bár - dzo   krù - chy.

     w
     ś
     n

29. <u>Bár - dzo</u>   lú - bię   tu - li - pà - ny.

     w
     ś
     n

30. <u>Piés</u>   ú - ciekł   przez   dziú - rę   w   płò - cie.

     w
     ś
     n

INTONATION IN COMPOUND SENTENCES
[before the comma]
pp. 235-236

1. Je - żé - li   zjész   ó - biad...

        w
        ś
        n

2. Je - żé - li   chcész   tę   ksiáż - kę...

        w
        ś
        n

3. Wziął   za   púls   pan   dó - ktor   po - wáż - nie   cho - ré - go...

        w
        ś
        n

4. Żé - by   dészcz   nie   pá - dał...

        w
        ś
        n

5. Pó - tem   na - u - czý - ciel   zá - czął   pi´ - sać...

        w
        ś
        n

6. Gdý - by   nie   bý - ło   śnié - gu...

        w
        ś
        n

7. Słóń - ce   za - czę - ło   przy - grzé - wać...

        w
        ś
        n

8. Dół   ró - bił   się   có - raz   głęb - szy....

        w
        ś
        n

9. Ján   wszédł   náj - pierw   do   kúch - ni....

w
ś
n

10. O - gród - nik   przý - ciął   krzá - ki...

w
ś
n

11. Po   o - de - brá - niu   sa - mo - chó - du...

w
ś
n

12. Jak   týl - ko   skóń - czysz   szkó - łę...

w
ś
n

13. Sa - mó - lot   zró - bił   dwá   o - krą - żé - nia...

w
ś
n

14. W   czá - sie   gdy   dy - ré - ktor   wy - głá - szał

w
ś
n

prze - mó - wíé - nie...

w
ś
n

15. Kró - pka   jest   zná - kiem   naj - mo - cniéj - szym...

w
ś
n

16. Prze - cí - nek   od - dzié - la   zdá - nie   po - je - dýń - cze , , ,

w
ś
n

17. Świé - ce   już   za - pa - ló - no...

w
ś
n

18. Dzié - ci   grá - ły   w   píł - kę...

w
ś
n

19. Mó - gę   ci   pó - dać   ká - wę...

w
ś
n

20. Mam   pá - pier   biá - ły...

w
ś
n

21. Po   za - wó - dach   wy - ką - pię   się...

w
ś
n

22. Płót   bę - dzie   nís - ki...

w
ś
n

23. Nie   týl - ko   zde - mo - ló - wał   miesz - ká - nie...

w
ś
n

24. Na   su - fí - cie   zos - tá - ły   plá - my...

w
ś
n

25. Den - týs - ta   chwý - cił   de - li - kát - nie...

w
ś
n

26. Gdy   zé - gar   wy - bí - je   pół - noc...

                                          w
                                          ś
                                          n

27. Je - żé - li   za - dzwó - ni   te - lé - fon...

                                          w
                                          ś
                                          n

28. Nie   já - dam   nie   týl - ko   cze - kó - lad...

                                          w
                                          ś
                                          n

29. Lis - tó - nosz   pó - szedł   do   skrzý - nki...

                                          w
                                          ś
                                          n

30. Ro - bót - nik   za - pá - lił   gáz...

                                          w
                                          ś
                                          n

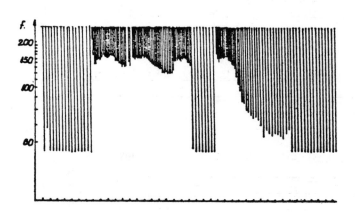

Tonogram illustrating the command:
Pójdziesz do kina!
(You'll go to the movies!)

INTONATION IN REQUESTS AND COMMANDS
[requests]
p. 237

1. Przỳ - nieś   książ - kę.

```
——————————————— w
  ⌒    ⟍      ⟋  ś
—————————⌒——————— n
```

2. Zàm - knij   drzwï.

```
——————————————— w
  ⌒    ⟍   ⟋   ś
——————————————— n
```

3. ``Wstań.                    4. ``Wy - pij.

```
————————————————————————— w
    ⌄⟋                ⟍ ⟋  ś
————————————————————————— n
```

5. Nà - pisz   pró - szę.

```
——————————————— w
  ⌒    ⟍      ⟋ ś
——————————⌒————— n
```

6. Ù - myj   ka - ló - sze.

```
——————————————— w
 ⌒    ⟍    ⌒ ⟋  ś
———————⌒———————— n
```

7. ``Za - graj.                8. ``Zos - tań.

```
————————————————————————— w
   ⟍ ⟋              ⟍  ⟋  ś
————————————————————————— n
```

9. Po - czè - kaj   na   mnié.

```
——————————————— w
  ⌒ ⌒  ⟍     ⟋  ś
——————————⌒————— n
```

10. Zrób   to   sám.

```
——————————————— w
   ⌒     ⟋     ś
——————⌒————————— n
```

11. Ò - twórz   ó - kno.

    — ＼ ／ w ś n

12. Ù - siądź   pró - szę.

    — ＼ ／ w ś n

13. Pòs - taw   czáj - nik,   pró - szę.

    — ＼ — ／ w ś n

14. Zdèj - mij   bú - ty.

    — ＼ ／ w ś n

15. Nà - kręć   zé - gar.

    — ＼ ／ w ś n

16. Wỳj - mij   ta - lé - rze.

    — ＼ ／ w ś n

17. Idź   na   ze - brá - nie.

    ∧ — — ／ w ś n

18. Niè   psuj   krzés - ła.

    — ＼ ／ w ś n

19. Ù - smaż   ja - jecz - ní - cę.

    — ＼ — ／ w ś n

20. ˙˙Od - daj.

21. ˙˙Za - łatw.

22. ˙˙Za - płać.

23. Kùp mlé - ko.

24. U - gò - tuj ó - biad.

25. Pò - dlej kwiá - ty.

26. Zà - dzwoń pró - szę.

27. Nïe śpíj

28. Zà - mów pró - szę.

29. Nïe písz.

30. ˙˙U - wa - żaj.

"Boże, coś Polskę"

Boże, coś Polskę przez tak liczne wieki
Otaczał blaskiem potęgi i chwały,
Coś ją osłaniał tarczą swej opieki
Od nieszczęść, które przygnębić ją miały,
Przed Twe ołtarze zanosim błaganie:
Ojczyznę wolną racz nam wrócić, Panie.

INTONATION CONTOURS

[commands]

1. Pò - łóż   to   tàm.   2. Wstàń.

```
                                        w
   ─    ─                        ╲      ś
            ─    ╲                       n
```

3. Zàm - knij   drzwí.   4. Ìdź   do   szkò - ły.

```
                                              w
   ─         ╲                  ╲       ─     ś
                 ─                      ─    ─ n
```

5. Wỳjdź   z   po - kò - ju.

```
                       w
   ╲            ─       ś
        ─         ─     n
```

6. Nie   rù - szaj.   7. Zòs - tàń.

```
                                      w
        ─    ╲                ─    ╲   ś
   ─                                   n
```

8. Ù - myj   o - wò - ce.

```
                       w
   ─    ╲      ─        ś
          ─      ─      n
```

9. Sià - daj.   10. Zà - słoń.

```
                                 w
   ─    ╲                ─    ╲   ś
                                  n
```

11. Písz.   12. Jèdz.

```
                                 w
   ╲                     ╲        ś
                                  n
```

13. Za - trzỳ - maj.   14. Wỳ - łącz   rà - dio.

```
                                              w
   ─    ╲                ─    ╲    ─           ś
          ─                              ─     n
```

15. <u>Niè   mów   tỳ - le.</u>   16. <u>Niè   krzycz.</u>

w
ś
n

17. <u>U - kà - rać.</u>   18. <u>Skàcz.</u>

w
ś
n

19. <u>Od - po - wià - daj.</u>

w
ś
n

20. <u>Pòs - taw   krzè - sło.</u>

w
ś
n

21. <u>Przỳ - nieś   drzè - wa.</u>

w
ś
n

22. <u>Słù - chaj.</u>   23. <u>Strzè - laj.</u>

w
ś
n

24. <u>Zà - płać.</u>   25. <u>U - wà - żaj.</u>

w
ś
n

26. <u>Płỳ - waj.</u>   27. <u>Rzùć   Ìi - nę.</u>

w
ś
n

28. <u>Prò - wadź</u>   <u>Zà - pal.</u>   <u>Rù - szaj.</u>

w
ś
n

INTONATION IN QUESTIONS
Unit fifty-eight: pp.   239-240

1. Czy   mó - żesz   przyjść   za   tý - dzień?

2. Dla - czé - go   jé - dziesz   do   dó - mu?

3. Czy   ci   sma - ko - wá - ło?

4. Ján - ka   téż   tam   bý - ła?

5. Bo - lá - ło?

6. Dla - czé - go   na - krý - wasz   do   stó - łu?

7. Gdzié   zos - ta - wí - łeś   klú - cze?

8. Dy - ré - ktor   był   w   szkó - le?

9. Czy masz a - trá - ment w pió - rze?

w
ś
n

10. Dó - kąd po - je - dzié - my na wy - ciécz - kę?

w
ś
n

11. Któ - ry ząb mam u - sú - nąć?

w
ś
n

12. Czy wczó - raj pá - dał śniég?

w
ś
n

13. Ja - ką súk - nię so - bie szý - jesz?

w
ś
n

14. Dla - czé - go tak póź - no wrá - casz?

w
ś
n

15. Czy mász już bí - let?

w
ś
n

16. Wy - pro - wá - dzić psá?

w
ś
n

17. Kie - dy skóń - czysz prá - ce?

w
ś
n

18. Czy od - dá - łeś sa - mó - chód do prze - glą - du?

19. Co bý - ło na za - ję́ - ciach?

20. Któ zos - tá - wił pa - rá - sol?

21. O - dro - bí - łeś lék - cje?

22. Gdzie by - ła os - tá - tnia o - lim - piá - da?

23. Gdzie roz - bí - liś - cie na - mió - ty?

24. Bý - li?   25. Í - dziesz do kí - na?

26. Zos - tá - jesz tú - taj?

27. O - twár - te ó - kno?

28. I - le   za - pła - cí - łeś   za   wszýst - kie   ksiáż - ki?

                                   w
                                   ś
                                   n

29. Kié - dy   za - czy - ná - ja   się   wa - ká - cje?

                                   w
                                   ś
                                   n

30. Dla - czé - go   znó - wu   pí - szesz   o - łów - kiem?

                                   w
                                   ś
                                   n

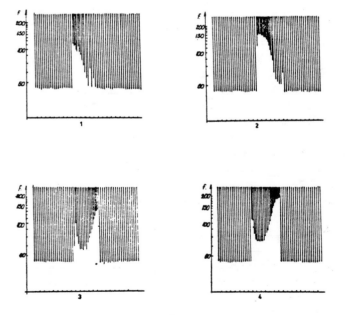

Tonograms illustrating the expression "Tak" as:
1. statement; 2. affirmation; 3. question; 4. surprise

INTONATION IN COMPOUND SENTENCES
Unit fifty-nine: pp. 241-242.

1. Przý - szliś - my   do   dó - mu,   po - nié - waż   pa - dà - ło.

w
ś
n

2. Po   o - bié - dzie   po - dá - no   kà - wę.

w
ś
n

3. Je - żé - li   bę - dzie   pá - dał   dészcz

w
ś
n

    zo - ta - nié - my   w   zàm - ku.

w
ś
n

4. Słóń - ce   grzá - ło,   ptá - ki   śpie - wá - ły,

w
ś
n

    a   on   był   smùt - ny.

w
ś
n

5. Po   skoń - czó - nym   wy - kłá - dzie   po - jé - dziesz   do   ciò - ci.

w
ś
n

6. Chwý - ci   ó - wies,   żál   mu   sià - na.

w
ś
n

7. Je - żé - li nie bę - dzie szklá - nek, kúp fi - li - żàn - ki.

w
ś
n

8. Zam - kną - łeś kó - ta i wyszé - dłeś z dò - mu.

w
ś
n

9. Zá - nim to zró - bisz zas - tà - nów się.

w
ś
n

10. Kie - dy roz - ma - wiá - li pí - jąc swó - je słód - kie

w
ś
n

wí - no, ktoś wje - chał na dzie - dżi - niec.

w
ś
n

11. Po po - wró - cie do krá - ju za - miész - kał

w
ś
n

w Poz - nà - niu.

w
ś
n

12. Po skoń - czé - niu stú - diów wy - jé - chał z miàs - ta.

w
ś
n

13. U - wá - żaj na świá - tła, bo mó - żesz

w
ś
n

wpáść   pod   sa - mò - chód.

w
ś
n

14. Drzwí   się   o - two - rzý - ły   i   zo - bá - czył

w
ś
n

w   nich   swo - ją   żò - nę.

w
ś
n

15. Wszýs - cy   posz - li   do   kí - na,   a   on

w
ś
n

jé - den   zos - tał   w   dò - mu.

w
ś
n

16. Mí - mo   inter - wén - cji   dy - rek - tó - ra,   wszýst - ko

w
ś
n

po - zos - tá - ło   bez   zmià - ny.

w
ś
n

17. Je - żé - li   skoń - czý - łeś   pí - sać,   to   mó - żesz   `iść.

w
ś
n

18. O - gró - dnik   przý - ciął   krzá - ki,

w
ś
n

pos - przą - tał   w   o - gró - dzie   i   wỳ - szedł.

w
ś
n

19. Je - żé - li   zjesz   ow - sián - kę,   dos - tá - niesz   cze - ko - là - dę.

w
ś
n

20. Sa - mó - lot   zro - bił   dwá   o - krą - żé - nia   i   wy - lą - dó - wał.

w
ś
n

21. Mó - ge   ci   po - dać   ká - wę,   je - żé - li   lù - bisz.

w
ś
n

22. Gdý - by   nie   bý - ło   śnié - gu,   nie   bỳ - ło - by   zí - my.

w
ś
n

23. Gdy   zé - gar   wy - bi - je   pół - noc   skoń - czý - my   grè.

w
ś
n

24. Li - stó - nosz   pód - szedł   do   skrzýn - ki   i   wrzú - cił   ľist.

w
ś
n

25. Nie   týl - ko   zde - mo - ló - wał   miesz - ká - nie,   ale

w
ś
n

i   za - brał   wszýst - kie   war - toś - ció - we   rzè - czy.

w
ś
n

26. Piótr ku - pił ma - té - riał i pó - szedł do kràw - ca.

```
                                                    w
  —   —  —   —     —  _ —   —   —   —            ś
              —                          —         n
```

27. Mí - mo, że bár - dzo się spie - szý - li, nie przý - szli na czàs.

```
                                                         w
  —   —    —   _  _         —        —   —  —          ś
        —            —   _       —                —     n
```

28. Choć wie - dziá - ła o jej i - mie - ní - nach,

```
                                              w
  —    —  —   _  _  _  — —      —           ś
                    —                        n
```

nie wys - łá - ła żỳ - czeń.

```
                        w
  —   _  —  _  —       ś
              —         n
```

29. Mí - mo na - prá - wy, dách prze - cìè - kał.

```
                              w
  —   —   —    —   —  —  —   ś
        —                —    n
```

Tonogram for compound sentence:
Zaświeciło słońce, będzie ładna pogoda.
(The sun has begun to shine, the weather will be nice.)

INDEX TO RECORDINGS

based on

Oscar Swan's

FIRST YEAR POLISH

INDEX TO RECORDINGS OF EXERCISES

Learning Resource Center Call No. L822.11A - B

| Ćwiczenia 1 - 5 | (Side A) |
| Ćwiczenia 6 - 9 | (Side B) |

Learning Resource Center Call No. L822.12A - B

| Ćwiczenia 10 - 12 | (Side A) |
| Ćwiczenia 13 - 15 | (Side B) |

Learning Resource Center Call No. L822.13A - B

| Ćwiczenia 15 - 18 | (Side A) |
| Ćwiczenia 19 - 21 | (Side B) |

Learning Resource Center Call No. L822.14A - B

| Ćwiczenia 22 - 25 | (Side A) |
| Ćwiczenia 26 - 29 | (Side B) |

NATIONAL ANTHEM
Jeszcze Polska Nie Zginęła

Walery Eliasz Radzikowski: *Lech*

SUPPLEMENTARY READINGS, DIALOGUES & GRAMMATICAL DRILLS

1

LEKCJA PIERWSZA

Pokój

To jest pokój. On jest mały, ale miły. Tu jest duży stół. A to jest zeszyt, książka i pióro. To pióro jest stare ale bardzo dobre. Tam jest mała lampa i duże krzesło. A tu jest obraz i mała mapa. To jest łóżko i to jest szafa. Ta szafa nie jest nowa. Tu jest duże czyste okno. Podłoga jest czysta. Ten pokój jest bardzo ładny.

Słowniczek

* czysty, -a, -e [dopiero L. 13]   *clean*
* dopiero   *not till, not before*
* duży, -a, -e [dopiero L. 3]   *large*
* łóżko [dopiero L. 27]   *bed*
* mały, -a, -e [dopiero L. 9]   *small*
* mapa   *map*
* miły, -a, -e [dopiero L. 3]   *nice, pleasant (of people); attractive, nice pleasing (of room, accommodation, view etc.)*
* pierwszy, -a, -e   *first*
* pokój [dopiero L. 20]   *room*
* szafa [dopiero L. 27]   *cupboard, closet*

---

* Vocabulary which appears in a given lesson in the present workbook and at some later point in Swan's *First Year Polish*, rather than in the corresponding lesson, is identified by an asterisk + "dopiero" (not till) + the given lesson number in Swan. Words without an asterisk do not appear in Swan's textbook and constitute the new vocabulary.

ĆWICZENIA

I. **Translate into Polish:**

1. Is this a new map?
2. Is this map new?
3. This notebook is old?
4. No, that is not an old teacher (m.).
5. This is the ceiling and this is the floor.
6. I'm also going to class.
7. Is that lecturer (f.) late?
8. Are you (f.) doing (some) shopping?
9. This room is small but nice and clean.
10. Excuse me, is that the new teacher (f.)?

II. **Answer the questions in Polish:**

1. Gdzie mieszkasz?
2. Co robisz?
3. Czy jesteś spóźniony/a?
4. Czy idziesz na zajęcia?
5. Jak się masz?

Przysłowia - *Proverbs*

Wszędzie dobrze, a w domu najlepiej.
There is no place like home.

Wolnoć Tomku w swoim domku
In your house you may do as you please.

Lingwołamek - *Tongue twister*

Cesarz czesał cesarzową.
The emeror combed the empress's hair.

2

LEKCJA DRUGA
Cześć!

Nazywam się John Kowal. To nie jest polskie imię. Po polsku John
to Jan lub po prostu Janek. Mieszkam w Chicago w USA. Tam studiuję i
pracuję. Teraz jestem w Polsce. Mieszkam w Warszawie. Uczę się mówić po
polsku. Właśnie idę na zajęcia. Śpieszę się, bo już jestem spóźniony. Do
zobaczenia.

Słowniczek

* bo [dopiero L. 4]   *because, for*
* drugi, -a, -e   *second*
   kowal   *blacksmith*
* studiować [dopiero L. 13] - studiuję (1p sg), studiujesz (2p sg), studiuje, (3p
   sg), studiujemy (1p pl), studiujecie (2p pl), studiują (3p pl)
   (imperfective aspect) + A (of subject); + "na" or "w" + L (of place);
   postudiować (perf.); for discussion of aspect, see Swan, L. 14 and L. 24
   study (be a student).   Hereafter, 1p sg, 2p sg and 3p pl forms of each
   new verb introduced will be cited. For discussion of verb formation and
   possible types of conjugation see Swan L. 7, pp. 60-63.
* uczyć się [dopiero L. 5] - uczę się, uczysz się, uczą się (imperf.) + G (*of
   subject*)   *study, learn; do one's lessons;* nauczyć się (perf.)   *learn;*
   also uczyć się/ nauczyć się + infinitive of (speaking, reading, writing,
   etc.) + "po" + language in question, e.g., uczę się mówić po polsku
   (po angielsku, etc.); in the case of identical endings for both aspects (as
   in this case), endings for only one aspect will be cited.
* właśnie [dopiero L. 16]   *precisely, exactly, just*

ĆWICZENIA

I. **Przetłumacz z angielskiego na polski:**

1. Is this a Polish first name?
2. What is that woman's full name?
3. Is this an English book (*książka*)?
4. Where does that woman live? She lives in Warsaw.
5. Why is she asking?
6. Who is asking where I live?
7. No one ever does anything here.
8. I live and study in Kraków.
9. John is learning to speak Polish and Krysia is learning to speak English.
10. Why aren't you studying (i.e. doing your lesson)?

II. **Odpowiedz na pytania po polsku:**

1. Jak masz na imię?
2. Jak będzie po polsku Christine?
3. Jak twój ojciec i twoja matka mają na imię?
4. Czy twoj ojciec i matka mieszkają w Polsce czy w Ameryce?
5. Kto idzie na zajęcia?
6. Czy Mary to polskie imię? A jak to będzie po polsku?
7. Jak się nazywasz?
8. Co robisz dziś wieczorem?
9. Kto pyta czy idę na zakupy?
10. Czy jesteś ciekaw /a?

Przysłowia

Kto późno przychodzi, sam sobie szkodzi.
Whoever comes late gets what he deserves.

Lepiej późno niż wcale.
Better late than never.

Lingwołamek

Jerzy nie wierzy, że na wieży jest dużo jeży.
George does believe that there are many hedgehogs in the tower.

Słowniczek

* dziś wieczorem [dopiero L. 5]   *this evening*
* książka [dopiero L. 14]   *book*
* matka [dopiero L. 3]   *mother*
* mieć [dopiero L. 7] - mam, masz, mają (imperf.)   *have*
* mój [dopiero L. 3] *possessive pronoun, m sg informal* (moja [f. sg],
    moje /n. sg/)   *my, mine*
  odpowiedz (V)   *answer*; odpowiedzieć - odpowiem, odpowiesz, odpowiedzą
    perf.) + "na" + A; odpowiadać - odpowiadam, odpowiadasz,
    odpowiadają (imperf.)   (odpowiedz na pytanie   *answer the question*)
* ojciec [dopiero L. 3]   *father*
  przetłumacz (V)   *translate*; przetłumaczyć - przetłumaczę, przetłumaczysz,
    przetłumaczą (perf.) + "z" + G (of orginal language) + "na" + A (of
    target language); tłumaczyć (imperf.)   (z [języka] angielskiego na
    [język] polski   *from English into Polish*)
* twój [dopiero L. 3] *possessive pronoun, m sg informal* (twoja [f. sg],
    twoje /n. sg/)   *your(s)*
  w Ameryce ("w" + L of Ameryka)   *in America*
* w Polsce [dopiero L. 21] ("w" + L of Polska)   *in Poland*

Mikołaj Kopernik (Nicolaus Copernicus)
(1473-1543)

3

LEKCJA TRZECIA
Kto ma zbyt dużo pracy?

Mój starszy brat nazywa się Marek Wiśniewski. On mieszka i pracuje w Warszawie. Jest lekarzem w szpitalu i zawsze ma bardzo dużo pracy. Moja młodsza siostra ma na imię Ewa. Jest dość ładna i miła. Ona mieszka w Lublinie i jest studentką. Jest o wiele bardziej zadowolona niż Marek, bo nie ma zbyt dużo pracy.

Mój kolega ma na imię Krzysztof. Znam go od dzieciństwa. Krzyś teraz jest nauczycielem w szkole. Tak, jak mój brat ma dużo pracy i nie jest zbyt szczęśliwy.

Słowniczek

* lekarz [dopiero L. 19]   *doctor*
  szpital   *hospital*
* trzeci, -a, -e   *third*
  Wiśniewski (wiśnia   *cherry, cherry-tree*)

ĆWICZENIA

I. **Przetłumacz:**

1. What is that man's first name?
2. Who is more satisfied you or your friend?
3. Why is your sister never happy?
4. Is this your tape recorder or mine?
5. Is your colleague (f.) nice?
6. My father is a doctor in a hospital in Warsaw.
7. My nicest friend (f.) lives in Lublin.
8. My older brother Krzyś is a teacher and my younger sister Grażyna is still (*jeszcze*) a student.
9. As far as I know my sister isn't going shopping.
10. Who is the happiest here?

II. **Odpowiedz na pytania:**

1. Gdzie jesteś studentem?
2. Kto jest starszy, ty czy twój brat (twoja siostra)?
3. Czy masz dużo pracy?
4. Czy jesteś dobrym studentem (dobrą studentką)?
5. Czy twoja matka jest na uniwersytecie czy w domu?
6. Czy twój ojciec jest nauczycielem?
7. Czy pracujesz? Gdzie?
8. Czy nasz uniwersytet jest większy czy mniejszy niż Uniwersytet Warszawski?
9. Kto jest bardziej szczęśliwy, ty czy twój kolega (twoja koleżanka)?
10. Czy jesteś tak miły (miła) jak się wydaje?

Słowniczek

* jeszcze [dopiero L. 12] *yet, still*
* nasz [dopiero L. 10] *possessive pronoun m sg informal* (nasza [f. sg]
    nasze [n. sg]   *our(s)*
* w domu [dopiero L. 20] ("w" + L of dom)   *at home*

Przysłowia

Bez pracy nie ma kołaczy.
There is no bread without work.

Człowiek jest kowalem swego życia.
Man is the maker of his own destiny.

4

LEKCJA CZWARTA
Pan Wiktor Orłowski

- Kto to jest ten pan?
- To pan Wiktor Orłowski.
- Gdzie on pracuje?
- W biurze.
- A co on tam robi?
- Jest zwykłym urzędnikiem.
- To znaczy, że nie jest ważną osobą.
- Tak, on nie jest ważną osobą, ale nie jest zwykłym
  człowiekiem.
- Dlaczego?
- Pan Wiktor jest marzycielem.
- O! Jest więc człowiekiem z wyobraźnią!

Słowniczek

* czwarty, -a, -e   *fourth*
* Orłowski (orzeł   *eagle* [dopiero L. 10])
* więc [dopiero L. 7]   *then, hence, so*
* znaczyć [dopiero L. 26] - znaczę, znaczysz, znaczą (imperf.) + A
   mean, signify, so

ĆWICZENIA

I.   **Przetłumacz:**

1. What kind of person is your father (your mother)?
2. Which city is the capital of Poland?
3. I don't know where is the new ballpoint pen.
4. Wrocław, Lublin and Łódź are important Polish towns.
5. Katowice is larger than Rzeszów.
6. Does that mean that you are important?
7. What kind of newspaper is that?

What kind of office is that?
What kind of museum is that?
What kind of teacher is she?
8. I'm going shopping with my brother and sister.
9. Do you (Mr. and Mrs.) know where the new museum is?
10. I live in Warsaw, and (but, while) my uncle and aunt live
    in Lublin.
11. Are they clerks?
12. They are good people.
13. What kind of town is Katowice?
14. Chopin was a great composer (*kompozytor*).
15. That is a good but not expensive pen.

II. **Odpowiedz na pytania:**

1. Czy Szczecin jest najważniejszym portem Polski?
2. Czy Polska jest ważnym krajem rolniczym czy przemysłowym?
3. Który port jest najważniejszym portem Polski?
4. Czy Śląsk jest polskim miastem?
5. Czy Toruń i Kraków są nowymi miastami?
6. Oprócz Warszawy, które inne miasta są dużymi miastami Polski?
7. Kim jest twój ojciec i kim jest twoja matka?
8. Czy jesteś marzycielem (marzycielką) z dobrą wyobraźnią?
9. Które dwa miasta są największymi miastami Polski?
10. Czy twój ojciec jest urzędnikiem i czy on pracuje w biurze?

III. **Identify the gender of the following:**

Toruń	osobowość
Łódź	zdanie
Kielce	muzeum
Bydgoszcz	imię
Opole	pani

Słowniczek

Chopin, Fryderyk (1810-1849)   *Polish pianist and composer*
* dwa [dopiero L. 12]   *two*
kompozytor   *composer*
* który - a, - e [dopiero L. 10]   (*interrogative and relative pronoun*)   which (one)
* oprócz + G [dopiero L. 16]   *besides*

TYDZIEŃ I JEGO DZIECI

Mróz czy śnieg, czy deszcz z wichurą,
Czy słoneczko złote świeci,
Spaceruje tatuś TYDZIEŃ,
A z nim szóstka jego dzieci.
Pierwszy idzie PONIEDZIAŁEK,
Nos zadarty, dumna mina,
Nic dziwnego: jest najstarszy,
Zawsze pochód rozpoczyna.
Zaraz za nim pędzi WTOREK,
ŚRODA stawia drobne kroczki
I wesoło podskakuje,
Aż się trzęsą jasne loczki.
Zaraz za nią biegnie CZWARTEK
I za rękę PIĄTKA wiedzie,
Który mały jest i chudy,
Bo nic nie je, tylko śledzie.
A SOBOTA pracowita
Też za nimi raźno śpieszy.
Już skończyła swą robotę,
Więc ją spacer bardzo cieszy.
Aż sześć dni tak maszerują,
A po sześciu dniach w kościele
Spotykają uśmiechniętą
Dobrą mamę swą — NIEDZIELĘ.
A gdy z mamą się pobawią -
I gdy spoczną po spacerze,
Tatuś TYDZIEŃ znów swą szóstkę
Na spacerek nowy bierze.
Pierwszy idzie PONIEDZIAŁEK... itd.

5

LEKCJA PIĄTA

Czy Maria będzie wolna?

Piotr ma bilety na koncert. Chciałby pójść z Marią. Niestety, dziewczyna jest ostatnio bardzo zajęta. W poniedziałek, we wtorek, w środę, w czwartek i w piątek ma zajęcia na uniwersytecie. Musi się uczyć. Wieczorem jest zmęczona. Ale dzisiaj jest sobota! Może Maria będzie wolna? A może jutro - w niedzielę - chciałaby pójść z Piotrem na film? Pojutrze znowu poniedziałek...

Słowniczek

* chciałby (1p sg) conditional mood of the verb chcieć [dopiero L. 11]
    would want (like) to
* dziewczyna [dopiero L. 11]   *girl*
* musieć [dopiero L. 7] - muszę, musisz, muszą (imperf.)   *must, have to*
* piąty, -a, -e   *fifth*

ĆWICZENIA

I.   **Przetłumacz:**
1. Why aren't you free this afternoon?
2. Of course I would like to go to the concert on Sunday but I have to study.
3. She still isn't ready to leave.
4. Are you going shopping on Friday or to the concert.
5. It is too bad that you are engaged on Tuesday.
6. He never was, is not, and never will be an important person.
7. The day before yesterday, in the afternoon, I was in Warsaw.
8. Was she in school this morning?
9. I'm too tired to study.
10. I'll never be late.

II.   **Odpowiedz na pytania:**
1. Kiedy masz zajęcia na uniwersytecie?
2. Dokąd idziesz w sobotę wieczorem?
3. Czy byłeś/ byłaś wolny/a przedwczoraj rano?
4. Czy chciałbyś/ chciałabyś pójść jutro wieczorem na nowy polski film?
5. Co robisz w poniedziałek po południu?
6. Kim chciałbyś/ chciałabyś być?
7. Gdzie chciałbyś/ chciałabyś pójść?
8. Kiedy będziesz wolny/a?
9. Co będziesz robić pojutrze?
10. Który dzień tygodnia będzie jutro?
11. Który dzień tygodnia był wczoraj?
12. Który dzisiaj dzień tygodnia?
13. Wymień wszystkie dni tygodnia.

III. **Compose sentences using the following words:**
1. żeby, kto, być, na, pójść, zmęczony, koncert, zbyt
2. uczyć, w, ona, być, środa, wieczór, się
3. ja, ale, być, jutro, po, zmęczony/a, południe
4. ciągle, w, dlaczego, sobota, być, zajęty/a, wieczorem

Słowniczek

* tydzień [dopiero L. 22] (G tygodnia)   *week*
  wymień Imperative 2p sg informal; wymienić - wymienię, wymienisz,
         wymienią (perf.); wymieniać - wymieniam, wymieniasz, wymieniają
         (imperf.) *name, mention*

PLAC ZAMKOWY

6

LEKCJA SZÓSTA

John w Warszawie

Ten miły chłopiec jest Amerykaninem. Ma na imię John. Matka nazywa go jednak po polsku Janek albo Jaś. Mama jest oczywiście Polką. Teraz John jest w Warszawie. Mama martwi się, że syn tęskni za domem. Chłopiec jednak dobrze się bawi. Ciągle jest zajęty. Wcale się nie nudzi. Wszystko jest nowe. Podoba mu się Polska.

Słowniczek

* chłopiec [dopiero L. 13] *boy*
* jednak [dopiero L. 7] *however*
* syn [dopiero L. 13] *son*
* szósty *sixth*
* wszystko [dopiero L. 7] *everything*

ĆWICZENIA

I. **Przetłumacz:**

1. Is your friend (f.) French or English?
2. Don't doubt that I'm worried.
3. I think we should ask him whether he is bored or whether he is homesick.
4. How do you like that town?
5. Marysia is homesick (longing) for Bydgoszcz.
6. Do you like to shop?
7. That woman isn't Polish but Australian.
8. Don't hurry! I'm still not ready.
9. Im not at all afraid.
10. Ask him whether he is Canadian.

II. **Odpowiedz na pytania:**

1. Czy twój ojciec był Polakiem?
2. Jak podoba ci się język polski?
3. Czy podoba ci się nasz uniwersytet?
4. Czy ty nigdy się nie boisz?
5. Dokąd się śpieszysz?
6. Dlaczego się martwisz?
7. Czy cieszysz się, że uczysz się polskiego?
8. Wiem, że tęsknisz za domem. Czy myślisz, że to ci przejdzie?
9. Dlaczego się cieszysz?
10. Czy zawsze dobrze się bawisz?

III. **Compose sentences using the following words:**

1. czy, bardzo, oni, się, wątpić, śpieszyć
2. to, nie, że, mi, przejdzie, nigdy, myśleć
3. ją, Niemka, czy, jest, trzeba, ona, zapytać
4. film, podobać, nowy, jak, się, on, polski, ten

Przysłowie

Cicha woda brzegi rwie.
Still waters run deep.

Lingwołamek

**Płynął buk przez Bug, dałby Bóg,
żeby buk przepłynął przez Bug.**

*A beech tree was floating across the Bug,
God grant that the beech tree makes it across the Bug.*

7

LEKCJA SIÓDMA

Telefon

- Halo! Słucham.
- Czy to pani Ewa Jabłońska?
- Tak, to ja.
- Mówi Antoni Krawczyk. Czy ma pani dzisiaj czas?
  Chciałbym zaprosić panią na obiad.
- Ale ja pana nie znam.
- Jestem wysoki, miły, kulturalny, przystojny. Mam piękne
  mieszkanie i luksusowy samochód. Interesuję się kobietami.
- A ja jestem niska, niesympatyczna, niekulturalna i
  brzydka. I właśnie jem obiad z moim narzeczonym.
- Ach, tak! To nie przeszkadzam. Do widzenia!

Słowniczek

⁙ brzydki [dopiero L. 8]   *ugly*
  Jabłoński (*jabłoń [f.]   *apple tree*)
* jeść [dopiero L. 16] - jem, jesz, jedzą (imperf.); zjeść (perf.)   *eat*
* kobieta [dopiero L. 8]   *woman*
  Krawczyk (* krawiec   *tailor* ; * krawczyna [pejorative]   *paltry tailor*)
  kulturalny   *cultivated, cultured, well-mannered*
  niekulturalny   *uncultured, uncultivated*
  niesympatyczny   *unlikeable, uncongenial*
* niski [dopiero L. 25]   *low (in height)*
* obiad [dopiero L. 17]   *dinner*
* przeszkadzać [dopiero L. 25] - przeszkadzam, przeszkadzasz, przeszkadzają
        (imperf.) + D ; przeszkodzić - przeszkodzę, przeszkodzisz, przeszkodzą,
        (perf.)   *hinder, disturb, trouble*
* przystojny [dopiero L. 8]   *handsome*
* siódmy   *seventh*
* słuchać [dopiero L. 16] -słucham, słuchasz, słuchają (imperf.) + G; posłuchać
        (perf.)   *listen to*
* wysoki [dopiero L. 13]   *tall, high*
* zaprosić [dopiero L. 24] - zaproszę, zaprosisz, zaproszą (perf.) + A (of person)
        + "na" + A (of event); zapraszać - zapraszam, zapraszają (imperf.)
        invite   (zaprosić kogoś na coś - *invite sb for sth*)

ĆWICZENIA

I.   Przetłumacz:

1. Is your brother tall or short?
2. Are they glad that they have a large, new and comfortable apartment?
3. Evidently (*widocznie*) he is well off (use *powodzi się*). He has a new, luxurious car.
4. Last night I was with them at the concert (*na koncercie*).
5. Are you going shopping with that lady or with us?
6. Do they understand what that man is saying in Polish?
7. Where were you (f. pl) with him and with your colleagues (m.)?
8. Does your house have electricity, gas and central heating?
9. I don't understand why you are thanking me.
10. Why are they disturbing me?
11. Excuse me but I don't understand why she is asking what I'm doing.
12. When were you (ladies and gentleman) in Warsaw?

II.   Odpowiedz na pytania:

1. Co musisz robić dziś wieczorem?
2. Czy zawsze jesteś punktualny/a?
3. Czy masz samochód? Jaki?
4. Jakie mieszkanie masz?
5. Czym się interesujesz?
6. Czego jesteś czytelnikiem/ czytelniczką?
7. Kiedy byłeś/ byłaś w biurze?
8. Gdzie idziesz z tymi psami?
9. Czy wolisz pisać ołówkiem czy długopisem?
10. Z kim idziesz do kina?

III.   Give the instrumental sg and pl forms of the following:

ząb _____   _____

ołówek _____   _____

osobowość _____   _____

sportowiec _____   _____

pani _____   _____

ona _____   _____

Słowniczek

* do kina [dopiero L. 5] ("do" + G of kino)   *movies, movie house*
* dziękować [L. 7] (imperf.) + D + "za" + A; podziękować [dopiero L. 24]
    (perf.)   *thank*; (komuś za coś *sb for sth*)
* na koncercie ("na" + L + of koncert)   *at the concert*
* pisać [dopiero L. 9] - piszę, piszesz, piszą, (imperf.) + I (*of means*) ; napisać
    (perf.)   *write*; (pisać czymś *write with sth*)
* widocznie [dopiero L. 19]   *evidently*
* woleć [dopiero L. 11] - wolę, wolisz, wolą (imperf.)   *prefer*

Przysłowia

Krowa, co dużo ryczy, mało mleka daje.
A cow that moos a lot gives little milk.

Gość na bankiet nie proszony, nie zawsze bywa uczczony.
An uninvited guest will not always be honored.

Mowa jest srebrem, milczenie jest złotem.
Talk is silver, silence is golden.

Lingwołamek

Ząb zupa zębowa, dąb zupa dębowa, ząb zupa dąb.
Tooth tooth soup, oak oak soup, tooth soup oak.

Maria Curie - Skłodowska (1867-1934)

8
LEKCJA ÓSMA
Idealna   kobieta

Pani Wanda jest znaną piosenkarką. Jest zawsze uśmiechnięta, ma duże poczucie humoru i dlatego lubi śpiewać wesołe piosenki. Często występuje w telewizji.

Pani Wanda to kobieta zgrabna i ładna, chociaż nie jest już młoda. Zawsze ubiera się elegancko i modnie. Ma jasne włosy i niebieskie oczy. Interesuje się filmem i muzyką. Lubi czytać i gotować. Jest to po prostu kobieta idealna.

Słowniczek

* często [dopiero L. 16]   *often*
* czytać [dopiero L. 9] - czytam, czytasz, czytają (imperf.) + A ; przeczytać
    (perf.)   *read*
  elegancko   *elegantly, smartly*
  gotować - gotuję, gotujesz, gotują (imperf.); ugotować (perf.)   *to cook,*
    prepare, boil
  humor   *humor*
  idealny   *ideal*
* jasny [dopiero L. 16]   *fair, blond, clear, bright*
* lubić [dopiero L. 11] lubię, lubisz, lubią (imperf.) + A   *like, be fond of,*
    enjoy ; polubić (perf.)   *grow to like, grow fond of*
  modnie   *fashionably, stylishly*
* niebieski [dopiero L. 23]   *(sky-) blue*
* oko (pl. oczy) [dopiero L. 27]   *eye*
* ósmy   *eighth*
* piosenka [dopiero L. 11]   *song*
  poczucie   *sense (of), feeling (of)*
* śpiewać [dopiero L. 9] - śpiewam, śpiewasz, śpiewają (imperf.) + A;
    zaśpiewać (perf.)   *sing*
* telewizja [dopiero L. 11]   *television*
  ubrać się - ubiorę się, ubierzesz się, ubiorą się (perf.) + "w" + A ; ubierać się -
    ubieram się, ubierasz się, ubierają się (imperf.)   *to dress*
  uśmiechnięty   *smiling*
  wesoły   *merry*
* włos (pl włosy) [dopiero L. 19]   *hair*
* wystąpić [dopiero L. 30] - wystąpię, wystąpisz, wystąpią (perf.) + "w" or
    "na" + L ; występować - występuję, występujesz, występują (imperf.)
    appear, perform
  zgrabna   *graceful, adroit*
  znany   *well-known, famed*

ĆWICZENIA

I. **Przetłumacz:**

1. Her close friend (f.) is a nurse.
2. Is your acquaintance (m.) Canadian or Polish?
3. Is that man Russian?
4. Do those men and women speak Polish?
5. That hard-working postman travels very little.
6. That French car is ugly.
7. Are you (men and women) in a hurry?
8. Those gentlemen are Polish.
9. Are you going to the concert with these men and women?
10. My younger brother would like to be an athlete.
11. Is he her husband or her fiancé?
12. I don't understand why she is so sad.
13. This apartment is too small and too expensive.
14. She is not a bad actress.
15. Who is the best singer in the world?

II. **Odpowiedz na pytania:**

1. Czy ty masz dobre poczucie humoru?
2. Dlaczego pani Wanda lubi śpiewać wesołe piosenki?
3. Jak pani Wanda się ubiera?
4. Opisz panią Wandę.
5. Jakie są twoje oczy i włosy?
6. Gdzie pani Wanda często występuje?
7. Co pani Wanda lubi robić?
8. Czy ty lubisz gotować?
9. Kim jest Bobby Vinton?
10. Kim był Humphrey Bogart?
11. Jak się nazywa twoja najlepsza przyjaciółka / twój najlepszy przyjaciel?
12. Czy jesteś żonaty / mężatką?
13. Kim jest Madonna?
14. Kim był Fred Astaire?
15. Czy jesteś zaręczony / zaręczona?
16. Kim jest twoja narzeczona / twój narzeczony?
17. Jaki amerykański aktor i jaka amerykańka aktorka ci się najbardziej podobają?
18. Jak uważasz, czy chciałbyś / chciałabyś mieć autograf Marlona Brando?
19. Jaka wódka jest najlepsza?
20. Kto jest twoim najlepszym przyjacielem / najlepszą przyjaciółką na świecie?

Przysłowia

Jest do tańca i do różańca.
She's good for dancing and for praying.

Nie to co ładne, ale co się komu podoba.
Beauty is in the eyes of the beholder.

Nie wszystko jest złoto, co się świeci.
Not all that glitters is gold.

9

LEKCJA DZIEWIĄTA

Jak się na to mówi po polsku?

Pan Kowal jest Amerykaninem. Jego rodzice także są Amerykanami i mieszkają w Chicago. Dziadek pana Kowala jest Polakiem. On mieszka w Warszawie. Obecnie pan Kowal przebywa w Polsce. Razem ze swoją żoną spędza tu wakacje.

Pan Kowal mówi słabo po polsku, ale wszystko rozumie. Teraz państwo Kowalowie są w kawiarni. Obok siedzą ich przyjaciele państwo Jankowscy.

Pan Kowal chce zamówić krem.

- Jak się na to mówi po polsku? - pyta pana Jankowskiego i wskazuje na krem.

- To jest krem - odpowiada pan Jankowski.

- O! - dziwi się pan Kowal. - Po polsku mówi się krem
    - tak jak po angielsku.

Słowniczek

* dziadek [dopiero L. 13]   *grandfather*
  dziewiąty   *ninth*
* Jankowscy (N pl of Jankowski [dopiero L. 19] last names ending in -ski and
  -cki undergo a softening of the stem consonant)   *The Jankowskis,
  Mr. and Mrs. Jankowski*
  kawiarnia   *café*
  krem   *cream, custard*
  obecnie   *(just) now, at present (time), nowadays, to-day*
* obok [dopiero L. 30] + G   *alongside, next to*
  odpowiadać - odpowiadam, odpowiadasz, odpowiadają (imperf.) + "na" + A;
  odpowiedzieć - odpowiem, odpowiesz, odpowiedzą (perf.)
  answer, reply
* przebywać [dopiero L. 18] - przebywam, przebywasz, przebywają (imperf.);
  przebyć - przebędę, przebędziesz, przebędą (perf.)   *stay*
* razem [dopiero L. 26]   *together*
* rodzice [dopiero L. 13]   *parents*
* siedzieć [dopiero L. 29] - siedzę, siedzisz, siedzą (imperf.)   *sit* ;
  posiedzieć (perf.)   *sit (awhile)*
* słabo [dopiero L. 25]   *weakly*
  spędzać - spędzam, spędzasz, spędzają (imperf.) + A ; spędzić - spędzę,
  spędzisz, spędzą   *spend, pass (time)*
* swoją [dopiero L. 10] (I of swoja)   *one's own*
  wakacje (pl. only)   *vacation, holidays*
  wskazywać - wskazuję, wskazujesz, wskazują (imperf.) + "na" + A; wskazać -
  wskażę, wskażesz, wskażą (perf.)   *point out, indicate, show*
* wszystko [dopiero L. 10]   *everything*
  zamówić - zamówię, zamówisz, zamówią (perf.) + A ; zamawiać - zamawiam,
  zamawiasz, zamawiają (imperf.)   *order*

Lingwołamek

**Ile razy jedząc zrazy spojrzysz na cebulę,
tyle razy jedząc zrazy wspomnij o mnie czule.**

*As often as you eat a rolled fillet and you look at an onion,
so often while you eat a rolled fillet think of me fondly.*

ĆWICZENIA

I. **Przetłumacz:**

1. Why don't you answer?
2. Do you often (*często*) order custard?
3. They speak Polish poorly.
4. Do your parents live in America or in Poland?
5. Does she know how to sing?
6. Which lesson is this? Ninth.
7. I like spending vacations together with my acquaintances.
8. Go and ask whether they are going to the concert.
9. Be glad that they speak Polish well.
10. Speak louder! I don't hear what you are saying.
11. How does one say this in Italian?
12. Work more and speak (talk) less.
13. Write more clearly!
14. Let's not be surprised that she sings so well.
15. I'm not at all surprised that you don't speak Chinese.
16. I can't read today.
17. Don't worry (sir)!
18. Please don't ask what I see.
19. Please be quiet!
20. That woman is some kind of a German actress.

II. **Odpowiedz na pytania:**

1. Czy twoi rodzice są Polakami czy Amerykaninami?
2. Gdzie lubisz spędzać wakacje?
3. Gdzie obecnie przebywa pan Kowal?
4. Czy pan Kowal dobrze mówi po polsku i wszystko rozumie?
5. Kto siedzi obok państwa Kowalów?
6. Kto siedzi obok ciebie?
7. Gdzie pan Kowal zamawia krem?
8. Na co wskazuje pan Kowal w kawiarni?
9. Mówisz chyba po niemiecku, po hiszpańsku albo po francusku?
10. Czy umiesz po chińsku?
11. Czy mówisz szybko czy wolno?
12. Czy lubisz pisać listy?
13. Czy umiesz śpiewać i tańczyć?
14. Czy czytasz szybciej po polsku czy po angielsku?
15. Czy jesteś pracowity/a?

III.   Give the imperative forms (formal and informal sg) of the following:

mówić

pisać

zapytać

wiedzieć

być

pracować

cieszyć się

wstydzić się

bać się

iść

Słowniczek

* list [dopiero L. 14]   *letter*
* obok ciebie (obok [dopiero L. 30] + G of ty)   *next to you*
  obok państwa Kowalów (obok + G of państwo Kowalowie)   *next to Mr. and Mrs. Kowal*
* tańczyć [dopiero L. 29] - tańczę, tańczysz, tańczą (imperf.);   zatańczyć (perf.)   *dance*
* twoi [dopiero L. 19] (N pl of twój in reference to male persons or mixed gender)   *your(s)*

Przysłowia

Co kraj to obyczaj.
Every land has its own customs.

Pokaż mi jak jesz, a powiem ci kimś jest.
Show me how you eat and Ill tell you who you are.

TUROŃ

10

LEKCJA DZIESIĄTA

Życie na wsi

Państwo Nowakowie mieszkają na wsi. Mają tam niewielkie gospodarstwo. Uprawiają pole i zajmują się hodowlą. W lecie państwo Nowakowie pracują przez cały dzień. Trzeba w porę skosić zboże i zebrać warzywa. Państwo Nowakowie kilka razy dziennie karmią konia, trzy krowy, świnie i kury. Mają także kaczki i gęsi.

Pani Nowakowa zajmuje się też domem i dziećmi: Ewą i Magdą.

Dziewczynki mają psa Cygana. Cygan jest czarny, ma długie uszy i wygląda śmiesznie. Magda powiada, że Cygan jest pudlem, a pudle zawsze tak wyglądają.

Sąsiad państwa Nowaków ma psa owczarka podhalańskiego. Pies jest biały i bardzo duży. Ma krótsze uszy niż pudel. Nazywa się "Baca" i jest zawsze bardzo poważny. Sąsiad hoduje owce, a Baca je pilnuje.

Słowniczek

Baca (baca   *flock-master, shepherd* [in charge of a flock in the Tatra
        mountains])
dziennie   *daily*
* dziesiąty   *tenth*
hodowla   *animal husbandry, raising animals*
* je [dopiero L. 11], (A of one)   *them*
karmić - karmię, karmisz, karmią (imperf.); nakarmić (perf.)   *to feed*
* kilka razy [dopiero L. 23] (kilka + G pl of raz)   *several times*
* konia [dopiero L. 11] (A sg of koń)   *horse*
* lato [dopiero L. 26]   *summer*
na wsi ("na" + L of wieś)   *in the country*
niewielkie   *not large, little, small (ish)*
pilnować - pilnuję, pilnujesz, pilnują (imperf.) + G   *keep watch, guard*;
        popilnować - popilnuję, popilnujesz, popilnują (perf.)   *keep watch,
        guard (awhile)*
podhalański   *of the Tatra Highlands*
* pole [dopiero L. 28]   *field*
* pora [dopiero L. 29]   *time, season*
poważny   *serious*
powiada - powiadam, powiadasz, powiadają   *to say, tell*
psa [dopiero L.11 (A sg of pies))   *dog*
* sąsiad [dopiero L. 28]   *neighbor*
skosić - skoszę, skosisz, skoszą (perf.) + A ; kosić (imperf.)   *to mow*
uprawiać - uprawiam, uprawiasz, uprawiają (imperf.) + A; uprawić - uprawię,
        uprawisz, uprawią (perf.)   *to till, to farm*
w lecie ("w" + L of lato)   *in the summer (time)*
w porę ("w" + A of pora)   *in time*
warzywo (pl. warzywa)   *vegetable*
wieś (f.)   *village, country*
* zajmować się [dopiero L. 18] - zajmuję się, zajmujesz się, zajmują się
        (imperf.) + I; zająć się - zajmę się, zajmiesz się, zajmą się (perf.)
        to be busy with
zboże   *grain, cereal, corn*
zebrać - zbiorę, zbierzesz, zbiorą (perf.); zbierać - zbieram, zbierasz, zbierają
        (imperf.)   *gather, collect, pick (flowers, berries etc.)*

ĆWICZENIA

I.   Przetłumacz:

1. Do they know everything?
2. No horse is as beautiful as mine.
3. Are these animals yours?
4. Don't joke! Pigs are intelligent.
5. You look stranger and stranger.
6. Does your poodle have a long or a short tail (*ogon*)?
7. Why does your friend look so sad today?
8. I know that same beautiful town.
9. Our friends and hers are intelligent, talented and nice.
10. Their faces look funny.
11. Are these swans and peacocks yours or ours?
12. Henryk Sienkiewicz's (use: *Henryka Sienkiewicza*) novels are long but interesting.
13. Whose large chickens are those?
14. I don't like your (use: *państwo*) answers.
15. What do Polish storks (*bociany*) and Bisons (*żubr*) look like?
16. Why aren't blackboards clean?
17. Your (sir) imagination is rather strange?
18. How do you like Polish museums?
19. Which room is the darkest?
20. It's darker here than over there.

II.   Odpowiedz na pytania:

1. Czy państwo Nowakowie mieszkają w mieście?
2. Czy ty mieszkasz na wsi?
3. Co państwo Nowakowie robią na wsi i czym się zajmują?
4. Dlaczego państwo Nowakowie paracują przez cały dzień w lecie?
5. Jakie zwierzęta hodują państwo Nowakowie?
6. Ile razy dziennie oni je karmią?
7. Czy państwo Nowakowie mają kota?
8. Jak się nazywa ich pies i jaki to pies?
9. Opisz ich psa.
10. Czy sąsiad państwa Nowaków też ma psa?
11. Jak ten pies wygląda?
12. Kto hoduje owce?
13. Czy ty masz psa albo kota?
14. Jak twój pies / kot się nazywa?
15. Jakie zwierzęta ci się podobają?

III. **Supply the N pl of the following:**

gęś	pani
ciocia	zeszyt
kundel	stół
lew	pole
dog	noc
zoo	hobby
lis	wilk
niedźwiedź	tygrys
małpa	wielbłąd
żyrafa	wiewiórka
papuga	wieloryb

Słowniczek

lis _fox_
małpa _monkey_
niedźwiedź _bear_
papuga _parrot_
tygrys _tiger_
wielbłąd _camel_
wieloryb _whale_
wilk _wolf_
żyrafa _giraffe_

Przysłowia

Kto rano wstaje temu Pan Bóg daje.
God rewards those who rise early.

Cierpliwością i pracą ludzie się bogacą.
Patience and work make people rich.

Lingwołamek

**Pchła pchłę pchała, jak ta pchła tę pchłę pchała,
to ta pchła nogi wypychała.**

_A flea was pushing another flea; when that flea was pushing the other flea,
the other flea was thrusting out its feet._

11

LEKCJA JEDENASTA

Pan Jacek Nowacki

- Czy pan zna tego mężczyznę?
- Tak, to mój dobry znajomy, Jacek Nowacki.
- To bardzo przystojny mężczyzna!
- Chyba tak. Jest dobrze zbudowany i zawsze elegancki.
- Czym on się zajmuje?
- Jest dyrektorem fabryki, ale nie jest zadowolony.
- Ma taką dobrą pracę i jest niezadowolony?
- Ma bardzo dużo pracy i zawsze jest zajęty. Mówi, że
  wolałby być zwykłym urzędnikiem. Chciałby mieć czas,
  żeby więcej czytać. Chciałby też podróżować po świecie.
- Które kraje chciałby zwiedzić?
- Najbardziej chciałby zwiedzić Amerykę.
- Myślę, że to jest bardzo naiwny człowiek.
- Naiwny? Dlaczego?
- Zwykły urzędnik nie ma dość pieniędzy, żeby podróżować
  tak daleko.

Słowniczek

daleko   *far*
dobrze zbudowany   *well - built, of good physique*
elegancki   *elegant*
fabryka   *factory*
* jedenasty   *eleventh*
naiwny   *naive*
niezadowolony   *dissatisfied*
* pieniądz   *coin* ; pieniądze (N pl [dopiero L. 23])   *money*
     (G pl pieniędzy)
po świecie ("po" + L of świat)   *around the world, all over the world*

ĆWICZENIA

I. **Pytania do dialogu:**
1. Kim jest pan Jacek Nowacki?
2. Jak on wygląda?
3. Czy jest człowiekiem zadowolonym?
4. Kim Jacek Nowacki chciałby być?
5. Czy marzenia Jacka są realne?

II. **Supply the accusative plural:**

Example: *Oni mają _____/dobry adapter/.*
Oni mają dobre adaptery.
1. Znam / słynny bokser /.
2. Lubimy / ten listonosz /.
3. On woli / stary samochód /.
4. Czy chcesz zwiedzić / to duże miasto /.
5. Maria czyta / ineresująca powieść /.
6. Jan lubi / ta miła dziewczyna /.
7. On lubi / ten stary profesor /.
8. Powtarzam / to długie zdanie /.
9. Czy oglądacie / amerykański film /?
10. Codziennie spotykam / nasz dyrektor /.

III. **Use the correct form of the following verbs:**

Example: *On ją _____/ kochać /.*
On ją kocha.
1. Maria często_____ / podróżować /.
2. Oni_____ / mieć /nowe mieszkanie.
3. /ja/ _____/ chcieć / zwiedzić Warszawy
4. /ty/ _____ / lubić / oglądać telewizję.
5. /my/ Regularnie /_____ / chodzić / do kina.
6. /wy/ Co_____ / czytać /?
7. Pan Nowacki_____ / być / marzycielem.
8. /ja/ _____ / woleć / teatr niż kino.
9. Jola bardzo dobrze_____ / wyglądać /.
10. Czy pan_____ / rozumieć / po polsku?

IV. **Give the infinitive of each of the following verbs:**
Example: */ona/ śpiewa: śpiewać*
1. /ty/ pracujesz :
2. /on/ idzie :
3. /ja/ chodzę :
4. /my/ mamy :

5. /oni/ rozumieją :
6. /ona/ czyta :
7. /wy/ cieszycie się :
8. /on/ wie :
9. /ja/ jestem :
10. /ty/ uczysz się :

V. Use the correct form of the adjective:
   Example: *Oni mają* ___ */smutny, smutna, smutne/ psa.*
   Oni mają smutnego psa.
1. Mój dom jest_____ / duży, duża, duże /.
2. Jej twarz jest_____ / ładny, ładna, ładne /.
3. On jest_____ / wolny, wolna, wolne /.
4. Wasz dyrektor chce mieć_____ / pracowity, pracowita, pracowite / sekretarkę.
5. Twoje dziecko jest bardzo_____ / mały, mała, małe /.
6. Kupujemy_____ / nowy, nowa, nowe / krzesła.
7. Studentki oglądają_____ / piękny, piękna, piękne / film.
8. Marek chce mieć_____ / duży, duża, duże / kota.
9. Czytam_____ / ciekawy, ciekawa, ciekawe / książkę.
10. Mamy_____ / dobry, dobra, dobre / dyrektora.

VI. Fill in jaki?, jaka? or jakie?
   Example: _____ *jest ten film?*   *Jaki jest ten film?*
1. _____ jest Jolanta Szymanowska?
2. _____ jest jej twarz?
3. _____ jest twój dyrektor?
4. _____ jest to krzesło?
5. _____ są wasze koleżanki?
6. _____ jest ten człowiek?
7. _____ są pana sekretarki?
8. _____ samochód chcesz kupić?
9. _____ to jest dziewczyna?
10. _____ masz telewizor?

VII. Ask questions requiring the following answers:
   Example: _____ *?*   *Chciałbym iść do kina.*
   Co chciałbyś robić?
1. _____ ? Chciałbym podróżować.
2. _____ ? Wolałbym czytać książkę niż oglądać telewizję.
3. _____ ? On chciałby rozmawiać z tobą.
4. _____ ? Tak, chciałbym być dyrektorem.
5. _____ ? Ona wolałaby być aktorką niż piosenkarką.

VIII. **Make your own sentences with the following words:**

przystojny   piosenka
naiwny   woleć
zwiedzić   chcieć
podróżować   szczęśliwy
kino   twarz

IX. **Translate the words in brackets:**
  1. Jola lubi /popular music/.
  2. Podoba mi się /this song/.
  3. Chciałbym /visit/ Kraków.
  4. Oni często chodzą /to the movies/.
  5. Dyrektor zawsze jest /busy/.
  6. /I think/, że to jest piękna kobieta.
  7. Czy ona jest /naive/?
  8. Sekretarka nie jest /important person/.
  9. Co /would you like/ czytać?
  10. Czy znasz /my sister/?

X. **Write a short composition about Mr. Jacek Nowacki by filling in the missing words:**

Jacek Nowacki jest przystojnym i dobrze ubranym_____ .

Jest _____ fabryki. Ma zawsze_____

pracy i dlatego_____ być zwykłym urzędnikiem.

Chciałby mieć więcej czasu, żeby_____ .

XI. **Przetłumacz:**

  1. What kind of personality does your sister have?
  2. Do you know my acquaintance (m.)?
  3. Do you know those ladies and gentlemen?
  4. She has nice acquaintances (f.).
  5. I know you (fam.) him, her and them; I know all of you.
  6. I like Polish and Russian singers (m.).
  7. Would you prefer to be a teacher or a doctor?
  8. Do you know this young man and this young woman?
  9. Yesterday at the zoo I saw a tiger, monkeys, bears , elephants,
       a camel, and eagles.

10. Would you (f.) like to go to the concert with me?
11. I'd like to meet your friend (f.).
12. My uncle has a large stamp (*znaczek pocztowy*) collection.
13. My sister would very much like to travel all over the world.
14. How often do you watch television?
15. When do they want to visit Poland?
16. I know Mr. Zawisza, Mrs. Sławińska and Mr. Święch.
17. I like going to Polish films.

Słowniczek

codziennie   *everyday, daily*
* kupować [dopiero L.13] - kupuję, kupujesz, kupują (imperf.) + A; kupić -
     kupię, kupisz, kupią (perf.)   *buy*
* marzenie [dopiero 30]   *dream*
powtarzać - powtarzam, powtarzasz, powtarzają (imperf.) + A;   powtórzyć -
     powtórzę, powtórzysz, powtórzą (perf.)   *repeat*
* spotykać [dopiero 12] - spotykam, spotykasz, spotykają (imperf.) + A;
     spotkać (perf.)   *meet*
znaczek pocztowy   *postage stamp*

Przysłowia

Na koniu jedzie, a konia szuka.
He's looking for a horse although he's riding one.

Nie ma kącika bez krzyżyka.
Everyone has a cross to bear.

Żadna praca nie hańbi.
No work is demeaning.

Adam Mickiewicz (1798-1855)

12

LEKCJA DWUNASTA

Dzień Marii

Dzisiaj Maria wstaje o siódmej. Myje się, a potem idzie do kuchni i przygotowuje śniadanie. O wpół do ósmej ubiera się i czesze się. Przed ósmą idzie na uniwersytet. Zajęcia zaczynają się piętnaście po ósmej, a kończą się o wpół do drugiej. W czasie przerwy Maria pije kawę i rozmawia z kolegami. Potem musi się spieszyć, bo powinna być w domu o drugiej. Tam je obiad i zaraz idzie do biblioteki. W bibliotece jest za kwadrans trzecia. Tam czeka już na nią Ewa. Pracują dwie godziny i po piątej wracają do domu. Dzisiaj wieczorem chciałyby iść do kina na nowy polski film. Ewa idzie pierwsza, żeby kupić bilety. Seans zaczyna się o wpół do siódmej. Maria i Ewa spotkają się przed kinem piętnaście po szóstej. Mają nadzieję, że film będzie ciekawy.

Słowniczek

biblioteka   *library*
czesać się - czeszę się, czeszesz się, czeszą się (imperf.); uczesać się (perf.)
    to comb one's hair
* do + G [dopiero L. 15]   *to, up to, until*
do kuchni   *to the kitchen*
* dwunasty   *twelfth*
* jeść [dopiero L. 16] - jem, jesz, jedzą (imperf.) + A; zjeść (perf.)   *eat*
kończyć się - kończy się, kończą się (used mainly in 1p sg and 3p pl)
    (imperf.); skończyć się (perf.)   *to finish, end*
* kuchnia [dopiero L. 21]   *kitchen*
na nią ("na" + A of ona)   *for her*
nadzieja   *hope*
* obiad [dopiero L. 17]   *dinner*
* pić [dopiero L. 16] - piję, pijesz, piją (imperf.) + A ; wypić (perf.)   *drink*
potem   *after that, afterwards, then, later (on)*
przerwa   *break, pause, interval*
przygotowywać - przygotowuję, przygotowujesz, przygotowują (imperf.) + A;
    przygotować - przygotuję, przygotujesz, przygotują (perf.)   *to prepare,*
    get ready
* rozmawiać [dopiero L. 14] - rozmawiam, rozmawiasz, rozmawiają (imperf.) +
    "z" + I   *converse* ; porozmawiać (perf.)   *talk, chat (a little),*
    have a talk (with sb)
* śniadanie [dopiero L. 17]   *breakfast*
w czasie ("w" + L of czas)   *during the time of*
* wstawać [dopiero L. 29] - wstaję, wstajesz, wstają (imperf.); wstać - wstanę,
    wstaniesz, wstaną (perf.)   *to get up*

Lingwołamek

Król Karol kupił królowej Karolowej korale koloru koralowego.

King Charels bought queen Caroline coral colored beads.

Która godzina?

ĆWICZENIA

I. **Pytania do tekstu:**

1. O której Maria dzisiaj wstaje?
2. Co Maria robi w kuchni?
3. Dokąd idzie przed ósmą?
4. O której zaczynają się i o której kończą się zajęcia?
5. Co robi Maria w czasie przerwy?
6. O której Maria powinna być w domu?
7. Kto czeka na Marię w bibliotece?
8. O której Maria i Ewa wracają do domu?
9. Dokąd idą wieczorem?
10. O której zaczyna się seans?
11. Kto będzie kupować bilety?
12. Gdzie Maria spotka się z Ewą?

II. **Complete the following sentences with the appropriate form of the words:**
    powinienem, powinnam, powinieneś etc.
    Example: /ja, f./ _____ *iść do domu.*
        Powinnam iść do domu.

1. /ty, f./ _____ kupić nowy samochód.
2. On _____ poznać tego człowieka.
3. /ja, m./ _____ być w domu o drugiej.
4. /ty, m./ _____ poczekać na mnie.
5. /ja, f./ _____ więcej się uczyć.
6. Ona _____ się spieszyć.

III. **Match appropriate nouns with each of the pronouns:**
     który? która? które?

stół, książka, lekcja, krzesło, telewizor, dziecko, profesor, dziewczyna,

koleżanki, muzea, zeszyty, panie, godzina, samochód, bokser

IV.   **Answer: Ile jest?**   **and write your answer.**

12 - 6?	9 - 7?
11 - 8?	4 - 3?
10 - 8?	7 - 3?
12 - 7?	5 - 1?
12 - 2?	2 - 2?

V.   Finish the following sentences using the expressions for telling time.

1. Będę w domu o_____ .
2. Ewa była tu przed_____ .
3. Musisz być przed kinem za_____ .
4. Wracam za_____ .
5. Trzeba się spieszyć, bo lekcja zaczyna się _____ .
6. Idę do teatru na_____ .
7. Jesteśmy tu już_____ .
8. Film kończy się o_____ .
9. Powinniście być w bibliotece o wpół_____ .
10. Czekałem na ciebie_____ .

VI.   Make up ten sentences using the: trzeba + infinitive and musieć + infinitive constructions.

VII.   Make up questions which would match the given answers:

Example: *Zajęcia zaczynają się o ósmej.*
                        O której zaczynają się zajęcia?

1. Jest godzina czwarta.
2. Będę pisać pracę domową kwadrans po siódmej.
3. Będziemy w domu o wpół do dziewiątej.
4. Idę spać o wpół do dwunastej.
5. Seans kończy się o dziesiątej.
6. On był tutaj za kwadrans siódma.
7. Lekcja zaczyna się o wpół do ósmej.
8. Będę wolna przed jedenastą.
9. Oni będą w Warszawie o wpół do piątej.
10. Codziennie wstaję o szóstej.

VIII.   Say in your own words what you did:

- yesterday at 8:30 in the morning,
- on Saturday at 4:00 p.m.,
- yesterday at 9:30 in the evening,

and what will you do:

- tomorrow at 10:00 in the morning,
- tomorrow at 5:00 p.m.,
- on Sunday at 8:00 a.m.,

IX.   **Translate the words in brackets:**

1. Musimy być w domu /after three o'clock/.
2. Jacek ma /two/ koleżanki.
3. /She ought/ się spieszyć.
4. Film zaczyna się /in a minute/.
5. Czekaliśmy na ciebie/in front of the ticket counter/.
6. Będę w domu /in an hour/.
7. /I must/ iść po zakupy.
8. On zna tylko /one/ muzeum.
9. /She even bought/ trzy bilety.
10. Spotkamy się /in a quarter hour/

X.   **Write a short composition on the subject "Mój dzień".**

XI.   **Przetłumacz:**

1. What time do you usually (*zwykle*) get up? What time did you get up this morning?
2. I like to prepare breakfast.
3. What do you do at the university during the break?
4. At what time do your classes start and at what time do they end?
5. At what time do you have to be home?
6. I'll be home at 7:15.
7. What was she doing before 2:00?
8. Is it five minutes to 1:00 of five minutes after 1:00?
9. I'll be at the university at 3:45.
10. The film begins at 6:30.
11. Will they be home before 2:00 of after 2:00? At 2:30.
12. Who ought to hurry?
13. What did the child have to read?
14. When was he supposed to have been at home? At 10:00.
15. In an hour it will be 5:00.
16. Do this for 8:00.
17. Is this the eleventh or twelfth lesson?
18. There are 4 animals here: 1 horse, 2 geese and 1 monkey.
19. I'll be free at 11:30.
20. I bought one chicken, not two.

Słowniczek

praca domowa   *paper (writing assignment), housework*
* praca [dopiero L. 13]   *work, occupation, labor*
* spać [dopiero L. 29] - śpię, śpisz, śpią (imperf.);   *sleep* ; pospać (perf.)
      to have some sleep
 w bibliotece ("w" + L of biblioteka)   *in the library*
 w kuchni ("w" + L of kuchnia)   *in the kitchen*
* zwykle [dopiero L. 17]   *usually*

Przysłowia

Z kim przestajesz, takim się stajesz.
You become like the company you keep.

Co masz zrobić jutro zrób dziś.
Don't put off till tomorrow what you can do today.

ZAMEK KRÓLEWSKI NA WAWELU W KRAKOWIE

13

LEKCJA TRZYNASTA

Piotr Kowalewski i jego rodzina

Piotr Kowalewski jest dziennikarzem. Mieszka i pracuje w Krakowie. Jego rodzice mieszkają w Katowicach. Piotr ma też dwie siostry. Jego starsza siostra mieszka stale w Ameryce i rzadko może odwiedzać rodzinę w Polsce. Szwagier Piotra jest Amerykaninem, a jego siostrzeńcy mówią tylko trochę po polsku. Młodsza siostra mieszka z rodzicami w Katowicach. Studiuje tam matematykę. Piotr jest żonaty. Ma ładną i inteligentną żonę, która jest nauczycielką. Państwo Kowalewscy mają dzieci: córkę i syna. Córka ma dziewięć lat i jest uczennicą. Jest bardzo miłą i łagodną dziewczynką. Jest też pracowita i lubi się uczyć. Interesuje się muzyką i chciałaby być pianistką. Syn ma sześć lat i niestety jest niegrzecznym i upartym dzieckiem. Poza tym, nie wygląda zdrowo i często choruje. Dzisiaj też czuje się źle i znowu trzeba iść z nim do lekarza.

Słowniczek

chorować - choruję, chorujesz, chorują (imperf.) + "na" + A (of illness);
    be ill (sick), ailing; zachorować (perf.)   *to fall ill*
* Kowalewscy (adj Npl [dopiero L. 19])
* lata (pl of rok [year; dopiero L. 26]) *years* ; (mieć dziewięć lat [G pl]
    be nine years old)
odwiedzać - odwiedzam, odwiedzasz, odwiedzają (imperf.) + A; odwiedzić -
    odwiedzę, odwiedzisz, odwiedzą (perf.)   *visit, call on sb, pay a visit,*
    go and see
pianistka   *pianist*
rzadko   *rarely, seldom*
siostrzeniec (N pl siotrzeńcy)   *nephew (sister's son;* bratanek - *brother's*
    son) ; siostrzenica   *niece*
stale   *permanently, constantly*
szwagier   *brother-in-law* ; szwagierka   *sister-in-law*
* trzynasty   *thirteenth*
uczennica   *pupil (f.)*
* uczeń [dopiero L. 18]   *pupil (m.)*
* w Katowicach ("w" + L pl of Katowice [dopiero L. 20])   *in Katowice*
* znowu [dopiero L. 30]   *again*

ĆWICZENIA

I. Pytania do tekstu:

1. Gdzie mieszka Piotr Kowalewski?
2. Kim jest Piotr?
3. Gdzie mieszkają jego rodzice?
4. Czy Piotr ma siostry?
5. Gdzie mieszka starsza siostra?
6. Kim jest jej mąż?
7. Czy siostrzeńcy Piotra mówią po polsku?
8. Kim jest jego młodsza siostra?
9. Czy Piotr jest żonaty?
10. Jaka jest jego córka?
11. Czy syn jest dobrym dzieckiem?

II. Change into plural:

Example: *Jego córka jest sekretarką.*
                 Ich córki są sekretarkami.

1. Mój brat lubi jabłka.
2. Twoja siostra jest młodsza niż ty.
3. Nasz dziadek czuje się dobrze.
4. Jego żona jest piękną kobietą.
5. Wasz syn będzie w domu o szóstej.
6. Jej mąż jest dyrektorem.
7. Wasza babcia mieszka w Warszawie.

III. Use the correct form of the verb "brać" or "czuć się."

1. Jak się /ty/ _____ ?
2. Ewa _____ te książki .
3. /Ja/ _____ to lekarstwo.
4. On _____ słabo.
5. Oni _____ aspirynę.
6. Chyba /wy/ nie_____ dobrze.
7. /ty/ _____ nowe ubranie.
8. Oni _____wspaniale.

IV. Match words from the adjective list with words from the noun list. Make sure that your combinations are correct in both form and meaning.

dziecko, kobieta, mężczyzna, profesor, dom, człowiek,
ćwiczenie, nauczyciel, żona, przyjaciel.
ładny, bogaty, zepsuty, mądry, łagodny, zdrowy,
trudny, młody, tani, dobry.

V. Using the verbs in brackets, make sentences in the future composite tense:

Example: On /rozmawiać/ z nami.
On będzie rozmawiać z nami.

1. Kto /oglądać/ telewizję ze mną?
2. Którą książkę /ty - czytać/ ?
3. Co /my - robić/ w niedzielę?
4. Oni /uczyć się/ mówić po polsku.
5. Jutro /ja - pisać/ listy.
6. Czy w sobotę /wy - mieć/ czas?
7. Nie, ja nie /rozmawiać/ z nim.
8. Wieczorem /on - czekać/ na ciebie.
9. W środę /one - pracować/ długo.
10. Dziecko /brać/ to lekarstwo.

VI. Write as many questions as possible to each of the following sentences:

Example: Ewa chce kupić psa.
Co Ewa chce kupić? Kto chce kupić psa?

1. Marek źle się dzisiaj czuje.
2. Nasza babcia jest Polką.
3. Twoje dziecko było wczoraj niegrzeczne.
4. Ewa będzie w domu o piątej.
5. Jego brat jest nauczycielem.
6. Maria chce poznać twoją siostrę.
7. Nasi bracia mają nowe samochody.
8. Jola jest sekretarką w biurze w Warszawie.
9. Jutro Jacek będzie czytać interesującą książkę.
10. Wasi rodzice kupują ten telewizor.

VII. In each case use an adverb derived from the adjective in brackets:

Example: Twój ojciec _____ wygląda. /stary/
Twój ojciec staro wygląda.

1. Czuję się_____ /słaby/.
2. _____ jest mówić po polsku /trudny/.
3. Tu jest_____ /ciemny/.
4. Mój dziadek_____ wygląda. /młody/
5. Twój kolega odpowiada_____ /zły/.
6. Ta dziewczyna_____ się uśmiecha. /miły/
7. Kupiłem ten sweter_____ /tani/.
8. Oni_____ mówią po polsku. /dobry/
9. Na ulicy jest_____ /suchy/.
10. Nasze dziecko _____ wygląda. /zdrowy/

VIII. **Rewrite the dialog filling in the blanks:**

- Jaka jest twoja babcia?

- _____ .
- _____ ?

- Czuje się młodo.

- _____ .

- Dziadek jeszcze pracuje.

- _____ ?

- Jest urzędnikiem.

- _____ ?

- Oczywiście, możesz ich poznać.

IX. **In each of the following sentences the first letter of an appropriate adjective is provided. Complete the spelling of its correct form:**

1. Pierwsze ćwiczenie jest ł_____ , a drugie t_____ .
2. Ten dom jest w_____ , a tamten o_____ .
3. Twoja książka jest c_____ , a twoja n_____ .
4. Starsze dziecko jest o_____ , dobrze w_____ ,
   a młodsze z_____ .
5. Brat jest z_____ , a siostra ch_____ .
6. Babcia jest ł_____ , a dziadek u_____ .
7. Ten sweter jest cz_____ , a tamten b_____ .

X. Write a short composition about your family.

XI. **Przetłumacz:**

1. Your sons and ours are friends.
2. My brother-in-law's name is Jacek.
3. I'd like to visit my family in Poland.
4. Their rich nephews live in America.
5. Whose brothers are hard-working?
6. Do you live alone or with your parents?
7. They often visit us.
8. Why are our boys so stubborn?
9. She is rarely ill.
10. The children feel bad today. They have a fever.
11. Have you taken your medicines?
12. Who is going with the children to the movies?
13. When I feel badly I usually take an aspirin.
14. Why don't you feel like (i.e., have the desire to) buying a Mazda?
15. Let's meet in the café at 3:45.

Słowniczek

* bracia [dopiero L. 19] (pl of brat)   *brothers*
* jabłko [dopiero L. 25]   *apple*
* nasi [dopiero L. 19] (pl of nasz)   *our(s)*
* ubranie [dopiero L. 23]   *suit, clothes*
  uśmiechać się - uśmiecham się, uśmiechasz się, uśmiechają się (imperf.)
           + "do" + G (*at sb*); "na" + A (*at sth*)   *smile*;   uśmiechnąć się -
           uśmiechnę się, uśmiechniesz się, uśmiechną się (perf.)   *give a smile*
* wasi [dopiero L. 19] (pl of wasz)   *your(s)*
  wspaniale   *splendidly, superbly*

Przysłowie

Z dobrego gniazda dobre dzieci.
From a good nest come good children.

Lingwołamek

Spirytus   najwydestylowaniuchniejszy.
Most distilled spirit.

14

LEKCJA CZTERNASTA

Biblioteka Jana

Jan bardzo lubi czytać i ma w domu dużą bibliotekę. Kolekcjonuje książki historyczne, ponieważ interesuje się historią. Ma książki tanie i drogie, grube i cienkie. Ma nawet najdroższe albumy, encyklopedie i słowniki. Codziennie po południu chodzi do księgarni, gdzie pracuje jego znajoma. Może tam kupić najnowsze i najlepsze książki. Kupuje wszystkie nowe powieści, które warto przeczytać. Najbardziej lubi literaturę fantastyczno-naukową. Najważniejsze jest to, że Jan nie tylko kupuje książki, ale także czyta je. Cały swój wolny czas poświęca na lekturę. Jego żona mówi, że Jan woli swoje książki niż swoją rodzinę.

Jan prenumeruje również gazety i czasopisma. Regularnie czyta *"Życie Warszawy"* i *"Kurier Polski"*. Uważa, że najciekawszym polskim czasopismem jest *"Gazeta Wyborcza"*, ale prenumeruje też *"Kulturę"*, *"Forum"*, *"Tygodnik 'Solidarność'"* i *"Perspektywy"*. Ponieważ Jan czyta tak dużo, zawsze zna najnowsze wiadomości i wie, co się dzieje na świecie. Dzięki temu rozmowa z nim jest zawsze bardzo interesująca.

Słowniczek

album   *album*
* czternasty   *fourteenth*
dzięki temu   *thanks to that*
encyklopedia   *encyclopedia*
fantastyczno-naukowa   *science-fiction*
"Gazeta Wyborcza"   *Election Gazette*
gruby   *thick*
* historia [dopiero L. 19]   *history*
historyczny   *historical*
kolekcjonować - kolekcjonuję, kolekcjonujesz, kolekcjonują (imperf.) + A;
     skolekcjonować (perf.)   *collect*
księgarnia   *bookshop, book-store*
"Kultura"   *Culture*
"Kurier Polski"   *Polish Courier*
lektura   *reading (matter)*
literatura   *literature*
"Perspektywy"   *Perspectives*
ponieważ   *because, for, since*
poświęcać - poświęcam, poświęcasz, poświęcają (imperf.) + A + "na" + A;
     poświęcić - poświęcę, poświęcisz, poświęcą (perf.)   *devote, spend*
* również [dopiero L. 18]   *also, likewise*
"Tygodnik 'Solidarność'"   *"Solidarity" Weekly*
* uważać [dopiero L. 18) - uważam, uważasz, uważają (imperf.) (no perf. pair)
     consider, think, regard, deem
"Życie Warszawy"   *Warsaw Life*

ĆWICZENIA

I. Pytania do tekstu:
1. Co Jan bardzo lubi robić?
2. Czym się interesuje?
3. Jakie książki Jan ma w swojej bibliotece?
4. Dokąd chodzi codziennie?
5. Jaką literaturę Jan najbardziej lubi?
6. Które gazety czyta regularnie?
7. Które czasopisma prenumeruje?
8. Czy Jan jest interesującym człowiekiem? Dlaczego?

II. Fill in the blanks with the appropriate imperfective or perfective verb in its correct form.

czytać-przeczytać
spotykać - spotkać
pisać - napisać
kupować - kupić
zwiedzać-zwiedzić

1. Jutro będziemy_____ nową książkę.
2. Czy /ty/ już_____ to czasopismo?
3. Codziennie_____ swojego profesora.
4. /my/ _____ się przed kinem o ósmej.
5. Co oni teraz_____?
6. Czy on_____już pracę domową?
7. Trzeba_____ nowe radio.
8. Zawsze /wy/_____ tylko tu.
9. Chciałbym _____ Kraków.
10. Jutro będziemy_____ Stare Miasto.

III. Use the correct form of the reflexive possesive pronouns:
swój, swoja, swoje, swoi
Example: Czekam na_____ koleżankę.
Czekam na swoją koleżankę.
1. Ona czyta_____ tekst.
2. Rozmawiam ze_____ bratem.
3. Widzę_____ psa.
4. Oni rozmawiają ze_____ koleżankami.
5. Codziennie spotykam _____ znajomą.
6. Gdzie ona poznała_____ męża?
7. On idzie ze_____ synami.
8. Ewa bardzo kocha_____ rodziców.
9. Janek czeka ną_____ dziecko.
10. Maria lubi_____zwierzęta.

IV. Complete the sentences with words from the list below, changing their form when neccesary:

zapytać, dokąd, miły, zwierzę, powiedzieć, czytać, młodszy, swój, mieć, obydwie

1. Twój kot jest bardzo _____ .
2. Chciałbym _____ dobrego przyjaciela.
3. Mój brat jest_____ niż ja.
4. /ja/ _____ ciekawe czasopismo.
5. Mamy_____ własne książki.
6. Trzeba_____ profesora.
7. _____ gazety są jednakowo nudne.
8. Czyje to są_____ ?
9. Kto to_____ ?
10. _____ idziesz?

V. Fill in the missing verbs and change their form when neccesary:

1. - Czy /wy/ _____ dobrze?   /czuć się/
   - Tak, my zawsze dobrze_____ .

2. - Czy /ty/ _____ , kto to jest?   /wiedzieć/
   - Nie, nie_____ .

3. - Czy ona_____ ładnie?   /wyglądać/
   - Nie. Myślę, że_____ brzydko.

4. - Dokąd /ty/_____ .   /iść/
   - _____ do kina.

5. - Którego psa oni_____ kupić.   /chcieć/
   - Oni_____ kupić tego małego psa.

6. - Co /ty/ _____ ?   /brać/
   - _____ ten zeszyt.

7. - Na kogo /wy/_____ ?   /czekać/
   - _____ na swoją siostrę.

8. - Czy /ty/ _____ tego pana?   /znać/
   - Tak,_____ go.

9. - Czy /ty/ _____ tę dziewczynę?   /pamiętać/
   - Tak, dobrze ją_____ .

10. - Czy on się tu_____ ?   /nudzić się/
    - Nie. Myślę, że on się tu nie_____ .

VI. Supply the correct form of który?, która?, które?

Example: **Kto to jest ta osoba, _____ on rozmawia?**
Kto to jest ta osoba, z którą on rozmawia.

1. Gdzie jest to pióro, _____ wczoraj kupiłam?
2. To jest ten chłopiec, _____ bardzo mi się podoba.
3. Kto to jest ten pan, _____ Ewa idzie?
4. Co to za gazeta, _____ czytasz?
5. Jaka jest ta koleżanka, _____ czekasz?
6. Czy to są te panie, _____ dobrze znasz?
7. Jaki jest ten film, _____ widziałaś?
8. Czy to jest ta dziewczyna, _____ Jan kocha.
9. To jest dziecko, _____ tu mieszka.
10. To jest mężczyzna, _____ interesuje się Maria.

VII. Supply the correct form of the comparative:
Example: **Która dziewczyna jest _____ , ta czy tamta?**
/ ładny /
Która dziewczyna jest ładniejsza, ta czy tamta?

1. Która książka jest _____ , ta czy tamta?   /interesujący/
2. Kto jest _____ , Jan czy Marek?   /wysoki/
3. Który nauczyciel jest _____ , nasz czy wasz?   /wymagający/
4. Czyje dziecko jest _____ , moje czy twoje?   /mały/
5. Który hotel jest _____ , ten czy tamten?   /drogi/
6. Kto jest _____ , wujek czy dziadek?   /chory/
7. Czyj dom jest _____ , jego czy jej?   /duży/
8. Które ćwiczenie jest _____ , pierwsze czy drugie?   /trudny/
9. Który samochód jest _____ , mój czy ich?   /dobry/
10. Kto jest _____ , ojciec czy wujek?   /stary/

VIII. Ask questions requiring the underlined words as answers:
Example: **Jacek nas widzi.**
Kogo Jacek widzi?

1. Gosia kocha Jakuba.
2, Marek czeka na brata.
3. Pan Kowalczyk jest dyrektorem.
4. To jest nauczyciel.
5. To jest ich dziecko.
6. Chcę kupić ten telewizor.
7. Jola czyta gazetę.
8. Kupiłam ciekawą książkę.
9. Piszę list.
10. Idziemy do kina.

IX. Rewrite the dialog filling in the blanks:

- Jakie książki lubisz czytać?

- _____ .

- _____ ?

- Nie mam czasu, żeby czytać gazety.

- _____ ?

- Prenumeruję tylko jedno czasopismo -"Przekrój",

_____ ?

- Ja stale prenumeruję jedną gazetę - "*Życie Warszawy*"
  i dwa czasopisma - "*Kulturę*" i "*Życie Literackie*".

X. Write ten sentences using the following words:
    Example: *jednakowo, gazeta, być, obydwie, interesujący*
                   Obydwie gazety są jednakowo interesujące.

1. żona, czekać, swój, na Marek
2. ciekawszy, ta, grubszy, mój, zdanie, być, książka
3. o, być, kino, musieć, ja jedenasta, przed, do, wpół
4. czasopisma, żeby, być, zajęty, zbyt, czytać
5. pies, kot, my, mieć, duży, mały
6. więcej, Jan, być, pracować, jutro
7. Ewa, my widzieć, czy
8. rodzice, mieć, wy, dobry, bardzo
9. ciekawszy, ogłoszenie, twój, mój, niż, być
10. artykuł, wczoraj, Jola, pisać

RUMUNIA: dyktator upadł — komunizm pozostał? (s. 12-13)

Tygodnik

Nr 1 (68) Rok III   5 STYCZNIA 1990   CENA 400 ZŁ

Szpiedzy

Z początku Clifford Stoll myślał, że to kawał ze strony jego nowych kolegów. Może chcieli sprawdzić jak dobrym profesjonalistą jest ten 36-letni profesor z potarganą hippisowską grzywą włosów i w spłowiałych dżinsach, który objął stanowisko jednego z menedżerów systemu w ośrodku kom...

Naszym Czytelnikom i Współpracownikom
życzymy godnego 1990 roku

XI. **Przetłumacz:**

1. Do you like science-fiction?
2. Do you collect books?
3. To what do you devote your free time?
4. To what kind of magazines do you subscribe?
5. I'm too tired to read this novel.
6. Who recommended you to read this book? It isn't worth reading.
7. Have you read Sienkiewicz's "Trilogy" (*Trylogia*)?
8. I heard you bought some nice Polish postcards.
9. Do you have your own house?
10. Which book is easier to read?
11. She is waiting for her own friend (f.) not yours.
12. These two newspapers are interesting and that one over there is boring.
13. Do you know Mirek and his acquaintance (f.)?
14. I think this teacher is most demanding.
15. I know the actress for whom you were waiting.
16. Your father looks younger than I thought.
17. Ask him whether he has read this book.
18. She told me that she has already written the letter.
19. He says that his mother is ill.
20. My car is even more expensive than yours.

Słowniczek

"Przekrój"   *Review*
* Stare Miasto [dopiero L. 27]   *Old Town*
"Trylogia"   Trilogy
"Życie Literackie"   *Literary Life*

Przysłowia

Słonce oświeca świat, a nauka ludzi.
The sun enlightens the earth and education enlightens people.

Lepszy dzięcioł na ręku, niż orzeł na sęku.
A bird in the hand is worth two in the bush.

Lech Wałęsa (1943-　)

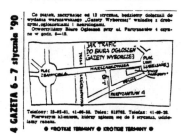

15

LEKCJA PIĘTNASTA

Ogłoszenie

Pan Orłowski: Dzień dobry, panie dyrektorze.
Pan Kowalczyk: Dzień dobry. Co słychać?
O: Mam tu kilka nowych ogłoszeń.
K: Pan wie, że nie chcę żadnych poetyckich tekstów. W handlu nie ma miejsca na romantyzm. No, ale do rzeczy. Proszę mi to pokazać.
O: Proszę bardzo. Te ogłoszenia są doskonałe.
K: "Jeśli jesteś znudzony, Jedź z nami do Arizony."
Co to jest? Pan chyba żartuje. Nie będzie pan pisał takich głupich ogłoszeń albo poszuka pan nowej pracy.
Do widzenia.
O: Ale...
K: Powiedziałem, do widzenia.

Słowniczek

do rzeczy   *to the point*
* dyrektorze (V of dyrektor [dopiero L. 29])   *director*
jedź (imperative of jechać)   *go*
miejsce   *place*
* panie (V of pan [dopiero L. 29])   *sir*
* piętnasty   *fifteenth*
pokazać - pokażę, pokażesz, pokażą (perf.) + A; pokazywać - pokazuję, pokazujesz, pokazują (imperf.)   *show*
* poszukać [dopiero L. 17] - poszukam, poszukasz, poszukają, (perf.) + G; szukać (imperf.)   *look for*
romantyzm   *romanticism*
znudzony   *bored, weary*

ĆWICZENIA

I. **Odpowiedz na pytania:**

1. Kto przyszedł do pana Kowalczyka?
2. Kim jest pan Kowalczyk, a kim pan Orłowski?
3. Co przyniósł z sobą pan Orłowski?
4. Jakich tekstów nie lubi pan Kowalczyk?
5. Dlaczego?
6. Co pan Orłowski sądzi o swoich ogłoszeniach?
7. Co myśli o nich pan Kowalczyk?
8. Co będzie musiał zrobić pan Orłowski, jeśli dalej będzie pisał takie ogłoszenia?
9. Dlaczego pan Kowalczyk nie chciał dłużej rozmawiać z panem Orłowskim?

II. **Napisz streszczenie rozmowy pana Kowalczyka z panem Orłowskim:**

1. jako narrator w 3 os.
2. jako pan Orłowski.
3. jako pan Kowalczyk.

III. **Wstaw w dopełniaczu:**

1. To jest sekretarka_____ /nasz dyrektor/.
2. Dom_____ /mój brat/ jest duży.
3. Kupuję prezent dla _____ /moja siostra/.
4. Mieszkanie_____ /mój kolega/ jest bardzo nowoczesne.
5. Pies_____ /ta dziewczyna/ jest głupi.
6. Podoba mi się samochód_____ /ten pan/.
7. On jest dyrektorem_____ /nowy hotel/.
8. Nie znam_____ /ci mężczyźni [N pl.]/.
9. Domy_____ /starzy ludzie/ są bardzo interesujące.
10. Oni idą do_____ /dobrzy znajomi [N pl.]/.

IV. **Ułóż po 2 zdania z następującymi przyimkami z dopełniaczem:**

Example: Dostałem na imieniny prezent od kolegi.

bez	od
do	dla
z	

V.   Ułóż zdania z następujących wyrazów:

1. wygodnych, tu, sporo, krzeseł, jest
2. list, to , ojca, jest, od
3. gazet, nie, nigdy, kupujemy
4. jest, nie, sekretarka, każda, ubrana, dobrze
5. dyrektora, od, wracam, pana
6. gwiazdy, mieszkanie, to, filmowej, jest, słynnej
7. Wisła, Polski, rzeką, jest, najważniejszą
8. pięknym, Kraków, starym, jest, i, miastem
9. w, Lublina, urodziła, ona, okolicach, się
10. miasta, z, pochodzisz, jakiego

VI.   Ułóż pytania do następujących zdań:

1. Urodziłem się w Krakowie.
2. Polska leży nad morzem Bałtyckim.
3. Tu jest pięć psów.
4. Tu jest pięciu studentów.
5. Chciałabym kupić prezent dla ojca.
6. On jest specjalistą od reklamy.
7. Student idzie teraz do kolegi.
8. Jej ojciec jest dyrektorem banku.
9. Piszę list do mojej przyjaciółki.
10. Córka mojego profesora jest chora.

VII.   Uzupełnij następujące zdania:

syn - wujek - siostra - babcia - rodzice - żona

córka - ciocia - dziadek - brat - mąż

1. Brat matki to mój_____ .
2. Siostra matki to moja _____ .
3. Córka mojej matki to moja _____ .
4. Syn mojej matki to mój_____ .
5. Matka mojego ojca to moja _____ .
6. Ojciec mojej matki to mój_____ .
7. Mój brat to_____ mojej matki.
8. Moja siostra to_____ mojego ojca.
9. Moja matka to_____ mojego ojca.
10. Mój ojciec to_____ mojej matki.
11. Moja matka i mój ojciec to moi (N pl.)_____ .

VIII. Dokończ następujące zdania:
1. Jem chleb z _____ .
2. Nie piję herbaty bez _____ .
3. Idę na spacer z _____ .
4. Po pracy wracam do _____ .
5. Śpieszę się do _____ .
6. Chcę kupić mieszkanie z _____ .
7. Chciałbym pracować jako _____ .
8. Mam dużo książek w _____ .
9. Muszę kupić chleb dla _____ .
10. Dostałem list od _____ .

IX. Napisz słowami liczebniki i wstaw w odpowiedniej formie rzeczowniki:

1 książka, 5 studentka, 4 stół, 7 zeszyt, 10 sekretarka, 3 córka, 6 biuro, 2 ogłoszenie, 8 koń, 11 długopis, 9 okno

X. Napisz 10 zdań o swoim kraju.

XI. Przetłumacz:

1. Were you at Mr. Kowalczyk's yesterday? No, I was at Mrs. Szymańska's.
2. Here is a letter for you from your aunt Grażyna in Poland.
3. The journey to America was long, but interesting.
4. A doctor's life is often difficult.
5. I'm returning not from the museum, but from school.
6. My father was a director of a great enterprise.
7. Were you to see your friends?
8. We have two television sets and they have five sets.
9. What is your opinion about this concert?
10. On which sea does Poland lie?
11. This room has five windows.
12. There are five Polish singers (m.) here.
13. She has five brothers.
14. Where do your parents come from?
15. I wasn't born in Bydgoszcz, but in Toruń.
16. When are they returning from Białystok?
17. Łódź lies between which cities?
18. I have a brother in New York.
19. Which town is located between Kraków and Opole?
20. She has never been to the Soviet Union.

Słowniczek

dłużej (comp. adj.)   *longer*
dokończyć - dokończę, dokończysz, dokończą (perf.) + A; dokończać -
    dokończam, dokończasz, dokończają (imperf.)   *finish, complete*
dopełniacz   *genitive case*
* dostać [dopiero L. 16] - dostanę, dostaniesz, dostaną (perf.) + A; dostawać -
    dostaję, dostajesz, dostają (imperf.)   *receive, get*
* imieniny [dopiero L. 19]   *name day*
liczebnik   *numeral, number*
narrator   narrator
następujące   *following*
odpowiednie   *appropriate, suitable, proper*
o nich (o + L of oni and one)   *about them*
o swoich ogłoszeniach (o + L pl)   *about one's own advertisements*
przyimki (przyimek sg.)   *prepositions*
* przyjść [dopiero L.23] - przyjdę, przyjdziesz, przyjdą (perf.); przychodzić -
    przychodzę, przychodzisz, przychodzą (imperf.)   *come, arrive*
    (on foot)
* przynieśc [dopiero L. 20] - przyniosę, przyniesiesz, przyniosą (perf.) + A;
    przynosić - przynoszę, przynosisz, przynoszą (imperf.)   *bring*
    (by carrying)
rozmowa   *conversation*
rzeczownik   *noun*
* sądzić [dopiero L. 26] - sądzę, sądzisz, sądzą (imperf.)   *judge, think*
spacer   *walk, stroll*
streszczenie   *summary*
ułożyć - ułożę, ułożysz, ułożą (perf.) + A; układać - układam, układasz,
    układają (imperf.)   *compose, arrange*
uzupełnić - uzupełnię, uzupełnisz, uzupełnią (perf.) + A; uzupełniać -
    uzupełniam, uzupełniasz, uzupełniają (imperf.)   *complete, supply*
wstawić - wstawię, wstawisz, wstawią (perf.) + A; wstawiać - wstawiam,
    wstawiasz, wstawiają (imperf.)   *insert*
wyraz   *word, expression*
z sobą ("z" + I of siebie)   *with oneself*

Przysłowia

Każdy głupi ma swój rozum.
Every fool has his own wisdom.

Głupi mówi, mądry słucha.
The fool speaks, the wise man listens.

Henryk Sienkiewicz (1846-1916)

16

LEKCJA SZESNASTA

John Kowal robi zakupy

Dzisiaj są urodziny Johna. Wieczorem będzie małe przyjęcie i John musi zrobić zakupy. Teraz jest w sklepie spożywczym. Kupuje pięć dużych bułek na kanapki, kostkę masła i pół kilo żółtego sera. Oprócz tego chce kupić trochę szynki i kiełbasy. Płaci, a potem stoi kilka minut w kolejce i kupuje kilogram pomidorów, pół kilo ogórków oraz trochę owoców. Teraz idzie kupić jeszcze kilka ciastek i dziesięć butelek soku. Szkoda, że nigdzie nie ma cocacoli.

Teraz John szybko idzie do domu. Musi jeszcze zrobić porządek w pokoju i przygotować kanapki.

Słowniczek

bułka   *bread roll*
ciastko   *cake, pastry*
coca-cola (only the second element declines)   *coca-cola*
kanapka   *sandwich*
kolejka   *line, queue*
ogórek   *cucumber*
oraz   *and, also, as well as*
owoc   *fruit*
* pomidor [dopiero L. 20]   *tomato*
porządek   *order*; (robić porządek - *tidy sth up, clean sth*)
* przyjęcie [dopiero L. 23]   *reception, party*
* stać [dopiero L. 29] - stoję, stoisz, stoją (imperf.)   *stand* ;
        postać (perf.)   *stand (awhile)*
szesnasty   sixteenth
urodziny   *birthday*
w kolejce ("w" + L of kolejka)   *in line*

ĆWICZENIA

I. Odpowiedz na pytania:

1. Kiedy są urodziny Johna?
2. Dlaczego John musi zrobić zakupy?
3. W jakim jest teraz sklepie?
4. Co tu kupuje?
5. Co chce kupić oprócz bułek, masła i sera?
6. Ile kupuje pomidorów i ogórków?
7. Co musi jeszcze kupić?
8. Czego nigdzie nie ma?
9. Dokąd idzie ze sklepu?
10. Dlaczego John śpieszy się?

II. Wstaw w dopełniaczu:

1. butelka / mleko / _____
2. szklanka / sok / _____
3. filiżanka / herbata / _____
4. kieliszek /wódka / _____
5. lampka / wino / _____
6. kostka / masło / _____
7. puszka / piwo / _____
8. kilogram / szynka / _____
9. pół kilo / ser / _____
10. talerz / zupa /_____

III. Zamień podane zdania twierdzące na przeczące:

1. Mam czarnego kota.
2. On ma nowy samochód.
3. Mamy ciekawą książkę.
4. Oni mają dobrego nauczyciela.
5. Macie ładny pokój.
6. Masz duże biurko.
7. Ona ma dobrą koleżankę.
8. Oni mają małe dziecko.
9. On ma miłe córki.
10. Mamy dobrych ojców.

IV. **Wstaw rzeczowniki podane w nawiasie w dopełniaczu:**

1. Kupujemy butelkę /sok/ _____ , paczkę /kawa/_____ .
   i kilogram /kiełbasa/ _____ .
2. W sklepie nie ma /cukier, sól i pieprz/ _____ .
3. Mam kilogram /płatki kukurydziane/ _____ .
   i litr /mleko/ _____ .
4. Tu nie ma /kreda, gąbka i tablica/ _____ .
5. Ona nie czyta /tekst/ _____ , a ona nie pisze /ćwiczenie/_____ .
6. Nie kupuję /książki i papierosy/ _____ .
7. Nie mam /zeszyt i pióro/ _____ .
8. Nie lubimy /wódka i piwo/ _____ .
9. Ona nie może jeść /miód i dżem/ _____ .
10. Nie lubię /kartofle i kapusta/ _____ .

V. **Podaj stopień wyższy następujących przymiotników:**

Example: *młody - młodszy*

zimny	kwaśny
słaby	słodki
dobry	ładny
stary	nowy
smaczny	drogi

VI. **Podaj stopień wyższy następujących przysłówków:**

Example: *głośno - głośniej*

dobrze	wyraźnie
źle	bardzo
ładnie	szybko
przyjemnie	cicho
zimno	dużo

VII. **Ułóż zdania z następującymi wyrazami:**

Example: *cytryna - Lubię herbatę z cytryną.*

kaszel, recepta, apteka, woda sodowa, kanapka,
ciastko, kubek, bułka, kolejka, urodziny.

VIII.   Dokończ następujące zdania:

1. Nie jem tej zupy, bo_____ .
2. Nie czytam, bo _____ .
3. Nie kupię tego samochodu, bo _____ .
4. Nie jadę do Warszawy, bo_____ .
5. Nie mogę pić mleka, bo _____ .
6. Nie piszę listu, bo _____ .
7. Nie kupuj tego chleba, bo _____ .
8. Nie powiedziała ani słowa, bo_____ .
9. Nie smakuje mi ten ser, bo _____ .
10. Nie bywamy u Ewy, bo _____ .

IX.   Ułóż pary antonimów z następujących wyrazów:

Example: interesujący - nudny
słodki, gorący, dobry, duży, smutny, łatwy, leniwy, szybki, stary,
słaby, trudny, zimny, mały, gorzki, wesoły,
pracowity, młody, zły, wolny.

X.   Uzupełnij dialog:

- Dzień dobry!
- _____ ! _____ ?
- Czy jest świeże masło i świeży chleb?
- _____ ale _____ nie ma.
- Proszę dwie kostki masła a zamiast _____ proszę
  pięć bułek. I kawałek sera. - _____ ?
- Żółtego. _____ ?
- Nie ma. Może będzie jutro.
- To proszę butelkę_____ .
- _____ .
- Tak, dziękuję. Ile płacę?
- _____ .
- Dziękuję. Do widzenia.
- _____ .

XI.   Opisz, jak robisz zakupy w sklepie spożywczym.

XII.   Przetłumacz:

1. Did you buy the bread rolls, butter, some yellow cheese, sausage and some fruit for the party?
2. Whom do you want to invite to the reception?
3. I don't like to stand in line.
4. Have you already prepared the sandwiches?
5. Do you drink coffee with or without milk of sugar?
6. How many bottles of apple juice did you buy?
7. I'd like 2 loaves (*bochenek*) of bread, 3 cakes of butter and 4 eggs.
8. How much did you pay for these cakes?
9. Ewa and Marek weren't in school today. Who else wasn't there?
10. I heard that you can't eat cheese.
11. I don't drink dark beer.
12. Stasia said that tomorrow there won't be any sugar, lemons, and select vodka.
13. How often are you at Zofia's?
14. Thank you for the wonderful (*wspaniały*) ham.
15. How does this sausage taste to you?
16. Which wine is sweeter than this one?
17. Is she older than her husband? No, he is older than she.
18. I'm crazy over this French brandy.
19. He is younger but wiser than Zbyszek.
20. I doubt whether these tomatoes and cucumbers are fresh.
21. There isn't any good wine here at all.
22. Instead of white wine Id like a large mug of cold Polish beer.

ONE HUNDRED YEARS
Sto Lat

English version by Evelyn Ciesla   Arr. by L. Chojecki

Słowniczek

antonim   *antonym*
bochenek   *loaf (of bread)*
gąbka   *sponge, eraser*
kartofel   *potato*
litr   *litre*
nawias   *parenthesis, brackets*
opisać - opiszę, opiszesz, opiszą (perf.) + A; opisywać - opisuję, opisujesz,
   opisują (imperf.)   *describe*
para   *pair*
podać - podam, podasz, podadzą (perf.) + A; podawać - podaję, podajesz, podają
   (imperf.)   *supply, give*
podany   *given, supplied*
przeczący   *negative*
przymiotnik   *adjective*
przysłówek   *adverb*
puszka   *can*
* stopień [dopiero L. 18]   *degree, grade*
* talerz [dopiero L. 29]   *plate*
twierdzący   *affirmative*
* wspaniały [dopiero L. 27]   *wonderful, marvelous*
zamienić - zamienię, zamienisz, zamienią (perf.) + A; zamieniać - zamieniam,
   zamieniasz, zamieniają (imperf.)   *replace, exchange*

Przysłowie

Porządek jest duszą wszystkich rzeczy.

Neatness is the soul of all things.

Lingwołamek

Chrząszcz brzmi w trzcinie, a nie w Szczebrzeszynie.

The cockchafer buzzes in the reeds and not in Szczebrzeszyn.

17

LEKCJA SIEDEMNASTA

Rodzinne śniadanie

W niedzielę państwo Nowakowie jedzą śniadanie razem z dziećmi. Najpierw są płatki kukurydziane lub owsiane z mlekiem i z cukrem lub z solą. Dzieci są zwykle bardzo głodne. Na stole jest jeszcze dużo do jedzenia: jajko na miękko, żółty ser, szynka i dżem. Do tego oczywiście chleb i bułki. Potem dzieci piją kakao, a rodzice herbatę lub kawę. Na deser jest zawsze ciasto: sernik albo szarlotka. Wszyscy jedzą powoli, bo nikt nigdzie się nie śpieszy. Rozmawiają o swoich planach i problemach. Potem idą razem na długi spacer. Cała rodzina bardzo lubi te śniadania w niedzielę.

Słowniczek

ciasto   *cake, tart*
deser   *dessert*
jajko na miękko   *soft-boiled egg* ; jajko na twardo   *hard-boiled egg*
kakao (indecl.)   *cocoa*
lub   *or*
najpierw   *first (of all), at first*
owsiane   *of oats*
* rodzinny [dopiero L. 20]   *family* (as adj.)
sernik   *cheese-cake*
* siedemnasty   *seventeenth*
szarlotka   *apple-pie, apple-tart*

ĆWICZENIA

I. **Odpowiedz na pytania:**

1. Kiedy państwo Nowakowie jedzą śniadanie razem z dziećmi?
2. Co jedzą najpierw?
3. Kto jest zwykle bardzo głodny?
4. Co jest jeszcze na stole?
5. Co piją dzieci, a co rodzice?
6. Co oni jedzą na deser?
7. Dlaczego wszyscy jedzą powoli?
8. O czym rozmawiają?
9. Gdzie idą potem?
10. Kto lubi śniadania w niedzielę?

II. **Wstaw czasowniki w odpowiedniej formie:**

1. Czy pani tu /pracować/ _____ ?
2. /ja - szukać/ _____ prezentu dla matki.
3. Co /ty - jeść/ _____ na śniadanie?
4. Ewa /chcieć/ _____ kupić psa.
5. Janek /zaprosić/ _____ nas na kolację.
6. /my - lubić/ _____ kawę bez cukru.
7. Oni /rozmawiać/ _____ o swoich planach.
8. Nikt się nie /śpieszyć/ _____ .
9. Czy wy /mówić/ _____ po polsku?
10. /ja - przepadać/ _____ za sernikiem.

III. **Utwórz tryb rozkazujący od następujących czasowników:**
Example: umyć - umyj

zjeść	napisać
wypić	przeczytać
powiedzieć	zaprosić
kupić	poszukać
zapłacić	zobaczyć

IV. **Wstaw odpowiednią formę liczebnika i rzeczownika:**
Example: Tu jest: 10 student - Tu jest dziesięciu studentów.

Tu jest: 5 kot

7 nauczyciel	29 szafa
12 mieszkanie	16 biurko
15 stół	10 sukienka
20 studentka	11 pan
31 książka	

V. Wstaw w odpowiedniej formie czasownik "być":

Example: 8 studentów - jest

4 studentki	31 kotów
7 nauczycieli	2 butelki
23 okna	5 koni
11 biurek	42 prezenty
1 książka	3 hotele

VI. Napisz liczebniki słowami a następnie zamień zdania na przeczące:

Example: Tu jest 7 zeszytów. Tu jest siedem zeszytów.
Tu nie ma siedmiu zeszytów.

1. Tu jest 5 kotów.
2. Tu jest 12 nauczycielek.
3. Tu jest 10 samochodów.
4. Tu jest 11 osób.
5. Tu jest 28 studentek.
6. Tu jest 6 okien.
7. Tu jest 21 książek.
8. Tu jest 65 krzeseł.
9. Tu jest 49 mieszkań.
10. Tu jest 70 panów.

VII. Ułóż pytania do następujących zdań:

1. Zwykle na śniadanie jem płatki kukurydziane.
2. Jem obiady z koleżanką.
3. Wieczorem jestem bardzo głodna.
4. Kupiłam mleko, mięso i bułki.
5. Muszę jeszcze zrobić zakupy.
6. Rozmawiamy o jedzeniu.
7. Piję kawę bez cukru.
8. Ewa nas zaprosiła.
9. Wolę ser żółty.
10. Nie ma wody sodowej.

VIII.　Utwórz grupy wyrazów związanych z sobą tematycznie:
4 grupy po 5 wyrazów

długopis	zeszyt
szynka	gwiazda filmowa
piosenkarz	adapter
telewizor	książka
ryba	magnetofon
pióro	jajko
kreda	aktor
bokser	płyta
bułka	mleko
radio	nauczyciel

IX.　Użyj właściwych przyimków dzierżawczych w odpowiedzi na pytania:

1. Czyj to zeszyt? /ja/
2. Czyje to dziecko? /on/
3. Czyje to książki? /my/
4. Czyj to samochód? /ona/
5. Czyja to koleżanka? /oni/
6. Czyje to ciastko? /ty/
7. Czyja to płyta? /one/
8. Czyje to mleko? /ono/
9. Czyj to sklep? /on/
10. Czyja to krowa? /wy/

X.　Uzupełnij tekst odpowiednimi wyrazami:

U Jurka są dziś _____. Są to jego koledzy i _____ .

Razem studiują na _____ . Dziś są Jurka _____

i on dostał dużo _ _____ . Wszyscy się bawią. Piją _____

_____ i kawę, jedzą _____ i

_____ . Jest bardzo miło.

koleżanki - ciasto - uniwersytet - kanapki - prezenty
urodziny - herbata - goście

XI.　Napisz kilka zdań o swoim śniadaniu.

XII. **Przetłumacz:**

1. What do you like to eat for dessert?
2. Do you prefer soft-boiled of hard-boiled eggs?
3. I don't like cocoa. I usually drink coca-cola.
4. Would you like cheese-cake or apple-tart with your tea?
5. I like going out for a walk on Sunday mornings.
6. What are you looking for? I'm looking for my keys (*klucz*).
7. Don't buy her a sweater. She doesn't like sweaters.
8. I had a drink of your soda water because I was thirsty.
9. They never have anything to eat.
10. Janek is looking for a ring for his fiancee.
11. There are 21 horses here.
    There were 22 books here.
    There will be 27 apartments here.
12. Don't invite Zosia for dinner. She is too busy.
13. I don't have either the time or the money to go to the movies.
14. There are 158 teachers (m.) here.
15. I don't know that face; those faces.
16. What have you done with my five watches?
17. I'm waiting for my five friends (m.).
18. Do you eat ham with or without horseradish?
19. There is nothing in the grocery store today.
20. 100 men work here.

Słowniczek

klucz (G pl kluczy)   *key*
* paczka [dopiero L.23]   *package*
* sukienka [dopiero L. 23]   *dress*
tematycznie   *thematically*
tryb rozkazujący   *imperative mood*
utworzyć - utworzę, utworzysz, utworzą (perf.) + A; tworzyć (imperf.)   *create*
związany   *bound (up), connected (with)*

Przysłowie

Droga to chatka, gdzie mieszka   matka.
The home where mother lives is always dear to the heart.

St. Mary's Church altar in Cracow
by Wit Stwosz

18

LEKCJA OSIEMNASTA

Wywiad

Pan Józef Kowalczyk, dyrektor biura podróży *Zefir* jest w Warszawie
bardzo ważną osobą. Redaktor "*Życia Warszawy*" poprosił go o krótki wywiad:

Red: Gdzie się pan urodził i kim byli pana rodzice?

J.K.: Urodziłem się w Warszawie. Ojciec mój, Franciszek, był murarzem, a
matka zajmowała się domem.

Red.: Czy ma pan rodzeństwo?

J.K.: Tak. Mam starszego brata, Wojciecha i dwie młodsze siostry: Wiolettę i
Rozalię. Wojciech jest inżynierem, Wioletta i Rozalia -
nauczycielkami.

Red.: Jak został pan dyrektorem tego biura?

J.K.: Ukończyłem szkołę podstawową i średnią w Warszawie. Potem dwa lata
służyłem w wojsku. Później, pracując w wytwórni wód gazowanych,
studiowałem na ekonomii. Po ukończeniu studiów otrzymałem tu
pracę, a osiem lat temu zostałem dyrektorem całej firmy.

Red.: Jest pan jednym z najlepszych dyrektorów w kraju. Życzę dalszych
sukcesów i dziękuję za rozmowę.

Słowniczek

* inżynier [dopiero L. 29]   *engineer*
* osiemnasty   *eighteenth*
  później   *later*
  redaktor   *editor*
  wywiad   *interview*
* zostać [dopiero L. 20] - zostanę, zostaniesz, zostaną (perf.) + I; zostawać -
  zostaję, zostajesz, zostają (imperf.)   *remain, become*
  życzyć - życzę, życzysz, życzą (imperf.) + D (*of person*) + G (*of what is
  wished*) *wish*; (życzyć komuś dalszych sukcesów [dopiero L. 30]
  wish sb further successes)

ĆWICZENIA

I. **Odpowiedz na pytania:**

1. Kim jest pan Józef Kowalczyk?
2. Kto poprosił go o wywiad?
3. Dlaczego redaktor "*Życia Warszawy* " poprosił pana Kowalczyka o wywiad?
4. Kim byli rodzice pana Kowalczyka?
5. Czym zajmuje się jego rodzeństwo?
6. Gdzie pan Kowalczyk chodził do szkoły?
7. Gdzie pracował po wojsku?
8. Jakie studia ukończył?
9. Jak długo jest już dyrektorem biura podróży *Zefir.*
10. Czego życzył redaktor panu Kowalczykowi?

II. **Podaj koniugację w czasie przeszłym następujących czasowników:**

1. urodzić się
2. ukończyć
3. zajmować się
4. pracować
5. poprosić

6. chodzić
7. dostać
8. zmieniać
9. zrobić
10. mieć

Ułóż zdania z tymi czasownikami w czasie przeszłym. (10 zdań)

III. **Utwórz imiesłowy przysłówkowe od następujących czsowników: Example: iść - idąc**

1. czytać
2. jeść
3. pić
4. kupować
5. uczyć się

6. pisać
7. jechać
8. prosić
9. mówić
10. myć się

Ułóż zdania z tymi imiesłowami:
Example: Idąc do szkoły myślę o pracy domowej.

IV. Utwórz imiesłowy przymiotnikowe:
Example: **bawić się - bawiący się chłopiec**
1. jeść - _____ dziecko.
2. pisać - _____ student.
3. mówić - _____ ptak.
4. kupować - _____ pani.
5. pracować - _____ kobieta.
6. pytać - _____ kolega.
7. zapraszać - _____ koleżanka.
8. wymagać - _____ nauczyciel.
9. szukać - _____ człowiek.
10. słuchać - _____ brat.

V. Wstaw odpowiednie przyimki:
z, po, u, beze, na, do, dla, od, ze, w, z.

1. Idę _____ sklepu _____ zakupy.
2. Kupiłam kwiaty _____ matki.
3. Mieszkam _____ rodziców.
4. Idźcie _____ mnie.
5. Czy byliście _____ koncercie?
6. Rozmawiałam _____ profesorem.
7. Dostałam list _____ kolegi.
8. On mieszka teraz _____Warszawie.
9. Chodź _____ mną.
10. Jestem dobry _____ matematyki.

VI. Zamień podkreślone konstrukcje rzeczownikiem odsłownym:

Example: *Oni lubią oglądać telewizję.*
Oni lubią oglądanie telewizji.

1. Gdy Jan napisał list, poszedł na pocztę.
2. Lubię czytać książki.
3. Zwiedzać miasta - to moje hobby.
4. Ona interesuje się grą w piłkę.
5. Często zajmuję się kompozycją piosenek.
6. Martwić się - jest źle.
7. Nie lubię czekać na kogoś.
8. Jego marzeniem jest być w teatrze.
9. Lubimy rozmawiać gdy zjemy obiad.
10. Myślę o tym, żeby kupić psa.

VII.   Ułóż zdania z następującymi wyrażeniami:

Example: *interesować się - Interesuję się teatrem.*

1. cieszyć się + G
2. martwić się + "o" + A
3. podobać się + D
4. smakować
5. tęsknić + "za" + I
6. okazać się
7. chce się
8. woleć
9. dziwić się + D
10. wstąpić do + G

VIII.   Ułóż wyrazy parami:
Example: telewizja - telewizor

czytać, dziwny, filmowy, jabłkowy, dziwić się, interesować się, imię, listonosz, genialny, jabłko, czytelnik, geniusz, film, jeść, malarz, interesujący, imieniny, jedzenie, list, malarstwo.

IX.   Utwórz formę żeńską od męskiej:
Example: student - studentka

kolega, marzyciel, nauczyciel, aktor, artysta, czytelnik, dziennikarz, lektor, okulista, pracownik.

X.   Napisz krótki wywiad ze znaną ci ważną osobą.

XI.   Przetłumacz:

1. Where were your parents born?
2. What will you be doing after you finish the university?
3. What are your favorite subjects?
4. Where was Janina going when you saw her?
5. Have you (f. pl) eaten dinner already.
6. While walking to school I saw your acquaintance.
7. Do you know the person working here?
8. Do you know these wealthy people?
9. While staying in Poland I met my fiancé.
10. The person talking to that woman is my father.
11. Reading books is a great pleasure for me (*przyjemność*).
12. Speaking and writing in Polish is difficult for me.
13. She turned out to be a genius.
14. They wasted too much time waiting in line for bread.
15. Besides Zdzisław and Maria, Kazik was also at her office.
16. Don't change your opinion.
17. Why were you (f. pl) not able to read this book for today?
    We didn't have time.
18. What are you longing for?
19. Which university do you attend?
20. Although I'm good in mathematics, Im not interested in exact
    subjects.
21. I wish you a pleasant (*przyjemny*) journey.

Słowniczek

czas przeszły   *past tense*
forma żeńska   *feminine form*; forma męska   *masculine form*
gra   *game*
gra w piłkę   *playing ball*
imiesłów przymiotnikowy   *adjectival participle*
imiesłów przysłówkowy   *adverbial participle*
koniugacja   *conjugation*
podkreślony   *underlined*
* przyjemność [dopiero L. 24]   *pleasure*
przyjemny   *pleasant*
rzeczownik odsłowny   *verbal noun*
wymagać - wymagam, wymagasz, wymagają (imperf.) + G   *demand*
wyrażenie   *expression*

Przysłowia

Jak sobie pościelisz, tak się wyśpisz.
As you make your bed, so you will lie in it.

Nie ma tego złego, co by na dobre nie wyszło.
Every cloud has a silver lining.

Pan Bóg nierychliwy, ale sprawiedliwy.
God acts slowly, but fairly.

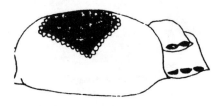 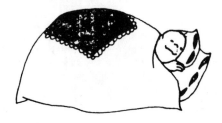

19

LEKCJA DZIEWIĘTNASTA

Kraków

Kraków jest starym polskim miastem, znanym od dziesiątego wieku. Do tysiąc pięćset dziewięćdziesiątego szóstego roku był stolicą Polski. Wspaniałe zabytki architektury i dzieła sztuki, a także ciągle żywa pamięć wydarzeń historycznych, ciekawe zwyczaje i legendy ściągają do Krakowa miliony turystów z całego świata. Każdy chce zobaczyć przede wszystkim Wawel i Stare Miasto.

Wawel to nazwa wzgórza nad Wisłą oraz stojącego na nim zamku królów polskich. Dzisiaj jest tutaj muzeum. Koło zamku znajduje się katedra z grobowcami królewskimi. Z okien Wawelu widać staromiejskie ulice, kamienice, kościoły. Ulica Kanonicza i Grodzka prowadzą do Rynku. Środek Rynku zajmują Sukiennice - budowla handlowa z szesnastego wieku. Do dziś można tu kupić wiele rzeczy, można jednak także pójść do kawiarni lub do jednej z galerii malarstwa Muzeum Narodowego. Obok Sukiennic stoi pomnik Adama Mickiewicza, wielkiego poety polskiego, dalej - piękny kościół Mariacki ze słynnym ołtarzem Wita Stwosza.

W Krakowie powstała w tysiąc trzysta sześćdziesiątym czwartym roku pierwsza polska wyższa uczelnia - Akademia Krakowska (później nazywana Uniwersytetem Jagiellońskim). Kraków zawsze był miastem kultury i nauki, takim miastem jest i teraz. Są tu muzea i dobre teatry, jest filharmonia oraz jedna z najstarszych i najcenniejszych bibliotek w Polsce - Biblioteka Jagiellońska, pracują artyści i uczeni, jedenaście wyższych uczelni kształci studentów.

Słowniczek

* akademia [dopiero L. 30]   *academy*
 architektura   *architecture*
 budowla   *building, structure*
 dalej   *farther ([further] away, off), next*
* dziewiętnasty   *nineteenth*
* filharmonia [dopiero L. 27]   *philharmonic*
 galeria   *gallery*
 grobowiec   *tomb, sepulchre*
* handlowy [dopiero L. 27]   *business*
 kamienica   *apartment house, tenement-house*
 katedra   *cathedral*
* koło [dopiero L. 30]   *near*
* kościół [dopiero L. 21]   *church*
 król   *king*
 królewski   *royal*
 kształcić - kształcę, kształcisz, kształcą (imperf.) + A; wykształcić (perf.)
          instruct, educate, teach, train
 kultura   *culture*
 legenda   *legend*
 Mickiewicz, Adam (1798-1855)   *Poland's greatest poet*
 milion   *million*
 najcenniejszy   *most valuable*
* narodowy [dopiero L. 27]   *national*
* nauka [dopiero L. 30]   *study, science*
 nazywany   *called*
 ołtarz   *altar*
* pięćset [dopiero L. 26]   *five hundred*
 poeta   *poet*
 pomnik   *monument*
 powstać - powstanę, powstaniesz, powstaną (perf.); powstawać - powstaję,
          powstajesz, powstają (imperf.)   *come into being (into existence),
          originate*
 prowadzić - prowadzę, prowadzisz, prowadzą (imperf.) + A ;
          poprowadzić (perf.)   *lead*
* rynek [dopiero L. 27]   *market (square)*
 staromiejski   *old-town*
 stojący   *standing, upright*
 Stwosz, Wit (Veit Stoss ca. 1440-1533)   *sculptor of the famous gothic
          altarpiece in St Mary's church in Cracow.*
 ściągać - ściągam, ściągasz, ściągają (imperf.) + A; ściągnąć - ściągnę,
          ściągniesz, ściągną   *attract*
 środek   *center, middle*
 także   *also, too, as well*

* trzysta [dopiero L. 26] *three hundred*
turysta *tourist*
* tysiąc [dopiero L. 20] *thousand*
* uczelnia [dopiero L. 29] *school, college* ; wyższa uczelnia *academy, college*
uczony *scholar, scientist*
* ulica [dopiero L. 21] *street*
* widać [dopiero L. 30] + A *can be seen*
* wiek [dopiero L. 26] *age, century*
* wiele [dopiero L. 23] *a lot (of people, things etc.)*
* wydarzenie [dopiero L. 20] *event*
wzgórze *hill*
zabytek *monument (of art, nature etc.), relic (of the past)*
* zajmować [dopiero L. 22] - zajmuję, zajmujesz, zajmują (imperf.) + A; zająć - zajmę, zajmiesz, zajmą (perf.) *occupy*
zamek *castle*
* zobaczyć [dopiero L. 30] - zobaczę, zobaczysz, zobaczą (perf.) + A *catch sight of, see* ; widzieć - widzę, widzisz, widzą (imperf.) + A *see*
zwyczaj *custom, practice, usage*
żywy *living, fresh (memory)*

Krakus slays the dragon.

ĆWICZENIA

I. Odpowiedz na pytania:

1. Jakim miastem jest Kraków?
2. Do kiedy miasto było stolicą Polski?
3. Co ściąga do Krakowa miliony turystów?
4. Skąd są turyści?
5. Co to jest Wawel?
6. Co jest na Rynku staromiejskim?
7. Kim był Adam Mickiewicz?
8. Kto zrobił ołtarz mariacki?
9. Gdzie i kiedy powstała pierwsza polska wyższa uczelnia?
10. Dlaczego mówi się, że Kraków jest miastem kultury i sztuki?

II. Zmień sg. na pl. Podaj odpowiedniki żeńskie.

/np.   *sympatyczny   lektor*
         sympatyczni   lektorzy
         sympatyczne   lektorki/

mądry student,   zły aktor,   stary przyjaciel,   wesoły sąsiad,
grzeczny urzędnik,   piękny mężczyzna,   inteligentny chłopiec,
miły nauczyciel,   dobry pisarz,   młody piosenkarz.

III. Użyj podanych w nawiasie wyrazów w odpowiedniej formie:

1. Wczoraj byli /twój miły kolega/.
2. /Nasz nowy sąsiad/ nazywają się Florczakowie.
3. /Mój lektor/ są bardzo wymagający.
4. /Młody mężczyzna/ pytają Ewę o profesora.
5. Jacy są /wasz stary znajomy/?
6. /Mały chłopiec/ stracili dużo czasu na szukanie psa.
7. /Pilny student/ śpieszą się na zajęcia.
8. /Zapalony czytelnik/ wybierają książki.
9. /Zmęczony murarz/ idą do domu.
10. Dziewczynom podobają się /młody piosenkarz/.

IV. Wstaw w odpowiedniej formie liczebnik i rzeczownik: /np. *2 studentka, 3 student/*

- Tu pracują dwie studentki, a tam trzej studenci.

2 dziewczyna, 2 chłopiec   3 kobieta, 4 mężczyzna
2 lektorka, 3 lektor   4 ekspedientka, 3 ekspedient
2 kelnerka, 4 kelner   3 księgowa, 2 księgowy
4 urzędniczka, 4 urzędnik   2 nauczycielka, 3 nauczyciel
3 lekarka, 2 lekarz   4 dentystka, 3 dentysta

V. Utwórz pytania posługując się podanymi wyrazami.
Odpowiedz na nie:

/np. *dwaj lekarze -*
Czy tutaj są dwaj lekarze?
Nie, dwoje lekarzy./

trzej studenci, czterej lektorzy, dwaj okuliści, trzej nauczyciele,
czterej pisarze, dwoje dentystów, czworo urzędników, troje czytelników,
dwoje fryzjerów, troje biologów.

VI. Utwórz przymiotnik od nazwy kraju, wstaw w
odpowiedniej formie do zdania:

/np. *Francja - francuski -*
Piotr nie uczył się francuskiego,
ale chciałby mówić po francusku./

Anglia, Hiszpania, Węgry, Bułgaria, Holandia,
Włochy, Chiny, Japonia, Rumunia, Portugalia

VII. Z podanych wyrazów ułóż zdania:

1. lektor student uczyć polski cztery
2. muzyka przyjaciel uczyć się mój dwa
3. fryzjer murarz pracować ciężko niż
4. chłopiec taniec miesiąc nauczyć się przez trzy
5. kolega wydawać się twój zarozumiały dwa
6. mężczyzna być niegrzeczny ten cztery
7. nauczyciel śpiew uczyć ona wymagający dwa
8. sukces syn rodzice cieszyć się z on stary
9. język być angielski chiński łatwy niż
10. Amerykanin nauczyć się niemiecki polski szybko niż

VIII. Ułóż pytania z rzeczownikami występującymi w
ćwiczeniu II. Odpowiedz na nie używając antonimów:

/np. *sympatyczny lektor -*
Jacy są tamci lektorzy?
Tamci lektorzy są niesympatyczni./

IX. **Uzupełnij   dialog:**

- Znasz tych ludzi?

- _____ .

- Tych hałaśliwych, koło kawiarni. Patrzą na ciebie.

- _____ .

- Nie podobają mi się.

- _____ .

- Bez przesady, nie wszyscy muszą wiedzieć, że dzisiaj są jej imieniny.

- _____ .

X. **Powiedz, jacy ludzie ci się podobają. A jakich ludzi nie lubisz?**

XI. **Przetłumacz:**

1. Kraków attracts millions of tourists from all over the world.
2. Kraków was the capital of Poland until the end of the 16th century.
3. Where are the tombs of Polish Kings located?
4. From the windows of Wawel can be seen the Wisła River, many beautiful old churches and apartment houses.
5. Sukiennice occupies the center of the market square.
6. Adam Mickiewicz was a great Polish poet. His monument stands near Sukiennice.
7. Have you ever seen Wit Stwosz's famous altar?
8. The first Polish academy came into existence in Kraków in 1364.
9. The Jagiellonian Library is one of the oldest and most valuable libraries in Poland.
10. When is your name day?
11. Whose name day will we be observing tomorrow?
12. Why do you always speak with exaggeration?
13. Some people here are rich, others are poor.
14. All of his Polish colleagues speak English.
15. Their children are noisy and impolite.
16. Their sons study Russian and Chinese.
17. Those two dentists are wealthy.
18. She has been studying Polish three years and she can speak Polish pretty well.
19. Our neighbors have three children.
20. There are four students (mixed) here.
21. This street leads to the market.
22. Who occupied my place (seat)?
23. His father was well educated.
24. See if the mailman has been here.

Słowniczek

Bułgaria   *Bulgaria*
Chiny   *China*
Hiszpania   *Spain*
Holandia   *Holland*
Japonia   *Japan*
nazwa   *name, designation*
odpowiednik   *equivalent, counterpart*
patrzeć (się) a. patrzyć (się) - patrzę, patrzysz, patrzą (imperf.) + "na" + A ;
    look at, see ; popatrzeć (się) a. popatrzyć (się) (perf.)   *look a*
    while, have a look
pilny   *diligent, studious*
Portugalia   *Portugal*
posługiwać się - posługuję się, posługujesz się, posługują się (imperf.) + I ;
    posłużyć się - posłużę się, posłużysz się, posłużą się (perf.)
    use, employ , make use of
posługując się   *employing, using*
Rumunia   *Romania*
* sukces [dopiero L. 30]   *success*
Węgry   *Hungary*
Włochy   *Italy*
wybierać - wybieram, wybierasz, wybierają (imperf.) + A ; wybrać - wybiorę,
    wybierzesz, wybiorą (perf.)   *select, choose*
występujący   *appearing*

Przysłowie

Nie od razu Kraków zbudowano.
Kraków wasn't built in a day.

Krakowiaczek o Wiśle

/ na nutę "Krakowiaczek - ci - ja" /

1/ Płynie Wisła,płynie,
po polskiej krainie,
zobaczyła Kraków,
pewnie go nie minie.

2/ Zobaczyła Kraków,
wnet go pokochała,
`a w dowód miłości
wstęgę opasała.

3/ Na wysokiej skale
stoi zamek stary,
a Wisła mu stale
dochowuje wiary.

4/ Stoi zamek stary,
o przyszłości marzy,
a Wisła go słucha,
czatując na straży.

5/ A choć się wsunęła
w niepołomskie lasy,
choć w morzu zginęła -
- płynie jak przed czasy.

6/ Bo ta polska ziemia
ma ten urok w sobie,
że kto ją pokocha -
- nie zapomni w grobie.

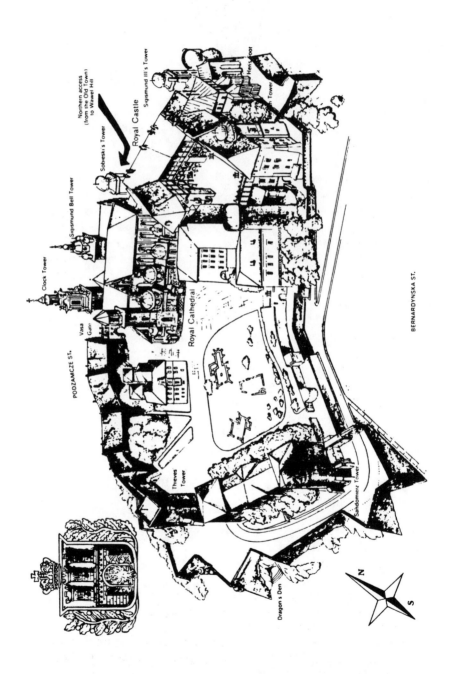

20

LEKCJA DWUDZIESTA

Nowy znajomy

- Peggy, opowiesz mi o swoim nowym znajomym?
- Oczywiście! Mam nadzieję, że poznasz go niedługo. To sympatyczny chłopak nazywa się Marek. Wyobraź sobie, że urodziliśmy się tego samego dnia, tylko on w małym mieście w województwie lubelskim, a ja w Bostonie. Marek uczył się w swojej rodzinnej miejscowości. W latach szkolnych myślał o zawodzie biologa, w końcu zdecydował się jednak na studia ogrodnicze. Studiował w Warszawie, po roku przeniósł się na Wydział Ogrodniczy Akademii Rolniczej w Lublinie.
- Jeszcze jest studentem?
- Nie, skończył studia przed paru laty. Teraz pracuje w dużym państwowym sadzie. Praca daje mu wiele satysfakcji, mówił o niej dużo i ciekawie.
- I wszystko rozumiałaś?
- Tak, bo rozmawialiśmy po angielsku. Marek śmiał się, że kiedyś kochał się w pięknej Angielce, została mu po tej miłości znajomość języka. Ciekawe, czy to prawda.

Słowniczek

* dwudziesty   *twentieth*
   laty (old I form for present day latami)   *years*; przed paru laty = parę lat temu
      (*ago*)
   lubelski   *of Lublin*
   mieć nadzieję   (*have*) *hope*
   miejscowość   *locality, place, spot*
   niedługo   *before long, not long*
   opowiedzieć - opowiem, opowiesz, opowiedzą (perf.) + A ; opowiadać -
      opowiadam, opowiadasz, opowiadają (imperf.)   *tell, relate*
   państwowy   *state, national*
* śmiać się [dopiero L. 30] - śmieję się, śmiejesz się, śmieją się (imperf.) +
      "z" + G   *laugh (at)* ; pośmiać się (perf.)   *have a good laugh*
   sadzie ("w" + L of sad)   *orchard*

wyobrazić - wyobrażę, wyobrazisz, wyobrażą (perf.) + D ; wyobrażać - wyobrażam, wyobrażasz, wyobrażają (imperf.)   *imagine, fancy;* (wyobrazić sobie - *picture to oneself*)

zdecydować się - zdecyduję się, zdecydujesz się, zdecydują się (perf.) + "na" + A; decydować się (imperf.)   *decide, make a decision, make up one's mind*

ĆWICZENIA

I. Odpowiedz na pytania:

1. O kim opowiada Peggy?
2. Kiedy i gdzie urodził się Marek?
3. Gdzie uczył się chłopak?
4. Kim chciał być Marek, a kim został?
5. Gdzie Marek studiował?
6. Kiedy skończył studia?
7. Jaka jest praca Marka?
8. Dlaczego Peggy zrozumiała wszystko, co mówił Marek?
9. Skąd chłopak zna angielski?
10. Co interesuje Peggy?

II. Ułóż zdania z podanymi wyrazami:

/np. *kino, film*   *Idę do kina. Jestem w kinie.*
                     Idę na film. Jestem na filmie.

filharmonia, koncert teatr, przedstawienie szkoła, lekcje restauracja, obiad kawiarnia, kawa; bar mleczny, śniadanie; klub, spotkanie; muzeum, wystawa; pokój koleżanki, herbata; dom, imieniny ojca

III. Wstaw podane w nawiasie wyrazy w odpowiedniej formie:

1. Piotr marzy o
2. Nie wyobraża sobie życia bez   /ta dziewczyna/
3. Chce być zawsze z
4. Ojciec mówi o
5. Ojciec lubi pracować z   /młodszy syn/
6. Dom jest smutny bez
7. Ewa opowiada o
8. Do Paryża jedzie z   /państwo Brown/
9. W Polsce jest bez
10. Pan Wiktor myśli o
11. Był chyba szczęśliwszy bez   /własny dom/
12. Ma wiele kłopotów z

IV. Uzupełnij zdania używając nazwy miasta podanej w nawiasie:

1. Piotr kupił dom w_____ , a Jurek w okolicach_____ .
   /Łódź/
2. Bob mieszka w_____ , a Jane w okolicach_____ .
   /Londyn/
3. Nicole urodziła się w_____ , a Denise w okolicach_____ .
   /Paryż/
4. Jan był w_____ , a Maria w okolicach_____ .
   /Madryt/
5. Grzegorz jest w_____ , a Lidka w okolicach_____ .
   /Katowice/
6. Pan Kowalski będzie w_____ , a jego syn w okolicach_____ .
   /Częstochowa/
7. Pani Hanna mieszkała w_____, a pan Olek w okolicach_____ .
   /Opole/
8. Ten piosenkarz zamieszka w_____ , a tamten w okolicach_____ .
   /Nowy Jork/
9. Znany pisarz mówi o_____ , a jego żona o okolicach_____ .
   /Lwów/
10. Pan Wojciech ma szklarnię w_____ , a jego ojciec w okolicach_____ .
    /Grójec/

V. Dokończ rozpoczęte zdania używając rzeczownika w Loc.:

1. Teraz jestem_____ .
2. Przedtem byłem_____ .
3. Potem będę_____ .
4. Piotr mieszka_____ .
5. Marek rozmawia z Ewą_____ .
6. Ojciec mówi_____ .
7. Państwo Kowalscy marzą_____ .
8. Maria myśli_____ .
9. Zosia studiuje_____ .
10. Filiżanka stoi_____ .

VI. Uzupełnij zdania:

- Gdzie jest mój zeszyt?
- Był_____ .
- _____ go nie ma.
- A może jest_____ .
- _____ też go nie ma. Gdzie on jest?!
- Zobacz_____ .
- Patrzyłem_____ . I tam nie ma.
- Tutaj,_____ jest jakiś zeszyt. To ten?
- Tak! Dziękuję!

VII. **Przekształć stronę czynną na bierną:**

1. Pan Walczak kupił samochód.
2. Mężczyzna wypił jasne piwo.
3. Dziewczynka zepsuła ulubioną lalkę.
4. Profesor napisał dobry artykuł.
5. Rodzina zjadła smaczny obiad.
6. Lektor zaprosił studentkę na kawę.
7. Jacek zgubił wieczne pióro.
8. Matka znalazła pióro.
9. Ojciec zrobił dobrą kolację.
10. Dyrektor przyjął panią Malinowską.

VIII. **Utwórz z dwóch zdań jedno:**

1. Oglądam dom. Dom sprzedał pan Nowak.
2. Czytam książkę. Książkę napisał mój kolega.
3. Lektor sprawdza ćwiczenie. Student zrobił ćwiczenie.
4. Dziecko pije mleko. Matka kupiła mleko.
5. Jurek spotkał Marię. Maria zwiedza Zamość.
6. Oddałem do biblioteki czasopismo. Przeczytałem czasopismo.
7. Poznałam nowego księgowego. Dyrektor zaangażował księgowego.
8. Piotr tęskni za domem. Piotr przebywa za granicą.
9. Ojciec znalazł zabawkę. Syn zepsuł zabawkę.
10. Rodzina je kolację. Matka zrobiła kolację.

IX. **Ułóż po kilka pytań do następujących zdań:**

1. Wczoraj Ewa była w Londynie.
2. Przed południem jestem w domu.
3. Dzisiaj rano byliśmy w muzeum.
4. Książka jest w szafie.
5. Zeszyt leży na stole.
6. Anna mieszka już dwa lata w Krakowie.
7. Karel opowiada o pięknej Pradze.
8. Piotr studiuje na Uniwersytecie Jagiellońskim w Krakowie.
9. Mary uczy się polskiego na lektoracie.
10. Paweł myśli o swojej matce.

X. Odpowiedz na pytania:

1. Gdzie się urodziłaś /-eś?
2. Gdzie mieszkasz?
3. Gdzie się uczysz polskiego?
4. O kim mówi matka?
5. O czym myśli ojciec?
6. W kim zakochał się Marek?
7. Z kim zaprzyjaźniła się Beata?
8. Czym zajmuje się lektor?
9. O czym marzy młoda dziewczyna?
10. O czym pisze student?

XI. Przetłumacz:

1. Imagine to yourself, Basia and I were born on the same day.
2. I finished my studies several years ago.
3. Does your work give you satisfaction?
4. I hope you have found my book.
5. My father moved to the vicinity of Warsaw.
6. We were talking about interesting Polish novels.
7. What is lying on my chair?
8. Her sister fell in love with a doctor.
9. This house was bought by my sister.
10. Who did you make friends with in Poland.
11. This book was read by all of us.
12. I guess you were in a tavern.
13. By whom were you hired?
14. I saw Ania when she was on her way to school carrying my books. She was laughing.
15. Have their children been accepted to the university?
16. Have you passed your exams?
17. We were talking about you (sir) and your son.
18. Has the letter been written?
19. Don't write on this blackboard.
20. What is in this shot-glass? The same thing as is in the bottle.
21. Tell (relate) us about this locality (place).
22. We have decided to buy an orchard.

Słowniczek

* bar mleczny [dopiero L. 21]   *milk bar, self-service restaurant*
chłopak   *boy, youth*
kłopot   *trouble, bother, nuisance, inconvenience*
lektorat   *course (in a foreign language), class*
oddać - oddam, oddasz, oddadzą (perf.) + A (*of what*) + D (*to whom*) ; oddawać -
    oddaję, oddajesz, oddają (imperf.)   *give (hand) back, return*
Pradze (L of Praga)   *Prague*
przedtem   *before (then, that), earlier*
przekształcić - przekształcę, przekształcisz, przekształcą (perf.) + A ;
    przekształcać - przekształcam, przekształcasz, przekształcają (imperf.)
    transform, convert
rozpoczęte   *begun, started*
sprawdzać - sprawdzam, sprawdzasz, sprawdzają (imperf.) + A ; sprawdzić -
    sprawdzę, sprawdzisz, sprawdzą (perf.)   *check, verify, test*
strona bierna   *passive voice*
strona czynna   *active voice*
* szafa [dopiero L. 27]   *cupboard, closet*
* wieczne pióro [dopiero L. 22]   *fountain pen*
wystawa   *exhibition, display, show*
zaangażować - zaangażuję, zaangażujesz, zaangażują (perf.) + A ; angażować
    (imperf.)   *hire, employ, engage*
zgubić - zgubię, zgubisz, zgubią (perf.) + A ; gubić (imperf.)   *lose*
* znaleźć [dopiero L. 23] - znajdę, znajdziesz, znajdą (perf.) + A ; znajdować -
    znajduję, znajdujesz, znajdują (imperf.)   *find*

Przysłowia

Góra z górą się nie zejdzie, ale człowiek z człowiekiem zawsze.
Friends may meet, but mountains never greet.

Lingwołamek

**Nie pieprz Pietrze wieprza pieprzem,
bo przepieprzysz wieprza pieprzem.**

*Peter don't pepper the pork with pepper,
because you 'll overpepper the pork with pepper.*

21

LEKCJA DWUDZIESTA PIERWSZA

Wielka radość

Rodzice Leszka Nowaka zwykle interesują się synem. Przychodzą do szkoły, pytają nauczycielkę o naukę i sprawowanie chłopca. Dzisiaj jednak nie byli na szkolnym zebraniu. Nauczycielka pomyślała, że zapomnieli o nim. Tymczasem państwo Nowakowie nie mogli być w szkole, bo przeprowadzali się. Od dziś mieszkają na ulicy Różanej, w ładnej, zielonej dzielnicy, niestety - daleko od centrum. Dorośli będą długo jechać do pracy [pan Nowak pracuje w redakcji gazety codziennej, pani Nowakowa w biurze podróży]. Do szkoły Leszka też jest daleko. Ale na razie nikt nie myśli o problemach. Cała rodzina cieszy się z nowego mieszkania - w starym było tak ciasno... Teraz mają trzy pokoje, kuchnię, łazienkę i duży, jasny przedpokój. W największym pokoju jest balkon. Na balkonie będą piękne kwiaty - zaczyna marzyć mama Leszka. A chłopiec myśli o tym, czy jego pokój spodoba się kolegom. Jaka to radość mieć wreszcie własny pokój!

Słowniczek

ciasno   *cramped (for room), crowded*
codzienny   daily
dorośli (pl of dorosły)   *adults, grown ups*
* dwudziesty pierwszy   *twenty first*
pomyśleć - pomyślę, pomyślisz, pomyślą (perf.) ; myśleć (imperf.)   *think*
przedpokój   *anteroom, antechamber, hall*
przeprowadzać się - przeprowadzam się, przeprowadzasz się, przeprowadzają się
    (imperf.) ; przeprowadzić się - przeprowadzę się, przeprowadzisz się,
    przeprowadzą się (perf.)   *move, change one's residence*
radość   *joy, delight, happiness*
redakcja   (*editorial*) *staff,* (*editorial*) *office*
różany   *pink, rosy, rose* (colored)
sprawowanie (się)   *performance, conduct, behavior*
tymczasem   *meanwhile, in the meantime*
* wreszcie [dopiero L. 28]   *finally, at last*
* zaczynać [dopiero L. 24] - zaczynam, zaczynasz, zaczynają (imperf.) + A or +
    infinitive; zacząć - zacznę, zaczniesz, zaczną (perf.)   *begin*
* zielony [dopiero L. 23]   *green*

Michał Stachowicz: Krakus, elected Prince,
establishes Kraków in the year 700.

ĆWICZENIA

I. **Odpowiedz na pytania:**

1. Czy rodzice Leszka Nowaka interesują się synem?
2. Dlaczego nie byli dzisiaj na szkolnym zebraniu?
3. Co pomyślała nauczycielka?
4. Gdzie mieszkają teraz państwo Nowakowie?
5. Jakie jest nowe mieszkanie?
6. Czy jest balkon?
7. O czym marzy mama Leszka?
8. Z czego cieszy się Leszek?
9. Czy nowe mieszkanie ma tylko zalety?
10. Dlaczego nikt nie myśli o czekających go problemach?

II. **Odpowiedz na pytanie używając podanych wyrazów: Gdzie byłeś /-aś?**

nowy teatr, mały sklep, Muzeum Narodowe, stary dom, moje mieszkanie, nasz lektorat, dobry wykład, sala konferencyjna, bar mleczny, Poczta Główna

III. **Uzupełnij zdania wyrazami w nawiasie [liczebniki napisz słowami]:**

1. Ewa mieszka na /8 piętro/.
2. Oglądam mieszkanie na /parter/.
3. Gabinet dyrektora jest na /1 piętro/.
4. Sala konferencyjna znajduje się na /2 piętro/.
5. Spotkanie studentów będzie w sali wykładowej na /3 piętro/.
6. Babcia nie może wchodzić na /4 piętro/.
7. Grzegorz zawsze schodzi z /10 piętro/.
8. Muszę wjechać na /13 piętro/.
9. Proszę zjechać na /parter/, tam jest restauracja.
10. Barbara jedzie na /15 piętro/ do sekretariatu.

IV. **Ułóż zdania z podanymi rzeczownikami według następującego wzoru:**

/np. **kuchnia - idę do kuchni. Jestem w kuchni. Przychodzę z kuchni./**

pokój, przedpokój, łazienka, balkon, redakcja, biuro, uniwersytet, matka, sąsiad, dyrektor.

V. **Wstaw podane w nawiasie wyrazy w odpowiedniej formie, uzupełnij przyimki:**

1. Adam był /poczta, wtorek/.
2. Mąż pojechał /miasto, ja/.
3. Nie wiem, co ty widzisz /ja/.
4. Karol był chyba /wszystkie kraje Europy/.
5. /Polska/ jest zwykle pięknie /wrzesień/.
6. Niestety, Anna nie była /swoja siostra, Francja/.
7. /Wszystkie stolice europejskie/ najbardziej podoba mi się Praga.
8. Profesor wraca /zjazd, Wrocław/.
9. Marek dostał tę książkę /ja/.
10. Dyrektor przyszedł /biuro/ wcześniej, kilka minut /ja/.

VI. **Ułóż drugie zdanie według następującego wzoru: /np. Idę do kina. Często chodzę do kina./**

1. Idę z Ewą na koncert.
2. Jadę do Warszawy.
3. Niosę dużo książek.
4. Wiozę małe dziecko.
5. Lecę do Gdańska.
6. Biegnę do szkoły.
7. Płynę Wisłą do Warszawy.
8. We wrześniu pojedziemy do Zakopanego.
9. Jutro pójdę do teatru.
10. W czwartek wyjadę na wieś.

VII. **Ułóż pytania do zdań:**

1. Będę jutro na uniwersytecie.
2. Będziemy we wtorek w muzeum.
3. Dziewczyny będą wieczorem u Ewy.
4. Jurek pójdzie z Zosią na kawę.
5. Student przyjdzie rano na lektorat.
6. Maria pojedzie w środę do Krakowa.
7. Ryszard był po południu u Czesława.
8. W ćwiczeniu jest błąd.
9. Gazeta jest na radiu.
10. W Hotelu Europejskim jest dobra restauracja.

VIII. **Odpowiedz na pytania:**

1. Gdzie będzie zebranie?
2. Gdzie zjesz obiad?
3. Gdzie kupisz chleb?
4. Gdzie sprzedają lekarstwa?
5. Do kogo lubisz chodzić?

6. U kogo nie lubisz być?
7. Dokąd jedziesz we wtorek?
8. Skąd przyjechałeś /-aś/ we wrześniu?
9. Dokąd często chodzisz?
10. Czy byłaś /-eś/ dzisiaj na poczcie?

IX.   Ułóż zdania z następującymi wyrażeniami:

beze mnie, ode mnie, nade mną, we mnie, przede mną,
we wtorek, ze zjazdu, ze względu, we wszystkich, ze wszystkich.

X.   Opowiedz o swoim mieszkaniu.

XI.   Przetłumacz:

1. I heard that you have moved.
2. Which street do you live on? On Marszałkowska.
3. My neighbor writes on the editorial staff of a daily newspaper.
4. Just think, tomorrow we are going on vacation to Zakopane.
5. They would like to live either in Kielce or in Zielona Góra.
6. Do you go to Sopot often?
7. We have never been in Radom.
8. Do you go to church? Yes, I was in church on Sunday.
9. Auntie wrote in her letter about Bogdan and Olga.
10. Tomorrow we are going to a teachers conference in Wrocław.
11. Where do you usually go on Saturday evening.
12. Who takes (transports) the children to school?
13. Although she doesn't like to fly, she is flying to Poland today.
14. Janek, where are you running to? I'm running to school, I'm late.
15. Children are running around in the street.
16. We like to swim in this lake (*jezioro*)
17. Who went to Poland last year?
18. Don't walk so fast.
19. Have you been to the market today?
20. There goes the bus. It is taking children to school.
21. Where are you returning from? From the performance; from
        Marias; from the lecture hall; from the center.
22. We have five rooms: two bedrooms, a kitchen, a large room and a
        bathroom.
23. Where were they flying to when that happened?
24. They are sailing to Poland without me.
25. I have been in all of these towns.
26. Tomorrow I will finally begin working.

Słowniczek

błąd   *mistake, error*
czekający   *waiting*
* jezioro [dopiero L. 22]   lake
parter   *ground floor (U.S. first floor)*
piętro   *floor, story*
* pojechać [dopiero L. 22] - pojadę, pojedziesz, pojadą (perf.)   *go (travel)*
        somewhere by vehicle; go off, set out for someplace ;   jechać -
        jadę, jedziesz, jadą (imperf. determ.) or jeździć - jeżdżę, jeździsz, jeżdżą
        (imperf. indeterm.)   *repeated or habitual or random motion by*
        conveyance, go
* przyjść [dopiero L. 23] - przyjdę, przyjdziesz, przyjdą (perf.) ; przychodzić -
        przychodzę, przychodzisz, przychodzą (imperf.)   *come, arrive (on*
        foot)
schodzić - schodzę, schodzisz, schodzą (imperf.) ; zejść - zejdę, zejdziesz, zejdą
        (perf.)   *go (come, walk, step) down, descend*
* wchodzić [dopiero L. 23] - wchodzę, wchodzisz, wchodzą (imperf.) ; wejść -
        wejdę, wejdziesz, wejdą (perf.)   *go in, enter on foot*
według   *according to sth, in accordance with sth*
wjechać - wjadę, wjedziesz, wjadą (perf.); wjeżdżać - wjeżdżam, wjeżdżasz,
        wjeżdżają (imperf.)   *drive (ride, go, come) into; enter by vehicle*
* wyjechać [dopiero L. 22] - wyjadę, wyjedziesz, wyjadą (perf.); wyjeżdżać -
        wyjeżdżam, wyjeżdżasz, wyjeżdżają (imperf.)   *leave (by vehicle), go*
        out of (town, the country)
wzgląd   *regard, consideration*
wzór   *example, model, pattern*
zalety (pl. of zaleta)   *good points, merits, virtues*
ze względu na   *considering, in consideration of*
zjechać - zjadę, zjedziesz, zjadą (perf.); zjeżdżać - zjeżdżam, zjeżdżasz, zjeżdżają
        (imperf.)   *ride (drive) downhill, go down (windą - by elevator)*

Przysłowie

Obietnica, próżnica, a głupiemu radość.
An empty promise makes a fool's pleasure.

Lingwołamek

Pojedziemy na pomorze, może ono nam pomoże,
jak Pomorze nie pomoże, to pomoże może morze.

We'll go to Pomerania, perhaps it will help us;
if Pomerania does not help us, then perhaps the sea will help us.

60 lat LOT-em

22

LEKCJA DWUDZIESTA DRUGA

Podróż do Holandii

Henryk chce pojechać na wakacje do Holandii. Ma tam przyjaciela, Ada. Ad zna nieźle Polskę, był w wielu miastach, między innymi w Warszawie, Krakowie, Lublinie, Białymstoku i Sandomierzu, w Tatrach i na Mazurach. Już dawno ma zamiar pokazać swój kraj Henrykowi. Henryk bał się, że nie wyjedzie za granicę, dopóki nie otrzymał paszportu i wizy. Teraz jest już spokojny i myśli o podróży. Wcześniej postanowił, że poleci do Amsterdamu samolotem. Z Warszawy do Amsterdamu leci się niecałe dwie godziny. Jazda pociągiem trwa o wiele dłużej, poza tym bilet kolejowy kosztuje drożej niż lotniczy i potrzebna jest dodatkowo niemiecka wiza tranzytowa. Na lotnisko przyjedzie po niego przyjaciel. Ad zrobi to chętnie, bardzo lubi jeździć samochodem. Ale jeszcze bardziej lubi jeździć rowerem - prawdziwy Holender! Henryk dużo słyszał od Ada o Holandii. Jest ciekaw, czy jego wyobrażenia bardzo się różnią od rzeczywistości. Już niedługo będzie mógł to sprawdzić.

Słowniczek

bilet kolejowy *railway ticket*
* chętnie [dopiero L. 25] *willingly*
dodatkowo *additionally, in addition, furthermore*
* dwudziesty drugi *twenty second*
* Henrykowi (D of Henryk [dopiero L. 25]) *to Henryk*
Holandia *Holland*
Hollender *Dutchman*
jazda *drive, ride*
już dawno *for a long time*
kosztować - kosztuję, kosztujesz, kosztują (imperf.) *cost*
leci się *one flies (travels)*
* lotnisko [dopiero L. 27] *airport*
Mazury *Masuria (northern lake district of Poland)*
między innymi *among other things*
niecały *somewhat less than, incomplete*
nieźle *pretty (fairly) well; not fully*
* postanowić [dopiero L. 30] - postanowię, postanowisz, postanowią (perf.) ;
    postanawiać - postanawiam, postanawiasz, postanawiają (imperf.)
    decide, determine, resolve, make up one's mind
różnić się - różnię się, różnisz się, różnią się (imperf.) + "od" + G *differ*
    (od kogoś [czegoś] *from sb [sth])*
rzeczywistość *reality, actuality, the facts (of) the case*
Tatry *Tatra Mountains (part of the Carpathian Mountains)*
trwać - trwam, trwasz, trwają (imperf.) ; potrwać (perf.) *to last (some time), to take (some time)*
wcześniej *earlier, sooner, before*
* wiele [dopiero L. 23] *a lot*
wiza tranzytowa *transit visa*
w wielu ("w" + L of wiele) *in many*
wyobrażenie *notion, idea, conception*

ĆWICZENIA

I. Odpowiedz na pytania:

1. Dokąd chce pojechać na wakacje Henryk?
2. Czego dowiedziałeś się o Adzie?
3. Kiedy Henryk bał się, że nie wyjedzie za granicę?
4. Jaki jest teraz Henryk?
5. Dlaczego Henryk postanowił lecieć do Amsterdamu samolotem?
6. Gdzie Henryk spotka się z przyjacielem?
7. Czym lubi jeździć Ad?
8. Czy Ad jest prawdziwym Holendrem?
9. Czego jest ciekaw Henryk?
10. Co będzie mógł niedługo zrobić?

II. Wstaw podane w nawiasie wyrazy w odpowiedniej formie, modyfikując [jeśli trzeba] przyimek:

Moja koleżanka mieszka
Tylko ona przyjechała na koncert   /pod + Kraków/
Chętnie wyjeżdżamy

Maria ma dom
Dziewczyna często chodzi   /nad + jezioro/
Teraz wraca do domu

Ich dzieci są zdrowsze
Malinowscy przeprowadzili się   /poza + miasto/
Nie mają jeszcze znajomych

Wojciech pojechał
Jego żona już jest   /za + granica/
Nie wiem, czy wrócą

III. Ułóż zdania z podanymi wyrazami według następującego wzoru:

*/np: Morze - Wyjechałam nad morze.
Spędzam urlop nad morzem.
Za kilka dni wracam znad morza./*

rzeka, ocean, Bałtyk, Atlantyk, Pacyfik, Odra, Bug, Warta, Gopło.

IV.   Wstaw brakujące przedrostki:

Piotr lubi jeździć samochodem, -jechał już mnóstwo kilometrów. Wczoraj -jechał swoim fiatem na konferencję do Warszawy. -jechał z domu rano. Po drodze -jechał po Grzegorza. Zwykle Piotr uważa, niestety, tego dnia był nieostrożny i -jechał na drzewo. Na szczęście jakoś -jechali do Warszawy, - jechali jednak za późno: konferencja już się zaczęła.

V.   W zdaniach brakuje czasowników ruchu.   Uzupełnij je:

1. Zawsze_____ na obiad o drugiej.
2. Teraz_____ na obiad.
3. Jutro_____ na obiad o trzeciej.
4. Często_____ samochodem na wieś.
5. Teraz_____ pociągiem do Gdańska.
6. Pojutrze_____ autobusem do Krynicy.
7. Rzadko_____ samolotem.
8. Teraz_____ samolotem do Paryża.
9. We wrześniu_____ samolotem do Brukseli.
10. Czasem_____ łodzią po jeziorze.

VI.   Dokończ rozpoczęte zdania:
1. Adam zawsze jeździ do Warszawy pociągiem, dzisiaj jednak_____ .
2. Często chodzę do kina, teraz_____ .
3. Zosia zwykle pisze długopisem, teraz_____ .
4. W Lublinie jeździmy trolejbusami, a w Krakowie_____ .
5. Często wyjeżdżam w góry, teraz_____ .
6. Zwykle Roman przyjeżdża samochodem, dzisiaj przyleciał_____ .
7. Czasem pływam łodzią, a czasem_____ .
8. Wolisz iść pod górę czy_____ .
9. Rzadko jeżdżę taksówką, zwykle_____ .
10. Łatwiej jest płynąć z prądem niż_____ .

VII.   Połącz zdania posługując się imiesłowami lub wskaźnikiem zespolenia gdzie.
1. Idziemy na plażę. Będziemy na plaży do wieczora.
2. Wracamy znad rzeki. Nad rzeką mieszka nasza babcia.
3. Widzę Ewę. Ewa idzie w góry.
4. Roman pływa łodzią. Łódź kupili mu rodzice.
5. Irena znalazła zeszyt. Zeszyt leżał między książkami.
6. Dziecko jest zadowolone. Ojciec niesie dziecko.
7. Chłopcy jadą rowerami nad jezioro. Nad jeziorem spędzą niedzielę.
8. Pani Maria rozmawia ze znajomym. Pani Maria leci samolotem
9. Spędzamy urlop u przyjaciół. Przyjaciele mają dom za miastem.
10. Piotr czyta książkę. Piotr jedzie pociągiem.

VIII.   **Odpowiedz na pytania:**

1. Czym lubisz pisać?
2. Czym chętnie podróżujesz?
3. W jakich krajach już byłeś /-aś/?
4. Jakie kraje chciał/a/byś zobaczyć?
5. Jak długo się leci z USA do Polski?
6. Czym pływałaś /-eś/?
7. Jakie widziałaś /-eś/ morze?
8. Czy byłaś /-eś/ kiedyś w górach?
9. Gdzie chętnie spędzasz urlop?
10. Jaką lubisz pogodę?

IX.   **Użyj w zdaniach następujących wyrażeń:**

pod górę, pod wiatr, pod prąd, pod słońce, za granicę,
zza granicy, nad morze, nad morzem, znad morza.

X.   **Opowiedz o swoich ostatnich wakacjach.**

XI.   **Przetłumacz:**

1. Have you ever been to Holland?
2. Where do you want to go for a vacation? To Holland.
3. Show me your new car.
4. I have resolved to study more.
5. How long does one travel by airplane from New York to Warsaw?
6. How long did the examination last?
7. How much does a train ticket from Lublin to Poznań cost?
8. Okęcie is Poland's largest airport.
9. These two books differ very much.
10. This year I'd like to go to Poland for a vacation.
11. Now a letter from America to Poland travels a lot faster.
12. My uncle arrived from Poland this morning.
13. What time does the train arrive?
14. My parents have gone abroad for a week.
15. Tomorrow we are leaving for the sea (side).
16. We were driving (riding) too fast and we ran into a tree.
17. He always drops by for her on the way to the university.
18. I spent my entire vacation at the Baltic sea.
19. Do you prefer to travel by train or by bus?
20. I won't leave until you arrive.
21. What kind of fish are in this river.
22. Do you have a villa by the sea (side)?
23. Let's go to the outskirts of Warsaw.
24. What is there between these tall buildings.

Słowniczek

brakować - brakuje, brakują ; (imperf.) + G; zabrakować (perf.) *lack sth or sb*
(czegoś, kogoś), *be missing sth or sb* (czegoś, kogoś) *run short of sth*
(czegoś) (used only in 3p sg and 3p pl)
brakujący   *missing, absent*
Bruksela   *Brussels*
czasem   *sometimes*
czasownik ruchu   *verb of motion*
dowiedzieć się - dowiem się, dowiesz się, dowiedzą się (perf.) + "o" + A ;
     dowiadywać się - dowiaduję się, dowiadujesz się, dowiadują się
     (imperf.)   *inquire (ask) about, for sb, sth*
drzewo   *tree, wood*
jakoś   *somehow*
mnóstwo   *large, great, enormous (number), lots*
modyfikować - modyfikuję, modyfikujesz, modyfikują (imperf.) + A ;
     zmodyfikować (perf.)   *modify, alter*
modyfikując   *modifying*
na szczęście   *fortunately, luckily*
nieostrożny   *careless, imprudent, incautious*
po drodze ("po" + L of droga)   *on the way*
pogoda   *weather*
połączyć - połączę, połączysz, połączą (perf.) + A "z" + I; łączyć (imperf.)
     combine, join (coś, kogoś z czymś, kimś - *sth, sb to sth, sb*) *link.*
przedrostek   *prefix*
trolejbus   *trolley bus*
urlop   *leave (of absence), vacation, furlough*
w góry   *to the mountains*
wskaźnik zespolenia   *indicator of a junction*
z prądem   *downstream, with the stream*

Przysłowia

Używaj świata póki służą lata.
Enjoy life while you can.

Cudze kraje znajmy, ale swój kochajmy.
We should know foreign lands, but we should love our own.

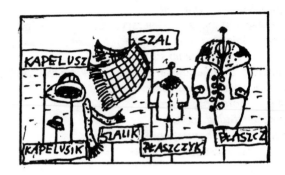

23

LEKCJA DWUDZIESTA TRZECIA

W sklepie odzieżowym

Pani Barbara wybiera się wkrótce z mężem i córką na wczasy. Przed wyjazdem musi zrobić zakupy w sklepie odzieżowym. Chce kupić dla córki spódniczkę, bluzkę i kostium kąpielowy. Mąż prosił ją o buty, koszulę, skarpety i krawat. Dla siebie planuje kupić tylko nową sukienkę. Najbliższy sklep odzieżowy znajduje się na rogu ulicy Miłej. Pani Barbara jedzie tam tramwajem. Jest przedpołudnie i w sklepie jest mało ludzi. Pani Barbara szybko kupuje potrzebne rzeczy dla męża i córki, a potem szuka sukienki dla siebie. Wybiera sukienkę w kolorowe kwiatki. Zdejmuje ją z wieszaka i idzie do przymierzalni. Sukienka podoba się jej bardzo, więc płaci w kasie pieniądze, odbiera zapakowaną sukienkę i wychodzi ze sklepu. Potem wraca do domu bardzo zadowolona z zakupów.

Słowniczek

* dwudziesty trzeci   *twenty third*
  kostium kąpielowy   *swim suit*
  odbierać - odbieram, odbierasz, odbierają (imperf.) + A + "od" + G ; odebrać -
  odbiorę, odbierzesz, odbiorą (perf.)   *take (coś od kogoś - sth from
  sb)   collect (pick up sth), take back*
  planować - planuję, planujesz, planują (imperf.) + A ; zaplanować (perf.)
  plan, make plan, intend, contemplate
  przedpołudnie   *forenoon, morning*
  przymierzalnia   *fitting room*
* róg [dopiero L. 27]   *corner, horn*
  wczasy   *holiday, vacation, rest, leave*
  wieszak   *hanger*
  w kolorowe kwiatki   *with colored flowers*
  wybierać się - wybieram się, wybierasz się, wybierają się (imperf.); wybrać się
  - wybiorę się, wybierzesz się, wybiorą się (perf.)   *be planning to go
  on a journey, to be about to leave*
  wyjazd   *departure, journey, trip*
  zapakowany   *packaged, packed*
* zdejmować [dopiero L. 29] - zdejmuję, zdejmujesz, zdejmują (imperf.) + A
  (sth) + "z" + G (czegoś - sth) ; zdjąć - zdejmę, zdejmiesz, zdejmą
  take off (i.e. remove coat etc.), take sth off (down from), remove

THIRD OF MAY MAZURKA
Poland's Independence Day
Mazurek Trzeciego Maja

ĆWICZENIA

I.   **Odpowiedz na następujące pytania:**

1. Dokąd wybiera się pani Barbara ze swoją rodziną?
2. Co musi zrobić pani Barbara przed wyjazdem?
3. Co pani Barbara chce kupić dla męża, córki i dla siebie?
4. Gdzie znajduje się najbliższy sklep odzieżowy?
5. Czym pani Barbara jedzie po zakupy?
6. Jaką sukienkę wybiera pani Barbara?
7. Czy pani Barbara jest zadowolona z zakupów?

II.   **Przekształć następujące zdania według wzoru:**

   /np.   ***Warszawa to stolica Polski.***
   Warszawa jest stolicą Polski./

1. Janek to wysoki chłopiec.
2. Matka Kasi to lekarka.
3. Ewa to dobra uczennica.
4. Wisła to najdłuższa rzeka w Polsce.
5. Mój brat to wzorowy żołnierz.
6. Łódź to duże przemysłowe miasto.
7. Twoja siostra to miła dziewczyna.
8. "Faraon" Bolesława Prusa to ciekawa książka.
9. Ojciec Tomka to inżynier.

III. **Odpowiedz na pytania według wzoru:**

   /np.   ***Czy to jest magnetofon Janka?***
   Tak to jest jego magnetofon.
   Nie, to nie jest jego magnetofon./

1. Czy to jest twoja rękawiczka?
2. Czy to jest adapter Janka i Zosi?
3. Czy to jest jej samochód?
4. Czy to jest wasze mieszkanie?
5. Czy to jest mój długopis?
6. Czy to jest pani/pana książka?
7. Czy to jest ich rower?
8. Czy to jest matka Basi i Zosi?
9. Czy to jest torebka Ewy?
10. Czy to jest nasze pióro?
11. Czy to jest jego krawat?

IV. Wstaw odpowiednią formę /formy/:
   gdzieś,   kiedyś,   ktoś,   coś,   jakiś,

1. Moja ciocia mieszka_____ daleko od Warszawy.
2. Może_____ pójdziemy na spacer.
3. _____ mi mówił, że tu mieszka nasz lektor.
4. Widzę tu_____ ciekawego.
5. _____ mężczyzna idzie do nas.
6. Chcę_____ z tobą pójść na obiad.
7. _____ chce z tobą rozmawiać.
8. Czytałem_____ to opowiadanie.
9. _____ kobieta szukała cię wczoraj.
10. Codziennie kupuję_____ w sklepie spożywczym.
11. _____ dziecko bawi się na ulicy.

V. Wybierz odpowiednią formę:
1. /kilka, kilku/ Wczoraj widziałem_____ znajomych.
2. /wiele, wielu/ W księgarni jest_____ książek.
3. /ile, ilu/ _____ listów piszemy dzisiaj?
4. /kilka, kilku/ Na drzewie siedzi_____ ptaków.
5. /parę, paru/ Codziennie spotykam_____ Francuzów.
6. /wiele, wielu/ Mam_____ przyjaciół.
7. /kilka, kilku/ Codziennie kupuję_____ gazet.
8. /ile, ilu/ _____ robotników pracuje dzisiaj?
9. /kilka, kilku/ _____ chłopców gra w piłkę.
10. /parę, paru/ Janek psuje codziennie_____ zabawek.

VI. Uzupełnij podane zdania według wzoru:
   /np.   Dzisiaj Janek idzie do kina.
   Wczoraj Janek poszedł do muzeum./

1. Teraz wychodzę ze szkoły.
   Rano _____ z domu.
2. Dzisiaj moja żona odchodzi ode mnie.
   Żona kolegi_____ tydzień temu.
3. Teraz Zosia wchodzi do kawiarni.
   Przedtem Zosia_____ do sklepu.
4. Teraz zachodzimy do Janka.
   Przedtem_____ do Pawła.
5. Dzisiaj Janek przychodzi do mnie.
   Wczoraj Janek_____ do Pawła.
6. Teraz wchodzimy do sklepu spożywczego.
   Przedtem_____ do sklepu odzieżowego.
7. Gdzie idziecie dzisiaj?
   Gdzie_____ wczoraj?

VII. **Wybierz właściwą formę:** dwa, dwie, albo dwaj.

1. Na stole leżą_____ książki.
2. _____ chłopcy idą ulicą.
3. Rano spotkałem_____ koleżanki.
4. Na ścianie wiszą_____ obrazy.
5. Przed sklepem stoją_____ robotnicy.
6. Ewa kupuje_____ spódnice.
7. Marysia pije codziennie_____ szklanki mleka.
8. Ten dom ma tylko_____ okna.
9. Przez most jadą_____ samochody.
10. W ogrodzie rosną_____drzewa.
11. Na ławce siedzą_____ studenci.
12. Na łóżku leżą_____ bluzki.

VIII. **Uzupełnij pytania do podanych zdań.**

1. Wczoraj Zosia kupiła ciekawą książkę.
   Kiedy_____?
   Kto _____?
   Jaką _____?
   Co _____?

2. Ojciec Janka pracuje na poczcie.
   Gdzie_____?
   Kto _____?
   Czyj _____?
   Co robi_____?

3. Paweł pojechał nocnym pociągiem do Krakowa.
   Dokąd_____?
   Jakim _____?
   Czym _____?
   Kto _____?

IX. **Odpowiedz na następujące pytania używając różnych nazw kolorów.**

/np. *Czy widziałeś/aś czerwoną parasolkę?*
Nie, widziałem/am tylko zieloną./

1. Czy widziałeś/aś białe spodnie?
2. Czy widziałeś/aś pomarańczowy szalik?
3. Czy widziałeś/aś zieloną torebkę?
4. Czy widziałeś/aś brązowy portfel?
5. Czy widziałeś/aś żółte skarpetki?
6. Czy widziałeś/aś czarny kapelusz?

7. Czy widziałeś/aś granatową spódnicę?
8. Czy widziałeś/aś fioletową sukienkę?
9. Czy widziałeś/aś beżowe buty?
10. Czy widziałeś/aś szary płaszcz?
11. Czy widziałeś/aś niebieską czapkę?

X.   Uzupełnij podane zdania.
1. Matka mojego ojca to moja_____ .
2. Ojciec mojej matki to mój_____ .
3. Syn mojej córki to mój_____ .
4. Córka mojego syna to moja_____ .
5. Siostra mojej matki to moja_____ .
6. Brat mojej matki to mój_____ .
7. Syn moich rodziców to mój_____ .
8. Córka moich rodziców to moja_____ .
9. Matka mojej matki to moja_____ .
10. Ojciec mojego syna to mój_____ .
11. Syn mojego syna to mój_____ .
12. Córka mojej córki to moja_____ .

XI.   Przetłumacz:
1. Where are you planning to go for the holiday?
2. Danuta selected for her sister a beautiful swim suit.
3. Where did you buy that dress with colored flowers?
4. Take off your coat and sit down and tell me what's new with you.
5. I have to go to the post office to pick up a package.
6. What can one buy in a clothing store?
7. You can buy a pack of cigarettes and a lighter at the kiosk on the corner.
8. Whom did you drop in on yesterday?
9. Get (go) away from that dog.
10. Don't enter this room.
11. At what time do you usually leave the house in the morning?
12. I like red, green, yellow and blue cars.
13. Who bought you this tie?
14. I bought a (sports) coat and trousers.
15. How many teachers (m.) were at the conference?
16. I don't like to wear a hat.
17. I have some money in my coat pocket.
18. They have only just left the house to get some wine.
19. I'd like to go abroad sometime.
20. I met her somewhere but I can't remember where.
21. Invite whomever you want to the party. But whom?
    Anyone you wish.
22. Don't go out of the house because you are ill.

Słowniczek

"Faraon"   *Pharaoh* , novel by Bolesław Prus (pseud. of Aleksander
    Głowacki, 1847-1912)
ławka   *bench*
* łóżko [dopiero L. 27]   *bed*
most   *bridge*
nocny pociąg   *night (time) train*
parasol   *man's umbrella*
parasolka   *lady's umbrella*
* psuć [dopiero L. 24] - psuję, psujesz, psują (imperf.) + A ; zepsuć (perf.)
    damage, spoil, mess (sth) up
rosnąć - rosnę, rośniesz, rosną (imperf.); wyrosnąć (perf.)   *grow, grow up*
* siadać [dopiero L. 29] - siadam, siadasz, siadają (imperf.); siąść - siądę,
    siądziesz, siądą (perf.)   *sit down*
ulicą   *along the street*
wisieć - wiszę, wisisz, wiszą (imperf.) + "na" + L (na czym   *on what)*;
    hang, be suspended
właściwa forma   *(proper, right, appropriate) form*
wzorowy   *exemplary, model*
zachodzić - zachodzę, zachodzisz, zachodzą (imperf.) + "do" + G (kogoś *sb*);
    zajść - zajdę, zajdziesz, zajdą   *drop in at sb's place, call on sb*

Przysłowie

Nie suknia zdobi człowieka
It is not clothing that adorns a person.

Lingwołamek

Rewolwerowiec wyrewolwerowany na wyrewolwerowanej górze
rozrewolwerował się.

The gunslinger armed with guns on a hill loaded with guns
began to gun everything down.

King John Sobieski III (1674-1696)

24

LEKCJA DWUDZIESTA CZWARTA

Rozmowa przyjaciółek

- Wczoraj spotkałam w kawiarni pana Kowalczyka.
- Co u niego słychać?
- Jest ostatnio trochę zmartwiony.
- Dlaczego?
- Bo łysieje coraz bardziej. Jego włosy są coraz rzadsze.
  Używa różnych płynów, ale bez większego powodzenia.
- Mówiła mi Zosia, że także utył.
- Nic dziwnego, skoro tyle je.
- Nigdy nie mógł sobie odmówić jedzenia. Po obiedzie za-
  wsze je kilka ciastek.
- Ma więc to, na co zasłużył.
- Ja mu także nie współczuję.

Słowniczek

* dwudziesty czwarty   twenty fourth
powodzenie   *success*
rzadszy   *thinner*
współczuć - współczuję, współczujesz, współczują (imperf.) + D (of person)
    sympathize, commiserate with sb, feel for sb, pity sb
zasłużyć - zasłużę, zasłużysz, zasłużą (perf.) + "na" + A ; zasługiwać -
    zasługuję, zasługujesz, zasługują   *deserve, merit, become worthy (of
    sth)*

ĆWICZENIA

I. **W miejsce czasownika niedokonanego wstaw dokonany.**

/np.   *Wczoraj wnuczek <u>pisał</u> długi list do babci.*
Wczoraj wnuczek <u>napisał</u> długi list do babci./

1. Pielęgniarka <u>robiła</u> zastrzyk.
2. Cudzoziemiec <u>pytał</u> o drogę do hotelu.
3. Dziecko <u>piło</u> gorącą herbatę.
4. Studentka <u>płaciła</u> w kasie za masło.
5. Na lekcji uczeń <u>czytał</u> długi wiersz.
6. Student <u>szedł</u> na wykład.
7. Zosia <u>zwiedzała</u> muzeum w Wilanowie.
8. Wczoraj Janek <u>uczył się</u> wiersza.
9. Do domu <u>wracałem</u> przez most.
10. Kierowca <u>hamował</u> przed szkołą.

II. **Do podanych zdań wstaw właściwą formę czasownika.**

Example: *Dzisiaj <u>piszę</u> list do ojca.*
Jutro <u>napiszę</u> list do brata.

1. Teraz <u>idziemy</u> do kina.
Potem _____ do restauracji.
2. Teraz <u>czytacie</u> artykuł w gazecie.
Potem _____ wiersz Słowackiego.
3. Dzisiaj <u>jedziemy</u> do Warszawy.
Jutro _____ do Krakowa.
4. Teraz Janek <u>je</u> obiad.
Wieczorem Janek _____ kolację.
5. Teraz one <u>kupują</u> chleb.
Potem _____ ser.
6. Mąż <u>płaci</u> teraz za krawat.
Potem _____ za skarpetki.
7. Teraz <u>gramy</u> w piłkę.
Potem _____ w szachy.
8. Teraz <u>widzisz</u> most.
Potem _____ rzekę.
9. Teraz <u>piję</u> kawę.
Potem _____ herbatę.

III. **Do podanych zdań wstaw właściwą formę czasownika.**
Example:
Wczoraj pisałem wypracowanie z języka polskiego.
Jutro też będę pisał wypracowanie z języka polskiego.

1. Dzisiaj czytałem powieść Sienkiewicza.
   Jutro też_____ powieść Sienkiewicza
2. Przed południem robiłem zakupy.
   Po południu też_____ zakupy.
3. Rano czekaliśmy na ciebie.
   Wieczorem też_____ na ciebie.
4. Wczoraj widziałem Janka.
   Dzisiaj też_____ Janka.
5. Wczoraj słuchaliście muzyki Chopina.
   Dzisiaj też_____ muzyki Chopina.
6. Wczoraj uczyliśmy się języka polskiego.
   Dzisiaj też _____ języka polskiego.
7. Przed południem Zosia zwiedzała Warszawę.
   Po południu też_____Warszawę.
8. Rano piliśmy kawę.
   Po południu też_____ kawę.
9. Wczoraj śpiewaliście piosenki.
   Dzisiaj też_____ piosenki.

IV. **Wstaw właściwe formy czasownika w czasie teraźniejszym.**
/np. Brat szybko /łysieć/.
Brat szybko łysieje./

1. Rodzice /czuć się/ dobrze.
2. Codziennie /ja, pić/ kawę.
3. Jak /ty, czuć się/?
4. Janek i Zosia /pić/ herbatę.
5. Jego matka bardzo /tyć/.
6. Ten rower szybko /psuć się/.
7. Widzę, że bardzo /ty, łysieć/.
8. Psy /żyć/ bardzo krótko.
9. Jak /wy, czuć się/.
10. Co /wy, pić/ teraz?
11. Chłopcy /myć się/ rzadko.
12. Ten kot nie /pić/ mleka.

V. Przekształć podane zdania według wzoru.
Example: *Kupiłem/am bilet do kina.*
Nie kupiłem/am biletu do kina.

1. Ewa wypiła kawę.
2. Mój brat przeczytał to opowiadanie.
3. Janek znalazł klucz do szafy.
4. Dziecko zaśpiewało piosenkę.
5. Listonosz przyniósł list.
6. Rodzice kupili ten dom.
7. Zosia zjadła śniadanie.
8. Moja żona napisała wiersz.
9. Dzisiaj zwiedzamy miasto.
10. Matka Zosi przetłumaczyła ten tekst.

VI. Przekształć zdania według wzoru.
Example: *Ta książka jest ciekawa.*
Te książki są ciekawe.

1. Ten uczeń jest leniwy.
2. Ta dziewczynka jest smutna.
3. Ten telewizor jest nowy.
4. Ten robotnik jest pracowity.
5. Ten film jest długi.
6. Ten pies jest zły.
7. Ta sukienka jest biała.
8. To mieszkanie jest wygodne.
9. Ten stół jest niski.
10. Ten dom jest wysoki.
11. Ten student jest miły.

VII. Przekształć podane zdania według wzoru.
Example: *Lubię czytać książki.*
Lubię czytanie książek.

1. Lubię pisać listy.
2. Lubię oglądać telewizję.
3. Lubię gotować obiady.
4. Lubię kupować krawaty.
5. Lubię zbierać grzyby.
6. Lubię rysować ptaki.
7. Lubię sprzątać mieszkanie.

VIII. Podane konstrukcje przekształć w zdania rozkazujące według wzoru.

Example: *pić codziennie mleko*
Pij codziennie mleko.
Pijcie codziennie mleko.
Pijmy codziennie mleko.

1. czytać powieści Sienkiewicza
2. pisać długie listy
3. myć ręce przed jedzeniem
4. grać często w piłkę
5. śpiewać wesołe piosenki

IX. Przekształć podane konstrukcje według wzoru.
/np. chłopiec, który pisze list
chłopiec piszący list/

1. uczeń, który czyta książkę
2. dziecko, które płacze głośno
3. kobieta, która gotuje obiad
4. samochód, który jedzie przez most
5. student, który idzie na wykład
6. robotnik, który biegnie szybko ulicą
7. chłopiec, który gra w piłkę
8. mężczyzna, który pije wino
9. studentka, która uczy się języka polskiego

X. Przekształć podane konstrukcje według wzoru.
/np. wiersz, który napisał Mickiewicz
wiersz napisany przez Mickiewicza/

1. list, który napisał ojciec
2. obiad, który ugotowała matka
3. piosenka, którą zaśpiewała siostra
4. obraz, który namalował Wyspiański
5. dom, który zbudował mój brat
6. wiersz, który przeczytał student
7. mężczyzna, którego zapytał Janek
8. dom, który /my/ oglądamy
9. chłopiec, którego /ja/ spotkałem

XI.   Przetłumacz:

1. You deserve a good grade.
2. Why don't you sympathize with her?
3. Do you have a reason to worry?
4. Don't use these preparations.
5. You have really grown old lately.
6. How much do you earn?
7. Have you signed that letter?
8. What did you watch on television yesterday?
9. I like visiting museums.
10. Someday Ill write a novel.
11. Do you play the guitar?
12. Try to do this by tomorrow.
13. Don't change your opinion.
14. Who taught you Polish?
15. Don't take any more aspirin.
16. Sing us a good Polish song.
17. Who ate my corn flakes?
18. Who paid for the tickets?
19. When will you finally write a letter to auntie?
20. Tell them that Ill come to see them tomorrow.

Przysłowia

Nie sądź, a nie będziesz sądzony.
Don't judge others then others won't judge you.

Nie kładź palca między drzwi.
Mind your own business.

Co mnie dziś, to tobie jutro.
What happens to me today may befall you tomorrow.

Nim zacznie się drwić z innych, trzeba przyjrzeć się sobie.
Before you start mocking others, take a closer look at yourself.

Kto pod kim dołki kopie, ten sam w nie wpada.
He who digs a hole under someone will fall into it himself.

Słowniczek

cudzoziemiec   *foreigner*
czas teraźniejszy   *present tense*
czasownik dokonany   *perfective verb*
czasownik niedokonany   *imperfective verb*
grzyb   *mushroom*
namalować - namaluję, namalujesz, namalują (perf.) + A + I (of means);
    malować (imperf.)   *paint, to color*
* niski [dopiero L. 25]   *low, short, of short stature*
przetłumaczyć - przetłumaczę, przetłumaczysz, przetłumaczą (perf.) + A + "na"
    + A (inny język); tłumaczyć   *translate, render in different language*
    or tłumaczyć "z" + G (of original language) + "na" + A (target
    language) (tłumaczyć z czego na co - tłumaczyć powieść z francuskiego
    na [język] polski....*translate a novel from French into Polish*)
psuć się - psuję się, psujesz się, psują się (imperf.); zepsuć się (perf.)
    go bad, rot, break down, spoil, get spoiled
płakać - płaczę, płaczesz, płaczą (imperf.)   *cry, weep* ; zapłakać (perf.)
    start crying (weeping)
rysować - rysuję, rysujesz, rysują (imperf.) + A; narysować (perf.)   *draw,*
    make a drawing, to pencil
* sprzątać [dopiero L. 28] sprzątam, sprzątasz, sprzątają (imperf.) + A ;
    sprzątnąć - sprzątnę, sprzątniesz, sprzątną (perf.)   *clean (up), clear,*
    take (sth) away
szachy   *(pl. only) chess*
wiersz   *verse,* (wiersze - *poetry*)
wnuczek   (dim of wnuk) *grandson* ; wnuczka   *granddaughter*
wypracowanie   *composition, essay, exercise*
zastrzyk   *injection, shot*
zbudować - zbuduję, zbudujesz, zbudują (perf.) + A ; budować (imperf.)
    build, erect, construct
zdanie rozkazujące   *imperative sentence*

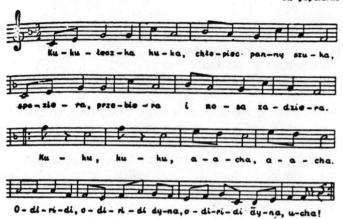

Ku - ku - lecz - ka, ku - ka, chło - piec pan-ny szu - ka,

spo - zie - ra, prze-bie - ra i no - sa za - dzie - ra.

Ku - ku, ku - ku, a - a - cha, a - a - cha.

O - di - ri - di, o - di - ri - di dy-na, o - di-ri - di dy-na, u-cha!

PIJE KUBA DO JAKUBA

Pije Kuba do Jakuba,
Jakób do Michała,
Wiwat ty, wiwat ja,
Kompanija cała!
  A kto nie wypije,
  Tego we dwa kije, ⎫
  Łupu cupu, cupu łupu, ⎬ (bis)
  Tego we dwa kije! ⎭

Dawniej panie, choć w żupanie,
Szlachcic złoto dźwiga,
Dzisiaj kuso, ścięto, spięto,
A w kieszeni figa.
  Kto bez grosza żyje,
  Tego we dwa kije,
  Łupu cupu, cupu łupu,
  Tego we dwa kije!

Koroneczki, pereleczki,
Miała pani sama,
Dziś szynkarka i kucharka,
Chodzi jakby dama.
  Kto nad stan swój żyje,
  Tego we dwa kije,
  Łupu cupu, cupu łupu,
  Tego we dwa kije!

Indyk z sosem, zraz z bigosem,
Jadły dawne pany,
Dziś ślimaki i robaki
Jedzą jak bociany.
  Kto żabami żyje,
  Tego we dwa kije,
  Łupu cupu, cupu łupu,
  Tego we dwa kije!

SZŁA DZIEWECZKA DO LASECZKA

Szła dzieweczka do laseczka,
Do zielonego, ha, ha, ha, ha, ha . . .
Do zielonego,
Napotkała myśliweczka
Bardzo świarnego ha ha ha ha ha
Bardzo świarnego. '
  Tra la la la, tra la la a, tra la la la. (4 r

Myśliweczku, mysliweczku,
Bardzomci rada, ha, ha, ha, ha, ha,
Bardzomci rada.
Dałabym ci chleba, sera,
Alem go zjadła, ha, ha, ha, ha, ha,
Alem go zjadła.
  Tra la la la . . .

Jakześ zjadła toześ zjadła,
To mi się nie chwal, ha, ha, ha, ha, ha,
To mi się nie chwal,
Bo jakbym cię w lesie spotkał,
Tobym cię zeprał, ha, ha, ha, ha, ha,
Tobym cię zeprał.
  Tra la la la . . .

ZASIALI GÓRALE

Zasiali górale owies, owies,
Od końca do końca, jak jest, tak jest,
Zasiali górale żyto, żyto,
Od końca do końca wszytko, wszytko

Tam pod lasem góralicek gromada, gromada,
Będzie ze mnie gospodyni oj rada, oj rada,
Mam na polu mendelicek, w domu dwa, w
    domu dwa,
Zadna mi się nie podoba tylko ta, tylko ta.

25

LEKCJA DWUDZIESTA PIĄTA

Stanisław Moniuszko

Kudowa, znane uzdrowisko na Śląsku, to miejsce, gdzie spotykają się artyści z wielu krajów. Tu właśnie organizowane są festiwale muzyki Moniuszki.

Stanisław Moniuszko /1819-1872/ był obok Chopina najwybitniejszym polskim kompozytorem ubiegłego wieku, twórcą polskiej opery narodowej. Jego najbardziej znane utwory to *"Halka"* i *"Straszny dwór."* *"Halka"* opowiada o nieszczęśliwej miłości wiejskiej dziewczyny do bogatego szlachcica. *"Straszny dwór"* mówi o przygodach dwu braci żołnierzy, którzy postanowili, że nigdy się nie ożenią. Najsłynniejsza aria w tej operze to "aria z kurantem."

Oprócz oper skomponował też Moniuszko wiele popularnych do dziś pieśni. W swoich utworach często nawiązywał do muzyki ludowej. Komponował mazurki, krakowiaki, polonezy. Jego twórczość jest jeszcze mało znana w świecie, chociaż na pewno na to zasługuje.

Słowniczek

aria   *aria*
dwór   *manor, manor-house, manorial estate*
* dwudziesty piąty   twenty fifth
festiwal   *festival*
krakowiak   *cracovianne (dance)*
kurant   *carillon, chime(s)*
mazurek   *mazurka (dance)*
muzyka ludowa   *folk music*
napewno   *surely, for sure*
nawiązywać - nawiązuję, nawiązujesz, nawiązują (imperf.) + "do" + G ;
    nawiązać - nawiążę, nawiążesz, nawiążą (perf.)   *refer (to sth)* (coś
    do czegoś - *sth to [with] sth) link*
* opera [dopiero L. 27]   *opera*
organizowany   *organized*
* ożenić się [dopiero L. 29] - ożenię się, ożenisz się, ożenią się (perf.) + "z" +
    I ; żenić się (imperf.)   *marry, get married (of men)* ; wychodzić -
    wychodzę, wychodzisz, wychodzą (imperf.) ; wyjść - wyjdę, wyjdziesz,
    wyjdą (perf.) za mąż   *marry, get married (of women)*
polonez   *polonaise*
* postanowić [dopiero L. 30] - postanowię, postanowisz, postanowią (perf.) ;
    postanawiać - postanawiam, postanawiasz, postanawiają (imperf.)
    to decide, resolve, make up one's mind (to do sth)
przygoda   *adventure*
* straszny [dopiero L. 28]   *terrible*
szlachcic   *nobleman*
twórca   *creator, founder*
twórczość   *creation(s), composition(s)*
ubiegły   *last (week, year, etc.)* ; ubiegłego wieku (w ubiegłym wieku)
    last century
* utwór [dopiero L. 30]   *composition, literary work, production*
uzdrowisko   *health resort*
wiejski   *country (woman, folk, house), rustic*

ĆWICZENIA

I. **Odpowiedz na następujące pytania:**

1. Kim był Stanisław Moniuszko?
2. Jak nazywają się jego najbardziej znane utwory?
3. Kim są główni bohaterowie *"Halki"*?
4. O czym opowiada *"Straszny dwór"*?
5. Jakie inne utwory komponował Moniuszko?
6. Do czego nawiązywał w swoich utworach?
7. Gdzie organizowane są festiwale muzyki tego kompozytora?

II. **Wypisz z tekstu wyrazy wiążące się z muzyką. Ułóż z nimi kilka zdań.**

III. **Odpowiedz na pytania używając formy celownika.**

1. Komu dałeś/aś książkę?   /mój brat/
2. Komu przeczytałeś/aś ten list?   /moja żona, mój mąż/
3. Komu pożyczyłeś/aś rower?   /mój ojciec/
4. Komu zabrałeś/aś piłkę?   /ten chłopiec/
5. Komu robisz herbatę?   /ta pani/
6. Komu piszesz wypracowanie?   /mój przyjaciel/
7. Komu sprzedałeś/aś magnetofon?   /ten pan/
8. Komu Janek kupił te kwiaty?   /paniBarbara/
9. Komu podoba się ta sukienka?   /moja ciocia/
10. Komu zepsułeś długopis?   /mój znajomy/

Poster of the first production of Moniuszko's *Halka*, Warsaw 1858

IV.   **Przekształć zdania według wzoru.**

/np.   *Matka dała <u>dziecku</u> obiad.*
          Matka dała <u>dzieciom</u> obiad.

1. Lektor przetłumaczył <u>studentowi</u> cały tekst.
2. Ekspedientka sprzedała <u>koleżance</u> owoce.
3. Nauczyciel przeczytał <u>uczniowi</u> wiersz.
4. Matka dobrze radziła <u>synowi</u>.
5. Ciastko smakowało <u>chłopcu</u>.
6. Dałem jabłko <u>koniowi</u>.
7. Zazdroszczę <u>tej pani</u>, że <u>jest wysoka</u>.
8. Pomagam <u>koledze</u> robić kawę.
9. Nigdy nie ufam <u>psu</u>.

V.   **Odpowiedz na podane pytania według wzoru.**
/np.   *Czy Ewa pożyczy ci tę książkę?*
          Tak, pożyczy mi./

1. Czy lektor przetłumaczy wam ten tekst?
2. Czy kupicie dzieciom lody?
3. Czy zepsułeś Jankowi rower?
4. Czy dasz Annie ten zeszyt?
5. Czy sprzedasz nam ten obraz?
6. Czy przeczytasz mi ten wiersz?
7. Czy powiesz Ewie i Zosi, kiedy będzie egzamin?
8. Czy Jankowi i Pawłowi smakował obiad?
9. Czy nie przeszkadzam ci?

VI.   **Przekształć zdania według wzoru.**
/np.   *Matka kupiła Zosi nową sukienkę.*
          Matka kupiła jej nową sukienkę.

1. Janek przetłumaczył <u>koledze</u> ten artykuł.
2. Ola zapłaciła <u>kelnerowi</u> za obiad.
3. Pani Barbara nie wierzy <u>swojemu mężowi</u>.
4. Matka dała <u>Jankowi</u> i <u>Zosi</u> pieniądze na lody.
5. Rodzice kupili <u>mnie</u> i <u>mojej siostrze</u> drogi magnetofon.
6. Paweł pomaga <u>matce</u> robić zakupy.
7. Lektor powtarza <u>studentowi</u> nowe wyrazy.
8. Czy ta książka podobała się <u>dzieciom</u>?
9. Paweł wysłał <u>dziadkowi</u> i <u>babci</u> list z Krakowa.
10. Czy wierzysz <u>tej pani</u>?
11. Czy ten dom podoba się <u>tobie</u> i <u>twojemu bratu</u>.

VII.   Odpowiedz na pytania według wzoru.
/np.   *Czy podoba ci się ten dom?*
       Tak, podoba mi się.
       Nie, nie podoba mi się./

1. Czy Jankowi podobała się siostra Zosi?
2. Czy podoba się wam mój pies?
3. Czy podoba się pani/ panu ten zielony krawat?
4. Czy rodzicom podoba się twoja żona?
5. Czy Zosi i Basi podobała się Warszawa?
6. Czy podobał ci się ten film?
7. Czy podobał się wam "Pan Tadeusz" Mickiewicza?
8. Czy podoba się państwu nasze nowe mieszkanie?
9. Czy podobał się państwu nasz koń?
10. Czy ta bluzka podobała się Basi?

VIII. Wstaw właściwą formę zaimka według wzoru.
/np.   *Obiad smakował   /ja/*
       Obiad smakował   mi.

1. Lody smakowały /one/.
2. Czy smakowała /ty/ zupa?
3. Ciastka smakowały /my/.
4. Czy smakowała /wy/ kawa?
5. Kolacja smakowała /oni/.
6. Owoce smakowały /on/.
7. Czy smakuje /ty/ śniadanie?
8. Kiełbasa smakowała /ona/.
9. Czy smakuje /wy/ wino?

IX.   Uzupełnij podane zdania dowolnymi wyrazami:
       /przymiotnik + rzeczownik.
       np.   *Kupię sobie małego psa./*

1. Kupisz sobie_____
2. Janek kupi sobie_____.
3. Zosia kupi sobie_____.
4. Kupimy sobie_____ .
5. Kupicie sobie_____ .
6. Oni kupią sobie_____ .
7. One kupią sobie_____ .
8. Kup sobie _____ .
9. Kupmy sobie_____ .
10. Kupcie sobie_____ .

X.   Przekształć podane zdania według wzoru.
        Example: *Lubię małe psy.*
               Nie lubię małych psów.

1. Lubię czarne koty.
2. Lubię krótkie sukienki.
3. Lubię szerokie krawaty.
4. Lubię długie spódnice.
5. Lubię gorące zupy.
6. Lubię białe bluzki.
7. Lubię szerokie ulice.
8. Lubię niskie kobiety.
9. Lubię wysokie domy.
10. Lubię duże samochody.

XI.   **Przetłumacz:**

1. Besides Chopin, who else was an outstanding Polish composer of the last century?
2. Where are Moniuszko musical festivals organized in Poland?
3. His grandfather was a nobleman.
4. What compositions of Moniuszko do you know?
5. Has your brother already gotten married? No, but my sister got married a week ago.
6. Do you like folk music or classical music?
7. I'm surprised that you don't know Moniuszko's compositions. It doesn't follow that I'm not a cultural person.
8. I can do without your help.
9. Those people are always difficult to please.
10. I'm sorry that I have ruined your car.
11. What did you give the children to eat?
12. She had nothing against it that I was late.
13. It only seems to you that something always ails me.
14. You feel cold and I feel hot.
15. Don't bother me. Can't you see that I'm sad.
16. Why do you always envy them?
17. Help them finish that.
18. I advise you to buy yourself a new car.
19. Why don't you trust lawyers.
20. It's all the same to me whether this soup tastes good to you or not.
21. I don't feel like going to the movies.
22. You are not allowed to smoke.
23. Why don't you believe me?
24. Whom were you helping yesterday?

Słowniczek

bohater   *hero*
celownik   *dative case*
dowolne wyrazy   *any. . . of one's choice (whichever . . . one likes) words*
owoce (pl of owoc)   *fruit*
przymiotnik   *adjective*
szeroki   *wide*
wiązać się - wiążę się, wiążesz się, wiążą się (imperf.) ; związać się (perf.)
  join, unite, relate, connect
zabrać - zabiorę, zabierzesz, zabiorą (perf.) + A + D ; zabierać - zabieram,
  zabierasz, zabierają (imperf.)   *take (sth) away (komuś from sb)*
zaimek   *pronoun*

Przysłowia

Serce nie sługa.
The hart is not a servant.

Słomiany Jasio złotą Kasię bierze.
Straw Johnny takes golden Kate.

WARSZAWA. POMNIK FR. CHOPINA

26

LEKCJA DWUDZIESTA SZÓSTA

Wizyta u lekarza

Syn pani Anny, mały Janek, często choruje. Dzisiaj też od rana czuł się źle. Bolała go głowa i gardło, miał katar i kaszel. Pani Anna wzięła termometr i zmierzyła mu temperaturę. Okazało się, że Janek ma wysoką gorączkę i wizyta u lekarza jest konieczna.

Po południu pani Anna poszła z synem do przychodni. Doktor Malinowski, który stale leczył Janka, zapytał chłopca, co mu dolega, zbadał go dokładnie i powiedział, że Janek jest chory na grypę. Potem wziął receptę i zapisał chłopcu kilka lekarstw. Powiedział też, że chłopiec przez kilka dni musi leżeć w łóżku. Wieczorem pani Anna poszła do apteki i wykupiła synowi lekarstwa.

Teraz Janek leży w łóżku i bardzo się martwi, że jutro nie będzie grał w piłkę z kolegami.

Słowniczek

* boleć [dopiero L. 27] - boli, bolą (imperf.) (used only in 3p sg and 3p pl) + A (of person) + N (of what) *hurt(s), ache(s), smart(s)* ; rozboleć (perf.) *start aching*

dokładnie   *thoroughly, carefully, closely*

* dwudziesty szósty   *twenty sixth*

gardło   *throat*

gorączka   *fever, temperature*

grypa   *influenza, flu*

katar   *common cold*

konieczny   *necessary, needful*

leczyć - leczę, leczysz, leczą (imperf.) + A   *treat, attend (a patient);* leczyć kogoś na jakąś chorobę   *treat sb for a disease;* wyleczyć (perf.) + A *cure, heal* (sb [kogoś] *of sth* [z czegoś])

* leżeć [dopiero L. 29] - leżę, leżysz, leżą (imperf.)   *lie, recline (w łóżu in bed);* poleżeć (perf.)   *lie, stay in bed (some time)*

Malinowski   (malina   *raspberry [bush]*)

od rana   *since morning*

* okazać się [given in L. 18] - okażę się, okażesz się, okażą się (perf.) + I; okazywać się - okazuję się, okazujesz się, okazują się(imperf.)   *turn out* (to be sth or sb); okazuje się, że   *it appears that*

przychodnia   *outpatient clinic, dispensary*

stale   *constantly*

wykupić - wykupię, wykupisz, wykupią (perf.) + D *(of sb)* + A *(sth);* wykupować - wykupuję, wykupujesz, wykupują (imperf.) *purchase, buy*

zapisać - zapiszę, zapiszesz, zapiszą (perf.) + D *(for sb)* + A *(sth);* zapisywać - zapisuję, zapisujesz, zapisują (imperf.) *prescribe (medicine);* zapisać coś *write (sth) down*

zbadać - zbadam, zbadasz, zbadają (perf.) + A; badać (imperf.)   *examine*

zmierzyć - zmierzę, zmierzysz, zmierzą (perf.) + D (of person) + A (of temperature); mierzyć (imperf.) *measure, take* (mierzyć komuś temperaturę   *take sb's temperature*)

Przysłowia

Jedno jabłko dziennie trzyma lekarza ode mnie.

An apple a day keeps the doctor away.

Lepiej wydać na piekarza niż na aptekarza.

Better to pay the baker than the pharmacist.

ĆWICZENIA

I. **Odpowiedz na następujące pytania:**
    1. Jak ma na imię syn pani Anny?
    2. Czy Janek jest zdrowym chłopcem?
    3. Co dzisiaj dolegało Jankowi?
    4. Co zrobiła pani Anna?
    5. Jaką temperaturę miał Janek?
    6. Dokąd pani Anna poszła z Jankiem?
    7. Kto zbadał Janka?
    8. Co powiedział lekarz?
    9. Na co jest chory Janek?
    10. Jak długo Janek musi leżeć w łóżku?
    11. Kiedy pani Anna poszła do apteki?
    12. Dlaczego Janek jest zmartwiony?

II. **Ułóż 5 zdań z wybranymi przez siebie wyrazami:**
     lekarz, chorować, czuć się źle, boleć, katar, kaszel, termometr,
     mierzyć temperaturę, gorączka, przychodnia, leczyć,
     dolegać, być chorym na coś, recepta, lekarstwo, apteka.

III. **Przekształć podane zdania według wzoru.**
      /np. Na stole leży jeden zeszyt.
      Na stole leżą dwa zeszyty.
      Na stole leży pięć zeszytów./
      1. Na drodze stoi jeden samochód.
      2. Ulicą idzie jedna dziewczynka.
      3. Drogą biegnie jeden pies.
      4. Tu jest jedna osoba.
      5. Tu siedzi jeden ptak.
      6. Tu rośnie jedno drzewo.
      7. Ten tekst czyta jedna studentka.
      8. Tu wisi jeden obraz.
      9. Tu pracuje jedna lekarka.

IV. **Z podanych wyrazów ułóż zdania z czasownikiem w czasie teraźniejszym.**
     /np. leżeć, 25, książka
     Tu leży dwadzieścia pięć książek./

     1. leżeć, 32, książka
     2. stać, 43, studentka
     3. stać, 33, studentka
     4. jechać, 24, samochód
     5. jechać, 37, samochód

6. siedzieć, 33, osoba
7. siedzieć, 38, osoba
8. iść, 29, kobieta
9. iść, 32, kobieta
10. śpiewać, 29, dziewczynka
11. śpiewać, 42, dziewczynka

V. Uzupełnij następujące zdania:

1. Poniedziałek to_____dzień tygodnia.
2. Niedziela to _____dzień tygodnia.
3. Środa to_____dzień tygodnia.
4. Sobota to _____dzień tygodnia.
5. Wtorek to_____dzień tygodnia.
6. Piątek to_____dzień tygodnia.
7. Czwartek to_____dzień tygodnia.

VI. Uzupełnij zdania według wzoru.
/np. Pani Barbara ma czterdzieści lat.
To są jej czterdzieste urodziny./

1. Mam /18/ _____ .
   To są_____ .
2. Ona ma /25/_____ .
3. Janek ma /22/_____ .
4. Ojciec ma /54/_____ .
5. Siostra ma /36/_____ .
6. Matka ma /50/_____ .
7. Brat ma /30/_____ .
8. Ten pan ma /80/_____ .
9. Ta pani ma /40/_____ .

VII. Odpowiedz na następujące pytania:
/np. Kiedy pojedziesz na wczasy? [VII] - W lipcu./

1. Kiedy skończysz 20 lat? [IX]
2. Kiedy są twoje urodziny? [I]
3. Kiedy są twoje imieniny? [V]
4. Kiedy się urodziłeś? [XII]
5. Kiedy przyjedziesz do Krakowa? [VIII]
6. Kiedy twój wujek wróci z Francji? [III]
7. Kiedy będzie wasz ślub? [IV]
8. Kiedy dasz mi pieniądze? [XI]
9. Kiedy masz egzamin? [II]
10. Kiedy pojedziecie na wczasy? [VI]

VIII. Uzupełnij następujące zdania:

1. Teraz jest luty.
   Poprzedni miesiąc to_____ .
   Następny miesiąc to_____ .
2. Teraz jest sierpień.
   Poprzedni miesiąc to_____ .
   Następny miesiąc to_____ .
3. Teraz jest maj.
   Poprzedni miesiąc to_____ .
   Następny miesiąc to_____ .
4. Teraz jest listopad.
   Poprzedni miesiąc to_____ .
   Następny miesiąc to_____ .

IX. Wstaw właściwą formę zaimka.

1. O kim rozmawiacie? O /ja/?
2. Powiedziała mi o /on/, że jest głupi.
3. Chcę o /wy/ wiedzieć coś więcej.
4. Przyszedłem pierwszy, czy po /on/?
5. Napiszę o /ona/ książkę.
6. Nie powiesz o /ja/ nikomu?
7. O kim mówicie? O /my/?
8. Powiem ci coś o /one/.
9. Powiem ci coś o /oni/.
10. Dużo myślałem o /ty/.

X. Uzupełnij następujące zdania.
   /np.   To jest ładna sukienka, ale
   tamta jest jeszcze ładniejsza./

1. To jest smaczne ciastko, ale_____ .
2. To jest droga koszula, ale_____ .
3. To jest ciekawa książka, ale_____ .
4. To jest zły uczeń, ale_____ .
5. To jest dobre wino, ale_____ .
6. To jest wysoki dom, ale_____ .
7. To jest długa ulica, ale_____ .
8. To jest wygodny samochód, ale_____ .
9. To jest zimna woda, ale_____ .
10. To jest miła dziewczyna, ale_____ .

XI.   Przetłumacz:

1. I heard that Zosia became ill yesterday.
2. Yes, her head and throat hurt.
3. It is necessary to measure her temperature.
4. I went to see a doctor at the outpatient clinic. He examined me and told me I have to stay in bed for a few days.
5. Go to the pharmacy and buy medicine. Here is the prescription.
6. Write down what Im saying.
7. My grandfather is 81 years old and my grandmother is 77 years old.
8. When and where was your uncle born? He was born in Poland in 1901.
9. How old was your grandfather when he died?
10. What's the day today? Today is the 27th of March.
11. We live in the 20th century.
12. Adam Mickiewicz was born December 24, 1798.
13. Last year I spent five months in Poland.
14. My parents will arrive in February.
15. School begins in September and ends in June.
16. Im going to New York for five days.
17. Where will you be in the summer (time).
18. I work in the daytime.
19. It is the year 1990.
20. Studies begin September 24th.
21. You look 30 not 25.
22. I see 52 elephants.
23. Do you live in the north or the south?
24. Days are getting longer.
25. He wrote 45 novels.

Słowniczek

być chorym na coś   *be sick (ailing) with sth*
przez siebie   *by you (yourself, oneself)*
* skończyć [dopiero L. 29] - skończę, skończysz, skończą (perf.)
        + A; kończyć (imperf.)   *finish*
ślub   *wedding, nuptials* (ślub cywilny   *civil marriage* ;   ślub kościelny
        church marriage ; [brać ślub z kimś]   *to marry* [sb])
wybrany   *selected, chosen*

27
LEKCJA DWUDZIESTA SIÓDMA

A. Państwo Kowalowie w Warszawie

Państwo Kowalowie już od tygodnia przebywają w Warszawie. Spędzają czas na zwiedzaniu miasta. A jest tu co oglądać. Od XVII w. Warszawa jest stolicą Polski. Przejęła tę rolę po zabytkowym Krakowie. Podobnie jak Kraków Warszawa ma wspaniałe Stare Miasto z Rynkiem i Zamkiem Królewskim. Zamek był siedzibą królów i miejscem obrad Sejmu. Przed Zamkiem ustawiona jest Kolumna Zygmunta. Jest to znany każdemu Polakowi pomnik króla Zygmunta III Wazy, który przeniósł stolicę państwa z Krakowa do Warszawy.

W czasie II wojny światowej całe Stare Miasto, Zamek i Kolumna Zygmunta były doszczętnie zniszczone. Po wojnie zostały odbudowane i dzisiaj wyglądają tak jak kiedyś, przed wiekami.

Państwo Kowalowie zwiedzili już zabytki Starego Miasta. Polubili Rynek. Przychodzą tu codziennie. Lubią patrzeć jak artyści malują obrazy. Kilka obrazów już kupili i powieszą je w swoim domu w Chicago.

Wczoraj państwo Kowalowie przejechali Traktem Królewskim. Ciągnie się on od Zamku na Starym Mieście po letnią rezydencję królów w Wilanowie. Trasa ta jest zespołem wspaniałych, zbudowanych niegdyś, pałaców magnackich. W kilku z nich znajduje się obecnie Uniwersytet Warszawski.

Najwspanialszym pałacem jest królewski pałac w Wilanowie. Został ufundowany przez króla Jana Sobieskiego - pogromcy potęgi tureckiej w XVII w., wyzwoliciela Wiednia.

Słowniczek

ciągnąć się - ciągnę się, ciągniesz się, ciągną się   *run, stretch* (generally 3p
  sg and 3p pl are used for this meaning)
doszczętnie   *completely, totally*
* dwudziesty siódmy   *twenty seventh*
II wojna światowa   *World War II*
Kolumna Zygmunta   *Zygmunt Column*
letnia rezydencja   *Summer residence*
malować - maluję, malujesz, malują (imperf.) + A; namalować (perf.)   *paint*
niegdyś   *once, in the past, in bygone days*
obrady (pl. only)   *deliberations, debates, proceedings*
od . . . po (do) + A   *from . . . to*
odbudowany   *rebuilt , reconstructed*
od tygodnia   *since a week ago*
pałac magnacki   *magnate's palace*
pałac w Wilanowie   *palace in Wilanów*
państwo   *state, nation*
podobnie   *similarly, in a like manner*
pogromca   *conqueror*
potęga turecka   *Turkish power*
powiesić - powieszę, powiesisz, powieszą (perf.) + A; wieszać - wieszam,
  wieszasz, wieszają (imperf.)   *hang*
przed wiekami   *ages ago*
przejąć - przejmę, przejmiesz, przejmą (perf.) + A; przejmować - przejmuję,
  przejmujesz, przejmują (imperf.)   *take over*
rola   *role*
siedziba   *seat (of government, kings)*
Sobieski, Jan   *(1624-1696) King of Poland (1673-1696)*
Trakt Królewski   *Royal (King's) road (highway)*
trasa   *route*
ufundowany   *founded, endowed, established*
Uniwersytet Warszawski   *Warsaw University*
ustawiony   *situated*
Wiedeń   *Vienna*
Wilanów   *King Jan Sobieski's palace near Warsaw*
wyzwoliciel   *liberator*
zabytkowy   *monumental*
Zamek Królewski   *Royal Castle*
zbudowany   *constructed, built*
zespół   *group, set, complex*
zniszczone   *destroyed, ruined, devastated*
zwiedzanie   *sightseeing*
Zygmunt III Waza   (Sigismund III Vasa)   *King of Poland (1586-1632)*

B. Pan Kowal w drodze do Zamku

Pan Kowal chce dotrzeć do Zamku Królewskiego. Teraz znajduje się w centrum nowej Warszawy obok Pałacu Kultury i Nauki. Prześledził dokładnie plan miasta i dowiedział się, że najpierw musi pójść prosto do ulicy Świętokrzyskiej. Tam powinien skręcić w prawo, przejść ulicą Świętokrzyską 500 metrów i skręcić znowu w lewo, w ulicę Krakowskie Przedmieście. Tą właśnie ulicą, idąc na wprost, pan Kowal dojdzie do Zamku.

Słowniczek

* dojść [dopiero L. 30] - dojdę, dojdziesz, dojdą (perf.) + "do" + G; dochodzić -
      dochodzę, dochodzisz, dochodzą (imperf.)   *come to, reach*
  dotrzeć - dotrę, dotrzesz, dotrą (perf.) + "do" + G; docierać - docieram,
      docierasz, docierają (imperf.)   *reach*
  Krakowskie Przedmieście   *Cracow Suburb (famous street in Warsaw)*
  na wprost   *straight ahead*
  Pałac Kultury i Nauki   *Palace of Culture and Science*
  plan miasta   *town map (plan)*
  przejść - przejdę, przejdziesz, przejdą (perf.) + A; przechodzić - przechodzę,
      przechodzisz, przechodzą (imperf.)   *cross, go (walk) along*
  prześledzić - prześledzę, prześledzisz, prześledzą (perf.) + A; śledzić (imperf.)
      make a thorough study
  skręcić - skręcę, skręcisz, skręcą (perf.); skręcać - skręcam, skręcasz, skręcają
      (imperf.)   *turn*
  ulica Świętokrzyska   *Holy Cross Street*
  w prawo   *to the right*

C. Zenek piłkarz

Mały Zenek przyszedł dzisiaj ze szkoły bardzo brudny i zmęczony.

- Jak ty wyglądasz? - pyta zdenerwowana mama.
- Oj, mamusiu... - próbuje wytłumaczyć się malec.
- Nic nie chcę słyszeć - krzyczy pani Kowalska. - Nogi, ręce i twarz całe w błocie, głowa rozbita, usta pokaleczone, oko podbite. Marsz się umyć do łazienki!
- Mamusiu - tłumaczy przestraszony Zenek - graliśmy z chłopakami w piłkę nożną.

Słowniczek

* grać [dopiero L. 29] - gram, grasz, grają (imperf.) + "w" + A (of games); + "na" + L (of instruments) ; zagrać (perf.)   *play*
krzyczeć - krzyczę, krzyczysz, krzyczą (imperf.); krzyknąć - krzyknę, krzykniesz, krzykną (perf.)   *cry out, exclaim, utter (give) a cry*
malec   *lad, boy*
marsz!   *off you go!, get out !*
piłka nożna   *football, soccer*
podbite oko   *black eye*
pokaleczony   *cut, injured*
przestraszony   *frightened, scared*
rozbity   *injured, hurt, bruised*
usta (pl. only)   *mouth, lips*
w błocie ("w" + L of błoto)   *in mud, dirt*
wytłumaczyć się - wytłumaczę się, wytłumaczysz się, wytłumaczą się (perf.); tłumaczyć się (imperf.)   *excuse (explain) oneself*
zdenerwowany   *irritated, excited, nervous, vexed*

ĆWIECZENIA

I. Odpowiedz na pytania:

A. Państwo Kowalowie w Warszawie

1. Gdzie przebywają państwo Kowalowie?
2. Jak oni spędzają czas?
3. Jaką rolę pełni Warszawa od XVII wieku?
4. Jakie miasto przedtem było stolicą Polski?
5. Jakie zabytki znajdują się na warszawskim Starym Mieście?
6. Kto mieszkał kiedyś w Zamku?
7. Jaki pomnik znajduje się przed Zamkiem?
8. Kto przeniósł stolicę z Krakowa do Warszawy?
9. Kiedy Stare Miasto zostało zniszczone?
10. Kiedy je odbudowano?
11. Co zwiedzili jeszcze państwo Kowalowie?
12. Jak często przychodzą oni na Stare Miasto?
13. Co kupili państwo Kowalowie na Starym Mieście?
14. Gdzie byli wczoraj państwo Kowalowie?
15. Co znajduje się przy Trakcie Królewskim?
16. Co mieści się w kilku dawnych pałacach?
17. Jaki pałac jest najwspanialszy?
18. Kto go ufundował?
19. Kto to był Jan Sobieski?

B. Pan Kowal w drodze do Zamku

1. Dokąd chce dotrzeć pan Kowal?
2. Gdzie on znajduje się teraz?
3. W którą stronę musi pójść najpierw pan Kowal?
4. Gdzie powinien potem skręcić?
5. Gdzie skręci on następnie?
6. Jaką ulicą dojdzie pan Kowal do Zamku?

C. Zenek piłkarz

1. Skąd przyszedł Zenek?
2. Jak wyglądała jego głowa?
3. Jak wyglądały jego usta?
4. Jak wyglądało oko Zenka?
5. Co kazała zrobić Zenkowi mama?
6. Co robił Zenek po wyjściu ze szkoły?
7. Z kim on grał w piłkę nożną?

II.   w, do, na + Gen., Loc., Acc.
       Czasowniki egzystencjalne + w + Loc. nazw miast i
       krajów.
       wzór: *Państwo Kowalowie przebywają w Warszawie.*
       Ułóż zdania wstawiając odpowiednie formy:

żyć		Kraków,
mieszkać		Poznań, Lublin
znajdować się	w	Londyn, Berlin
bywać		Stany Zjednoczone
		Nowy Jork
		Waszyngton
		Polska, Francja

Ja mieszkam w Krakowie

Ty _____ .
On _____ .
My _____ .
Wy _____ .
Oni _____ .
Pan _____ .
Pani _____ .

III.   Czasowniki egzystencjalne + na + Loc.   nazw ulic i dzielnic
       miasta
              wzór: *Mieszkam na Starym Mieście.*
       Ułóż zdania wstawiając odpowiednie formy:

mieszkać		Plac Trzech Krzyży,
znajdować się		Wola, Bielany, Ursynów,
przebywać	na	ul. Świętokrzyska,
		Krakowskie Przedmieście

Ja mieszkam na Bielanach.

Ty _____ .
On _____ .
My _____ .
Wy _____ .
Oni _____ .
Pan _____ .
Państwo _____ .

Lingwołamki

W czasie suszy szosa sucha.
During drought the road is dry.

Wyindywidualizowaliśmy się z rozentuzjazmowanego tłumu.
We individualized ourselves from the crowd which became enthusiastic.

IV.   Czasowniki ruchu + do + Gen. nazw miast i krajów.
wzór: Jadę do Warszawy.
Ułóż zdania wstawiając odpowiednie formy:

jechać,pojechać		Kraków, Poznań, Lublin
lecieć,polecieć	do	Londyn, Berlin, Nowy Jork
płynąć, popłynąć		Waszyngton, Stany Zjednoczone
iść, pójść		Francja, Polska

Państwo Kowalowie polecieli do Polski.

Ja _____ .

Ty _____ .

On _____ .

My _____ .

Wy _____ .

Oni _____ .

Pan _____ .

Pani _____ .

V.   Czasowniki ruchu + na + Acc.   nazw ulic i dzielnic miasta.
wzór: Jadę na Stare Miasto.
Ułóż zdania wstawiając odpowiednie formy:

Państwo Kowalowie	Plac Trzech Krzyży,
On	Bielany, Ursynów
Ty	ul. Świętokrzyska
Pani Kowalowa	Krakowskie Przedmieście
Oni	
Zenek	

Pan Kowal poszedł na Krakowskie Przedmieście.

_____ poszła na_____ .

_____ pobiegli na_____ .

_____ idzie na_____ .

_____ jedziesz na_____ ?

_____ pobiegł na_____ .

_____ jadą na_____ .

VI.   Czasowniki ruchu + nazwy punktów miejskich:
na + Acc.,   do + Gen.
Wzór: Idę na przystanek.   Idę do parku.
Jestem w Uniwersytecie. Idę na Uniwersytet.

Jestem na Placu Trzech Krzyży. Idę _____ .

Jestem na przystanku. Idę _____ .

Jestem w muzeum. Idę_____ .

Jestem w ratuszu Idę_____ .

Jestem w parku. Idę_____ .

Jestem na dworcu kolejowym. Idę _____ .

VII. Odmiana wyrazów "muzeum", "radio".
Uzupełnij odpowiednią formą wyrazu *"muzeum":*

1. W tym mieście są śliczne_____ .
2. Nie widziałam żadnego z tych_____.
3. Przyglądałem się wielu_____ świata.
4. Dyrektor zarządzał kilkoma_____w Warszawie.
5. Słyszałam o tych_____ciekawe rzeczy.
6. Ach, jakie wspaniałe_____ zwiedzałam w Egipcie.

Uzupełnij. **Wstaw formę wyrazu** *"radio":*

1. Kupiłem dziś nowe_____ .
2. Czy słuchałeś dziś_____ ?
3. Słyszałam w_____ ten komunikat.
4. Lubię audycję "Lato z_____".
5. W sklepie stoją piękne_____ .
6. W tym domu nie ma żadnych_____ .
7. Przyglądam się tym _____ i dalej nie wiem, które lepsze.
8. Słyszałam o tych_____, że są bardzo dobre.

VIII. Wstaw odpowiednią formę jednego z trzech rzeczowników:
   "radio"   *"muzeum"*   *"kostium"*

1. Aktorzy ubrani byli we wspaniałe_____ .
2. Nie wiem jak dojść do_____archeologicznego.
3. Słucham codziennie_____ .
4. Uszyłam ten _____ według najświeższej mody.
5. W tym zakładzie usługowym możecie naprawić swoje_____ .
6. W wielu_____ świata są zbiory monet.

IX. Nazwy części ciała.
   Uzupełnij zdania następującymi wyrazami:

głowa, twarz, ręka, noga, stopa, palec, szyja, nos, ząb,
wąsy, ucho, oko, plecy, włos, paznokieć, brew, ramię.

1. Od rana boli mnie_____ .
2. Widać było przestrach na jego_____ .
3. Złamana_____ bolała parę tygodni.
4. Zwichnięta_____ przeszkodziła mu w górskiej wspinaczce.
5. Spod kołdry wystawała brudną _____ .
6. Z podartej rękawiczki widać było wystający_____ .
7. Długa_____ żyrafy pozwala jej na zrywanie liści z drzew.
8. Zaczerwienił mi się_____ na tym mrozie.
9. Pójdę do dentysty, bo znowu boli mnie_____ .

10. Długa, siwa_____ nie pasowała do młodej twarzy.
11. Sumiaste _____ miał król Sobieski.
12. Laryngolog obejrzał moje bolące_____ .
13. Wpadło mi coś w_____ .
14. Garbate_____ to zmora garbusa.
15. Ze strachu rozbolał go_____ .
16. Długi, siwy_____ w zupie zepsuł mi apetyt.
17. Pożycz pilniczka, złamał mi się_____ .
18. Zmarszczył_____ z niezadowoleniem.

X. Wyrazy ujęte w nawias podaj w Gen.

1. Smok wawelski miał podobno siedem /głowa/.
2. Nie załamuj /ręka/, wszystko będzie dobrze.
3. Nie żałowałem /noga/, aby tu przybyć.
4. Na piasku widać było ślad wielu /stop/.
5. Nie pchaj /palec/ między drzwi.
6. Na /szyja/ mam złoty łańcuszek.
7. Nie wsadzaj /nos/ w cudze sprawy.
8. Starzec nie miał w dziąsłach ani jednego /ząb/.
9. Nie będziemy zapuszczać /broda/ - stwierdzili chłopcy.
10. Tak długich /wąsy/ jeszcze nie widziałem.
11. Brak pieniędzy spędza mi sen z /oko/.
12. Nie pokazuj mi /plecy/, gdy do ciebie mówię.
13. Nie należy dzielić /włos/ na czworo.
14. Nie obcinaj Jackowi tego /paznokieć/.

XI. Zastosuj według wzoru:
     /np.   Bolą mnie uszy./

          noga, stopa, ręka, ząb, oko, ramię

XII. Ułóż zdania z wyrazami w następujących formach:
     /np. Na portrecie tego pana brakowało wąsów./

uszu, oczu, głów, nóg, stóp, szyi, zęba, bród,
     pleców,   brwi, ramienia.

XI. Przetłumacz:

1. Zygmunt III Waza moved the capital of Poland from Kraków to Warsaw.
2. The Zygmunt Column is situated in front of the Royal Castle.
3. Warsaw became the capital of Poland in the 17th century.
4. Yesterday I bought a picture which I will hang in my room.
5. The royal palace in Wilanów is one of Poland's most beautiful palaces.
6. King Jan Sobieski was the conqueror of the Turkish power in the XVII century.
7. The Palace of Culture and Science is located in the center of new Warsaw.
8. After you cross Krakowskie Przedmieście, turn right.
9. Going straight along this street you will reach the castle.
10. Where is the American embassy located in Warsaw?
11. She had to go to the dentist because her tooth hurt.
12. Okęcie is an international airport.
13. My aunt lives in Saska-Kępa and my brother lives in Żoliborz.
14. I ate something spoiled and now my stomach hurts me.
15. Your fingernails are too long. You will have to cut them.
16. Ill be waiting for you in front of the Mickiewicz Monument; the train station; the philharmonic; St. Anne's Church.
17. Im going to Bielany to a specialist.
18. Everything hurts me: my neck, ears, eyes, shoulders and teeth. Ill probably have to go to the doctor.
19. Who is that man with the mustache and long beard.
20. Is your sister a blond or a brunette?

Przysłowia

Kto nie słucha matki to ma łeb obdatry.
Who will not obey his mother will have a ragged head.

Uginaj gałąź póki młoda
Bend the twig while it is young.

Bez rózgi chłopiec się psuje.
Spare the rod and spoil the child.

Gdyby kózka nie skakała, to by nóżki nie złamała.
If the little goat hadn't romped, it would not have broken its leg.

Słowniczek

archeologiczny   *archaeological*
bolący   *aching, sore*
ciało   *body*
cudze sprawy   *somebody else's business (matters)*
czasownik egzystencjalny   *existential verb*
* część [dopiero L. 30]   *part*
dalej   *still, all the same, continue to*
dawny   *former, one-time, previous*
dziąsła (sg dziąsło)   *gums*
dzielić - dzielę, dzielisz, dzielą (imperf.) + A + "na" + A; podzielić (perf.)
         divide, split, part sth into sth (coś na coś)
dzielić włos na czworo   *split hairs*
garbaty   *hunch-backed*
garbus   *hunch-back*
górska wspinaczka   *moutain-climbing*
kazać - każę, każesz, każą (perf. and imperf.) + D   *order, command sb to do*
         sth
kołdra   *quilt, blanket*
laryngolog   *laryngologist*
liść   *leaf*
łańcuszek (dim of łańcuch)   *chainlet*
mieścić się - mieszczę się, mieścisz się, mieszczą się (imperf.)   *be situated;*
         zmieścić się (perf.)   *have enough room for, go into sth*
moneta   *coin*
mróz   *frost, the cold*
najświeższa moda   *latest fashion, style*
naprawić - naprawię, naprawisz, naprawią (perf.) ; naprawiać - naprawiam,
         naprawiasz, naprawiają (imperf.)   *repair, fix, mend*
następnie   *then, next, afterwards*
nie należy   *one should (ought) not*
niezadowolenie   *discontent, dissatisfaction*
obcinać - obcinam, obcinasz, obcinają (imperf.); obciąć - obetnę, obetniesz,
         obetną (perf.)   *cut off, clip, crop*
od rana   *since morning*
odmiana   *inflexion, declension*
pasować - pasuję, pasujesz, pasują (imperf.) + A + "do" + G;
         dopasować (perf.)   *fit sth to sth*
pasować do czegoś   *match, go well together*

pchać - pcham, pchasz, pchają (imperf.) + A; pchnąć - pchnę, pchniesz, pchną
(perf.)   *shove, push, stick*
pełnić - pełnię, pełnisz, pełnią (imperf.) + A; spełnić (perf.)   *perform, fulfil*
piasek   *sand*
pilniczek (dim of pilnik)   *fingernail file*
po wyjściu   *after leaving*
podarty   *torn*
podobno   *it appears, rumor has it, presumably, supposedly*
pokazywać - pokazuję, pokazujesz, pokazują (imperf.) + A + D; pokazać -
pokażę, pokażesz, pokażą (perf.)   *show, exhibit, let sb* (komuś) *see
sth* (coś)
portret - *portrait*
pozwala jej   *allows, permits her*
pozwalać - pozwalam, pozwalasz, pozwalają (imperf.) + D; pozwolić -
pozwolę, pozwolisz, pozwolą (perf.)   *allow, permit, let sb (to) do sth*
przestrach   *fright, fear, terror*
przybyć - przybędę, przybędziesz, przybędą (perf.); przybywać - przybywam,
przybywasz, przybywają (imperf.)   *come, arrive, attain (one's
destination)*
przyglądać się - przyglądam się, przyglądasz się, przyglądają się (imperf.) + D;
przyjrzeć się - przyjrzę się, przyjrzysz się, przyjrzą się (perf.)   *have a
look at sb (sth), watch, observe, examine, scrutinize*
przystanek   *stop* (autobusowy, tramwajowy - *bus, streetcar*)
punkt miejski   *municipal (town) point (place)*
ramię   *shoulder*
ratusz   *town hall, city-hall*
rozboleć - rozboli, rozbolą (perf.)   *start aching*; boleć - boli, bolą (imperf.)
ache, hurt (used almost always in 3p sg or pl)
siwy   *gray*
smok wawelski   *Wawel dragon*
spędza mi sen z oczu   *keeps me awake at night*
starzec   *old man*
stwierdzić - stwierdzę, stwierdzisz, stwierdzą (perf.); stwierdzać - stwierdzam, *
stwierdzasz, stwierdzają (imperf.)   *state, note sth*
ślad   *footprint, trace*
śliczny   *beautiful, lovely*
ufundować - ufunduję, ufundujesz, ufundują (perf.) + A; fundować - (imperf.)
found, establish, endow
ujęty   *enclosed*
uszyć - uszyję, uszyjesz, uszyją (perf.) + A; szyć (imperf.)   *sew*
według   *according to sth, in accordance with sth*
w którą stronę   *in which direction*
wpadło mi coś w + A   *something fell (got) into my*

wsadzać - wsadzam, wsadzasz, wsadzają (imperf.); wsadzić - wsadzę, wsadzisz, wsadzą (perf.) + A + "w" + A   *poke, stick* (nos do czegoś - *one's nose into sth*)

wstawiając   *inserting, putting in*

wystający   *sticking out, protruding*

wystawać - wystaję, wystajesz, wystają (imperf. has no perf. pair)
    protrude, stick out

zaczerwienić się - zaczerwienię się, zaczerwienisz się, zaczerwienią się (perf.); zaczerwieniać się - zaczerwieniam się, zaczerwieniasz się, zaczerwieniają się (imperf.)   *turn red*

zaczerwienił mi się nos   *my nose turned red*

zakład usługowy   *service (shop, station, establishment)*

zapuszczać - zapuszczam, zapuszczasz, zapuszczają (imperf.); zapuścić - zapuszczę, zapuścisz, zapuszczą (perf.);   *let (one's hair, beard, mustache) grow*

zastosować - zastosuję, zastosujesz, zastosują (perf.); zastosowywać - zastosowuję, zastosowujesz, zastosowują (imperf.)   *use, employ, apply*

załamywać - załamuję, załamujesz, załamują (imperf.) + A; załamać - załamię, załamiesz, załamią (perf.)   *wring* (ręce   one's hands)

zbiór   *collection*

złamał mi się   *my...broke*

złamany   *broken*

zmarszczyć - zmarszczę, zmarszczysz, zmarszczą (perf.); marszczyć (imperf.)   *wrinkle, knit* (brew - one's brow)

zmora   *bane, nightmare, curse*

zrywanie   *tearing off, picking*

zwichnięty   *sprained, dislocated*

* żałować [dopiero L. 29] - żałuję, żałujesz, żałują (imperf.); pożałować (perf.) + G or + A   *be sorry for sth* (czegoś) *or sb* (kogoś), *pity sb* (kogoś) *or sth* (czegoś)

żyrafa   *giraffe*

The Royal Castle

28

LEKCJA DWUDZIESTA ÓSMA

A. Życie rodzinne

Piotr i Barbara odnowili mieszkanie. Teraz mają jeszcze mnóstwo pracy przy sprzątaniu.
- Mógłbyś mi pomóc, sama nie dam rady - mówi Barbara.
- Chciałbym, ale mam jeszcze pilną sprawę do załatwienia.
- A ja chciałbym, żebyś choć raz zrobił coś w domu!
Kłótnia wisi w powietrzu. Barbara jest zła, Piotr jest również zdenerwowany. W mieszkaniu znajduje się pełno pustych puszek po farbie. Jest dużo śmieci.
- Wynieś te puszki! Chciałabym przynajmniej posprzątać kuchnię - mówi Barbara.
- Chyba widzisz, że jestem już w garniturze. Szef na mnie czeka.
Boję się, żebym się nie spóźnił.
Barbara już się nie odzywa, ale myśli ze złością, że dziwnym zbiegiem okoliczności szef Piotra zawsze na niego czeka, gdy trzeba pomóc w domu.
- Tak - trudno jest połączyć pracę zawodową z zajęciami w domu.
Gdy wieczorem Piotr wrócił do domu, Barbara jeszcze pracowała. Zobaczywszy męża mówi:
- Pomóż mi! Umyj te okna! Załóż czyste firanki w pokoju! Przesuń wersalkę i stół!
Przerażony Piotr zdejmuje garnitur i ciężko wzdychając zabiera się do mycia okien.
- To jest właśnie życie rodzinne - mruczy pod nosem.

Słowniczek

dać sobie radę   *manage to do sth*
* dwudziesty ósmy   *twenty eigth*
dziwnym zbiegiem okoliczności   *by strange coincidence*
farba   *paint*
firanki   *curtains*
garnitur   *suit (of clothes)*
* kłótnia [dopiero L. 30]   *quarrel*
kłótnia wisi w powietrzu   *a fight is brewing, charged atmosphere*
mieć sprawę do załatwienia   *have a matter (business) to settle   (take care of)*
mruczeć - mruczę, mruczysz, mruczą (imperf.); pomruczeć (perf.)   *murmur,*
     grumble, mumble
mruczeć pod nosem   *mumble under one's nose*
mycie   *washing*
odnowić - odnowię, odnowisz, odnowią (perf.); odnawiać - odnawiam,
     odnawiasz, odnawiają (imperf.)   *renew, renovate, restore*
odzywać się - odzywam się, odzywasz się, odzywają się (imperf.); odezwać
     się - odezwę się, odezwiesz się, odezwą się (perf.)   *respond, reply*
pilna sprawa   *urgent, pressing matter (business)*
 posprzątać - posprzątam, posprzątasz, posprzątają (perf.); sprzątać (imperf.)
     clean, tidy up
powietrze   *air*
praca zawodowa   *professional work*
przerażony   *frightened, horrified, aghast*
przesunąć - przesunę, przesuniesz, przesuną (perf.); przesuwać - przesuwam,
     przesuwasz, przesuwają (imperf.)   *move, shift*
puszka   *can, tin*
śmiecie   *litter, rubbish, garbage*
szef   *chief, manager, boss*
wersalka   *couch (folding type)*
wynieść - wyniosę, wyniesiesz, wyniosą (perf.); wynosić - wynoszę, wynosisz,
     wynoszą (imperf.)   *carry (sth) out, remove*
wzdychając   *sighing*
zabierać się - zabieram się, zabierasz się, zabierają się (imperf.) + "do" + G;
     zabrać się - zabiorę się, zabierzesz się, zabiorą się (perf.)   *set about,*
     get ready (to do sth), start,begin (do robienia czegoś - *to doing sth*)
założyć - założę, założysz, założą (perf.); zakładać - zakładam, zakładasz,
     zakładają (imperf.)   *hang, put on, install*
ze złością   *angrily, resentfully*
złość   *anger, vexation*

B. Zenek urwis

Zenek tresuje swojego psa. Uczy go siedzieć.
- Nie ciągnij psa za uszy - krzyczy zdenerwowana pani Kowalska -
   może cię ugryźć.
- Mamusiu, ale on jest taki mądry - tłumaczy Zenek nie puszczając
   psa.
- Natychmiast go zostaw - mówi pani Kowalska i rusza w kierunku
   sklepu. Zenek widząc, że mama odchodzi, biegnie za nią potrącając
   kilku przechodniów.
- Co za niewychowane dziecko - mówi zgorszony starszy pan,
   popchnięty przez chłopca.
- Jak ty się zachowujesz - oburza się mama Zenka. - Przeproś tego
   pana!
Zenek jednak nie czuje się winnym i zamiast przeprosić starszego pana,
pokazuje mu język.
- Dobrze - spokojnie mówi matka - zamiast po zakupy pójdziesz za
   karę do domu. Przez trzy dni nie pójdziesz na podwórko.
- Mamusiu, ja już będę grzeczny - tłumaczy przestraszony chłopiec.
- Nic nie chcę słyszeć - nie daje za wygraną pani Kowalska.
- Natychmiast idź do domu!

Słowniczek

(nie) dać za wygraną   *hold out, not give in*
ciągnąć psa (kota etc.) za uszy (ogon)   *pull, tug a dog (cat etc.) by the ears (tail)*
ciągnąć [dopiero L. 30] - ciągnę, ciągniesz, ciągną (imperf.); pociągnąć (perf.)
    pull, tug, drag
kara   *punishment, penalty*
* natychmiast [dopiero L. 29]   *immediately*
oburzać się - oburzam się, oburzasz się, oburzają się (imperf.) + "na" + A;
    oburzyć się - oburzę się, oburzysz się, oburzą się (perf.)   *feel (be) indignant* (na kogoś - *with sb*; na coś - *at sth*), *resent* (na coś - *sth*)
podwórko   *(court)yard, back-yard*
pokazać komuś język   *to stick out one's tongue at someone*
popchnięty   *jostled, pushed, shoved*
potrącając + G   *jostling, bumping into*
przechodzień   *passer-by*
przeprosić - przeproszę, przeprosisz, przeproszą (perf.) + A + "za" +A;
    przepraszać - przepraszam, przepraszasz , przepraszają (imperf.)
    offer apology, beg, ask (kogoś - *sb's*) *pardon, apologize* (kogoś za coś - *sb for sth*), *express regret* (za coś *for sth*)
puszczając   *releasing, letting go* (coś, *of sth*)
ruszać - ruszam, ruszasz, ruszają (imperf.); ruszyć - ruszę, ruszysz, ruszą (perf.)
    start, set off
tresować - tresuję, tresujesz, tresują (imperf.) + A; wytresować (perf.)
    train (animals)
ugryźć - ugryzę, ugryziesz, ugryzą (perf.); gryźć (imperf.)   *bite*
urwis   *rascal, urchin*
w kierunku   *in the direction*
winny   *guilty, culprit*
za karę   *as punishment*
zachowywać się - zachowuję się, zachowujesz się, zachowują się (imperf.);
    zachować się - zachowam się, zachowasz się, zachowają się (perf.)
    behave, conduct oneself, act
zgorszony   *outraged, indignant, shocked*
zostawić - zostawię, zostawisz, zostawią (perf.); zostawiać - zostawiam,
    zostawiasz, zostawiają (imperf.)   *leave (sb, sth) alone, let (sth, sb) be*

Przysłowie

Nie czyń drugiemu, co tobie nie miło.
Do not do unto others what you yourself dislike.

ĆWICZENIA

I. **Odpowiedz na pytania:**

A. Życie rodzinne

1. Co muszą zrobić w mieszkaniu Piotr i Barbara?
2. O co prosi Barbara Piotra?
3. Dlaczego Piotr nie może pomóc Barbarze?
4. Co znajduje się w mieszkaniu?
5. Co każe wynieść Piotrowi Barbara?
6. Kto czeka na Piotra?
7. Czego boi się Piotr?
8. Co myśli o szefie Piotra Barbara?
9. Kiedy Piotr wrócił do domu?
10. Co kazała zrobić mu Barbara?

B. Zenek urwis

1. Czego uczy Zenek psa?
2. Dlaczego mama krzyczy na Zenka?
3. Dokąd idzie pani Kowalska?
4. Dokąd biegnie Zenek?
5. Jak zachowuje się Zenek wobec przechodniów?
6. Co mówi o Zenku starszy pan?
7. Co każe zrobić Zenkowi mama?
8. Co robi Zenek?
9. Jaką karę wymyśla Zenkowi pani Kowalska?
10. Co przyrzeka Zenek?
11. Dokąd ma natychmiast iść Zenek?

II. **Tryb warunkowy.** Od podanych czasowników
utwórz tryb warunkowy według następującego schematu:
wzór: chcieć   -   on chciał   -   on chciałby

1. chciałbym
2. chciałbyś
3. chciałby
   chciałaby
   chciałoby

1. chcielibyśmy
2. chcielibyście
3. chcieliby
   chciałyby

czasowniki: móc, kupić, wiedzieć, wyjechać, siedzieć,
czytać, biec, śpiewać, nieść.

III.   Zamień na zdania w trybie warunkowym:

wzór: Piotr i Barbara chcieli posprzątać mieszkanie.
        Piotr i Barbara chcieliby posprzątać mieszkanie.

1. Oni chcieli wygrać milion.
   Oni _____ .
2. Sąsiad mógł sprzedać samochód.
   Sąsiad _____ .
3. Mama kupiła Ewie lalkę.
   Mama _____ .
4. Oni wiedzieli o tej niespodziance.
   Oni _____ .
5. Dzieci wyjechały na kolonię.
   Dzieci _____ .
6. Wczoraj siedzieliśmy w parku.
   Wczoraj _____ .
7. Lektorzy czytali komunikat.
   Lektorzy _____ .
8. Zapiszcie w zeszytach przykłady.
   _____ w zeszytach _____ .
9. Dzisiaj kupiłem gazety i książki.
   Dzisiaj _____ .
10. Dzieci przestały krzyczeć.
    Dzieci _____ .

IV.   Przekształć według następującego wzoru:

/np.   Chciałbym dostać psa na urodziny.
        Psa na urodziny bym chciał dostać.

1. Mógłbyś zrobić zakupy.
   _____ byś mógł _____ .
2. Janek kupiłby kwiaty dla pani nauczycielki.
   _____ by kupił _____ .
3. Ona wiedziałaby na pewno.
   _____ by wiedziała _____ .
4. Wyjechalibyśmy za tydzień na wczasy.
   _____ byśmy wyjechali _____ .
5. Wy siedzielibyście w pierwszych rzędach.
   _____ byście siedzieli _____ .
6. One przeczytałyby tę książkę.
   _____ by przeczytały _____ .
7. Oni nauczyliby się śpiewać.
   _____ by nauczyli _____ .

8. Dzieci przestałyby krzyczeć.

_____ by przestały _____ .

9. Dzisiaj kupiłbym gazety i książki.

_____ __ bym kupił _____ .

10. Ewa kupiłaby sobie sukienkę.

_____ by kupiła _____ .

V. Uzupełnij podane niżej zdania według wzoru:

/np. *Gdybym miał dużo pieniędzy, zwiedziłbym cały świat./*

1. Gdyby spadł deszcz /być mokro/

_____

2. Gdyby szef zachorował /zakończyć pracę/

_____

3. Gdybyś miał czas /pójść na spacer/

_____ .

4. Gdyby się rodzina zgodziła /kupić psa/

_____ .

5. Wybrałby się do kina, gdyby /nie widzieć tego filmu/

_____ .

6. Gdybyśmy mieli pieniądze /odnowić mieszkanie/

_____ .

7. Gdybym pojechał do Warszawy /zwiedzić Zamek Królewski/

_____ .

VI. Zamień zdania pojedyncze na zdania złożone warunkowe.

wzór: *Jestem bogaty. Kupię sobie psa.*
Gdybym był bogaty, kupiłbym sobie psa.

1. Nauczyłem się. Dostałem dobry stopień.
2. Janek nie zachorował. Pojechał na wczasy.
3. Nie odrobiłem lekcji. Nie pójdę do teatru.
4. Jest ładna pogoda. Pojedziemy na wieś
5. Mam pieniądze. Dobrze pracuję.
6. Pogoda się poprawiła. Pojadę nad wodę.
7. Spadł deszcz. Będą grzyby.
8. Świeci słońce. Będzie przyjemnie.
9. Gra muzyka. Jest wesoło.

VII. **Tryb rozkazujący. Od podanych czasowników utwórz tryb rozkazujący według następującego schematu:**

/*np. pisać - oni - niech piszą* /

1. ja -	1. my piszmy
2. ty pisz	2. wy piszcie
3. on	3. oni niech piszą
ona niech pisze	one
ono	

kochać, śpiewać, słuchać, witać, wołać, uważać,
mówić, trzymać, czytać, mieszkać.

VIII. **Od czasowników: brać, chodzić, iść, jechać - utwórz tryb rozkazujący według schematu:**

/*np. brać - on bierze - bierz/*

IX. **Zamień na tryb rozkazujący:**

1. Chodzimy na spacery.
2. Czy pojedziesz na zabawę?
3. Studenci idą na wykład.
4. Będzie prosić o urlop.
5. Mogę zamknąć okno.
6. Wysłaliśmy list do domu.
7. Pomożemy mu w pracy.
8. Napijemy się kawy?
9. Wypijesz lekarstwo?
10. Zamkniemy okna w domu.
11. Przesunę stół pod ścianę.

X. **Zamień na tryb rozkazujący według wzoru:**

/*np.*   ***Pan doktor napisze receptę.***
          Niech pan napisze receptę./

1. Pan Zenek pojedzie na wczasy.
   Niech pan _____ .
2. Tatuś kupi mi pieska.
   Niech _____ .
3. Nauczycielka wytłumaczy mi zadanie.
   Niech pani _____ .
4. Mama zrobi mi kolację.
   Niech _____ .
5. Sprzedawca sprzeda nam zeszyty.
   Niech pan _____ .

6. Pisarz napisze to opowiadanie.
   Niech pan_____ .
7. Fotograf zrobi mi zdjęcie.
   Niech pan_____ .
8. Krawiec uszyje mi garnitur.
   Niech pan_____ .
9. Kelnerka poda nam obiad.
   Niech pani_____ .
10. Nauczyciel pokaże nam ten film.
    Niech pan_____ .

XI. Ułóż zdania z następującymi zwrotami:

1. - nie dać sobie rady
2. - mieć pilną sprawę do załatwienia
3. - być zdenerwowanym
4. - ciężko wzdychać
5. - mruczeć pod nosem
6. - myśleć ze złością
7. - tresować psa
8. - pokazać język
9. - być niegrzecznym

XI. Przetłumacz:

1. My parents renovated their apartment. I don't know when I'll renovate mine.
2. I don't like to occupy myself with cleaning the house.
3. Why are there so many empty cars here and so much litter?
4. Why don't you respond when I ask about your work.
5. I don't like to wash windows and carry out garbage.
6. Who moved the couch here?
7. Who hanged these curtains?
8. I don't like it when you mumble under your nose.
9. Children should not pull dogs by their ears.
10. I'm afraid that that dog will bite you.
11. Leave that immediately and do your homework.
12. The boy behaved badly.
13. Apologize to that gentleman for showing him your tongue.
14. The children are playing in the yard.
15. Why did they become indignant with you?
16. If we had money, we would buy a car.
17. If I had more time, I'd write to you more often.
18. If they were rich, they wouldn't have to work.
19. She's asking that you write more often.
20. If I had known that, I wouldn't have eaten this meat.

Słowniczek

kolonia   *summer (holiday) camp*
krawcowa   *dressmaker, seamstress*
krawiec   *tailor (m.)*
mokro   *wet*
niespodzianka   *surprise*
odrobić - odrobię, odrobisz, odrobią (perf.) + A; odrabiać - odrabiam, odrabiasz,
      odrabiają (imperf.)   *get done* (lekcje *one's lessons, homework;* pracę
      one's work), *do, perform (one's assigned task)*
piesek   (dim of pies) *doggie*
podane niżej   *given (listed) below*
pojechać nad wodę   *go to the lake*
poprawić się - poprawię się, poprawisz się, poprawią się (perf.); poprawiać się
      - poprawiam się, poprawiasz się, poprawiają się (imperf.)
      improve, get better
przestać - przestanę, przestaniesz, przestaną (perf.); przestawać - przestaję,
      przestajesz, przestają (imperf.)   *stop, cease, leave off, discontinue,
      quit* (coś robić - *doing sth*)
przyrzekać - przyrzekam, przyrzekasz, przyrzekają (imperf.) + D + A; przyrzec -
      przyrzeknę, przyrzekniesz, przyrzekną (perf.)   *promise* (komuś coś -
      sb sth)
rząd   *row, tier*
schemat   *pattern*
spadł deszcz   *rain fell, it rained*
spaść - spadnę, spadniesz, spadną (perf.); spadać - spadam, spadasz, spadają
      (imperf.)   *fall (down)*
sprzedawca   *shop attendant (m.), salesman, shopkeeper, dealer*
sprzedawczyni   *shop attendant (f.), saleswoman*
świeci słońce   *sun shines*
świecić - świecę, świecisz, świecą (imperf.); poświecić (perf.)   *shine, emit
      light, irradiate*
tryb warunkowy   *conditional mood*
trzymać - trzymam, trzymasz, trzymają (imperf.) + A; potrzymać (perf.)
      hold (coś - *sth*), *hold on* (coś *to sth*)
w rzędach   *in rows*
witać - witam, witasz, witają (imperf.) + A; przywitać (perf.)   *greet (sb), bid
      welcome* (kogoś - *sb.*). Witaj(cie) ! w Ameryce (w Polsce etc.)
      Welcome to America (Poland etc.)
wołać - wołam, wołasz, wołają (imperf.) + A: zawołać (perf.)
      call (kogoś - *sb*)

* wygrać [dopiero L. 29] - wygram, wygrasz, wygrają (perf.); wygrywać
   (imperf.)   win *(money, a prize, a bet, etc.)*
wymyślać - wymyślam, wymyślasz, wymyślają (imperf.); wymyślić -
   wymyślę, wymyślisz, wymyślą (perf.)   think *(sth) up, conceive,
   concoct, contrive*
wytłumaczyć - wytłumaczę, wytłumaczysz, wytłumaczą (perf.); tłumaczyć
   (imperf.)   *explain*
wzdychać - wzdycham, wzdychasz, wzdychają (imperf.); westchnąć - westchnę,
   westchniesz, westchną (perf.)   *sigh, heave a sigh*
zabawa   *party, dance, ball, game*
zakończyć - zakończę, zakończysz, zakończą (perf.) + A; zakończać or
   zakańczać - zakańczam, zakańczasz, zakańczają (imperf.)   *finish, end,
   bring (sth) to an end, put an end (coś to sth)*
* zamknąć [dopiero L. 29] - zamknę, zamkniesz, zamkną (perf.) + A; zamykać -
   zamykam, zamykasz, zamykają (imperf.)   *close, shut*
zdanie złożone warunkowe   *complex conditional (mood) sentence*
zwrot   *expression, phrase*

Przysłowia

Dobra żona, mężowi korona.
A good wife is a man's crown.

Kto się lubi, ten się czubi.
Lovers will squabble.

Nie daj sobie pluć w kaszę.
Don't let others take advantage of you.

Nie gniewaj się, bo złość urodzie szkodzi.
Don't be angry because anger is bad for your looks.

Przybieżeli do Betlejem

Przybieżeli do Betlejem pasterze,
grają skocznie Dzieciąteczku na lirze,
Chwała na wysokości, chwała na wysokości,
a pokój na ziemi!

Oddawali swe ukłony w pokorze
Tobie z serca ochotnego, o Boże!
Chwała...

Anioł Pański sam ogłosił te dziwy,
których oni nie słyczeli, jak żywi,
Chwała...

Oto mu się wół i osioł kłaniają,
Trzej Królowie podarunki oddają.
Chwała...

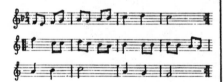

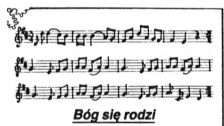

Bóg się rodzi

Bóg się rodzi, moc truchleje,
Pan niebiosów – obnażony,
Ogień krzepnie, blask ciemnieje,
ma granice Nieskończony.
Wzgardzony – okryty chwałą,
Śmiertelny Król nad wiekami!
A Słowo Ciałem się stało
I mieszkało między nami.
Podnieś rękę, Boże Dziecię,
Błogosław Ojczyznę miłą,
W dobrych radach, w dobrym bycie
Wspieraj jej siłę – Swą siłą.
Dom nasz i majętność całą,
I wszystkie wioski z miastami.
A Słowo...

Gdy się Chrystus rodzi

Gdy się Chrystus rodzi
i na świat przychodzi,
ciemna noc w jasnościach
promienistych brodzi.
Aniołowie się radują
pod niebiosa wyśpiewują:
Gloria, gloria, gloria
in excelsis Deo!

Mówiąc do pasterzy,
którzy trzód swych strzegli,
aby do Betlejem
czym prędzej pobiegli,
bo się narodził Zbawiciel,
wszego świata Odkupiciel!
Gloria...

Wśród nocnej ciszy

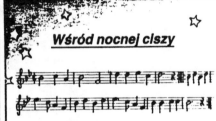

Wśród nocnej ciszy głos się rozchodzi:
wstańcie, pasterze, Bóg się wam rodzi!
Czym prędzej się wybierajcie,
do Betlejem pospieszajcie
przywitać Pana.

Poszli, znaleźli Dzieciątko w żłobie
z wszystkimi znaki danymi sobie.
Jako Bogu cześć Mu dali,
a witając zawołali
z wielkiej radości:

Ach, witaj, Zbawco, z dawna żądany,
cztery tysiące lat wyglądany!
Na Ciebie króle, prorocy
czekali, a Tyś tej nocy
nam się objawił.

Kolędy

29

LEKCJA DWUDZIESTA DZIEWIĄTA

1. Przed ślubem

Krzysztof i Anna postanowili się pobrać. Oni chodzą ze sobą już od dawna, a poznali się na studiach. Krzysztof już kończy studia. Anna jest na trzecim roku medycyny. Kochająca się para będzie brać ślub najpierw w Urzędzie Stanu Cywilnego a potem w kościele. Po ślubie zamieszkają u rodziców Anny.

Młodzi czynią przygotowania do uczty weselnej, na którą przyjdzie wiele gości.

Panna młoda ubrana będzie w długą białą suknię i welon z koronki. Krzysztof porzuci stan kawalerski w czarnym garniturze. Kupił już dwie złote obrączki. Nowożeńcy nałożą je sobie wzajemnie w czasie ceremonii ślubnej.

Słowniczek

biała suknia *(white] dress*
brać ślub *get married, marry (sb), take (sb) in marriage*
być na trzecim (pierwszym etc.) roku (studiów, medycyny etc.) *to be a third year (level) student*
ceremonia ślubna *wedding ceremony*
chodzić ze sobą *go together, go steady*
czynić - czynię, czynisz, czynią (imperf.); uczynić (perf.) *make*
czynić przygotowania *prepare (do czegoś for sth)*
kochająca się para *couple in love*
nałożyć - nałożę, nałożysz, nałożą (perf.); nakładać - nakładam, nakładasz, nakładają *put on*
nałożyć sobie obrączki *exchange wedding bands*
nowożeńcy *bride and bridegroom, newlyweds*
pan młody *bridegroom*
panna młoda *bride*
porzucić - porzucę, porzucisz, porzucą (perf.); porzucać - porzucam, porzucasz, porzucają (imperf.) *abandon, give up, quit, renounce, forsake*
* postanowić [dopiero L. 30] - postanowię, postanowisz, postanowią (perf.); postanawiać - postanawiam, postanawiasz, postanawiają (imperf.) *decide,resolve*
przygotowanie *preparation*
stan kawalerski *bachelorhood*
uczta weselna *wedding feast (banquet)*
Urząd Stanu Cywilnego *registry*
welon z koronki *laced veil*
wzajemnie *reciprocally, mutually*
zamieszkać - zamieszkam, zamieszkasz, zamieszkają (perf.); *take up residence, take lodgings*; zamieszkiwać - zamieszkuję, zamieszkujesz, zamieszkują (imperf.) *reside, live, occupy (a room, flat, region, etc.)*
złota obrączka *gold wedding band (ring)*

Przysłowie

Nie sztuka mieć, ale sztuka utrzymać.
It's more difficult to hold than to have.

2. Dialog

- Panie Józefie! Czy pan zna już ostatnią nowinę? Anna i Krzysztof
  pobierają się!
- Co pani powie, pani Basiu! A to ci niespodzianka!

Sąsiedzi Krzysztofa rozprawiają nad zasłyszaną nowiną. Dzielą się nią z
przechodzącą panią Zosią, która głośno wyraża swe uczucia:

- O mój Boże! Tacy młodzi! Niedawno bawili się w piasku, a tu ślub!

Tymczasem w domu Krzysztofa trwają przygotowania:

- Tato! Gdzie położyłeś mój garnitur? - denerwuje się pan młody.
- Synu! Czy ty nawet przed własnym ślubem nie potrafisz porządnie
  złożyć ubrania? - upomina Krzysztofa ojciec.
- Kasiu! Mamo! Gdzie są moje skarpetki? - zgodnym chórem wołają
  ojciec i syn.

W domu słychać okrzyki. Trwa zamieszanie, któremu kładzie kres pani
Katarzyna. Ona, jako pani domu i przyszła teściowa, myśli o wszystkim.

- Krzysiu! Zabierz swój garnitur i nie przeszkadzaj!
- Janku! Pomóż Krzysiowi.

Pomału wszystkie zajęcia zostają rozdzielone.

Słowniczek

A to ci niespodzianka   *That's a surprise for you; Isn't that a surprise?*
bawić się   *play*
Boże   (V of Bóg) *God!*
Co pani powie!   *You don't say; Is that so?*
dzielić się - dzielę się, dzielisz się, dzielą się (imperf.) + I + "z" + I ; podzielić
     się (perf.)   *share* (czymś z kimś - *sth with sb*)
kłaść kres (czemuś)   *put and end to sth*
okrzyk   *shout, exclamation, cheer*
pani domu   *mistress*
pomału   *slowly, gradually*
porządnie   *neatly, carefully*
przechodzący   *passer-by*
rozdzielone   *divided up, dealt out*
rozprawiać - rozprawiam, rozprawiasz, rozprawiają (imperf.) + "nad" + I or
     "o" + L; rozprawić - rozprawię, rozprawisz, rozprawią (perf.)
     discuss, speak, (at length) discourse (nad czymś - *about sth* o czymś -
     on sth)
swe   (short form of swoje) *one's own*
teść   *father-in-law*
teściowa   *mother-in-law*
uczucie   *feeling, sentiment*
upominać - upominam, upominasz, upominają (imperf.) upomnieć -
     upomnę, upomnisz, upomną (perf.)   *reprimand, rebuke, scold,*
     upbraid
wołać zgodnym chórem   *call out in a harmonious chorus*
w piasku ("w" + L of piasek)   *in sand*
wyrażać - wyrażam, wyrażasz, wyrażają (imperf.); wyrazić - wyrażę, wyrazisz,
     wyrażą (perf.)   *express, state, voice*
zamieszanie   *turmoil, confusion, commotion*
zasłyszany   *heard about; overheard*
złożyć - złożę, złożysz, złożą (perf.); składać - składam, składasz, składają
     (imperf.)   *put away , fold*
złożyć ubranie   *put away suit (clothing)*

Lingwołamek

Stół z powyłamywanymi nogami.

Table with broken legs.

ĆWICZENIA

I. Odpowiedz na następujące pytania:

1. Przed ślubem

1. Co postanowili Krzysztof i Anna?
2. Kiedy oni poznali się?
3. Co studiuje Anna?
4. Na którym ona jest roku?
5. Gdzie będą brać ślub Krzysztof i Anna?
6. U kogo oni zamieszkają po ślubie?
7. Jak ubrana będzie panna młoda?
8. Jak ubrany będzie pan młody?
9. Co kupił już Krzysztof?
10. Kiedy nowożeńcy zakładają sobie obrączki?

2. Dialog

1. Jaką nowinę oznajmia panu Józefowi sąsiadka?
2. Jak mają na imiona sąsiadki pana Józefa?
3. Czego szuka Krzysztof?
4. Czego szukają ojciec i syn?
5. Kim jest pani Katarzyna?
6. Co każe zrobić pani Katarzyna Krzysztofowi?

II. Aspekt czasowników: Ułóż zdania używając następujących czasowników:

pisać - napisać
czytać - przeczytać
rysować - narysować
śpiewać - zaśpiewać
jeść - zjeść

W zdaniach, w których będą występować czasowniki niedokonane użyj wyrazów:

zawsze, zwykle, często, czasami, niekiedy.

III.   **Porównaj następujące czasowniki:**

1. siedzieć - posiedzieć, siadać, siąść
2. stać - postać, stawać, stanąć
3. spać - pospać, zasypiać, zasnąć

Użyj dokonanych form tych czasowników w podanych niżej zdaniach:

1. Gołębie lubią_____na tym balkonie.
 Chciałabym _____ chwilę w kawiarni.
 Na karuzeli musisz_____ spokojnie - upomina mama synka.
2. Proszę_____w kolejce po bilety.
 Pociąg będzie_____ na każdej stacji.
 Czy mógłbyś_____ tu chwilę ze mną?
3. Boli mnie głowa, muszę trochę _____ .
 A to leniuchy, lubią sobie_____ .
 Musicie o godzinie 20 już_____ .

IV.   **Zastosuj odpowiednie formy czasowników:**

1. Od czasu do czasu udaje mi się /kończyć, wykończyć, skończyć/ jakąś rzeźbę.
2. Andrzej /jechać, przyjechać, nadjechać/ do domu taksówką.
3. Złodzieje /rzucić, porzucić, wyrzucić/ na ulicy skradziony wóz.
4. Musiałem natychmiast /dzielić, oddzielić, podzielić/ się z tobą tą nowiną.
5. Nie mogę dłużej /myśleć, pomyśleć, wymyśleć/ o tej sprawie.
6. Chcielibyśmy /uznać, znać, poznać/twoje plany.
7. Wczoraj /znać, wyznać, poznać/ interesujących ludzi.
8. Będziemy musieli /mieszkać, zamieszkać, pomieszkać/ u moich krewnych.
9. Nowożeńcy chcieli /gotować, przygotować, zagotować/ się do uroczystości ślubnej.
10. /wykupić, zakupić, kupić/ większą ilość cytryn.
11. U lekarza /odebrać, brać, pobrać/ mi krew do analizy.
12. Spróbuj /bawić, zabawić, zbawić/ to płaczące dziecko.
13. Czy /trwać, potrwać, wytrwać/ w swym zamiarze porzucenia palenia papierosów?
14. Muszę /wywołać, zawołać, wołać/ Janka na obiad.
15. Czy /zasłyszeć, słyszeć, usłyszeć/ najnowszy komunikat?
16. Czy mógłbyś /brać, pobrać, zabrać/ na spacer psa?

V.   Wołacz.
**Matki wołają swoje dzieci na obiad.   Stosują następujące
schematy:**

/np.   *Ewa, chodź do domu!*
       Ewo, chodź do domu!

Ułóż analogiczne zdania z następującymi imionami:

1. Ania: _____ .
   _____ .

2. Jola: _____ .
   _____ .

3. Zosia: _____ .
   _____ .

4. Kasia: _____ .
   _____ .

5. Jurek: _____ .
   _____ .

6. Piotrek: _____ .
   _____ .

7. Staszek: _____ .
   _____ .

8. Janek: _____ .
   _____ .

VI.   Zamień na tryb rozkazujący według wzoru: Zastosuj Voc.
**/np.   *Zenek przeszkadza w domu.*
         *Zenku, nie przeszkadzaj.***

- Chłopiec rzucił kamieniem.
- Monika śpiewa głośno.
- Janek rysuje na drzwiach.
- Piesek biegnie po trawniku
- Zosia biega po pokoju.
- Ela śmieci w klasie.
- Dziewczynka wychyla się z okna.
- Marek pali papierosa.
- Krysia brudzi sukienkę.
- Jurek ciągnie psa za ogon.
- Stasio gra na fortepianie.
- Basia trzaska drzwiami.
- Robert hałasuje.

VII.   Ułóż zdania z następującymi rzeczownikami w wołaczu:

wódz, dziecko, przyjaciel, noc, słońce, obywatel,
morze, gość, kolega, profesor.

VIII. **Uzupełnij związki frazeologiczne odpowiednimi wyrazami:**

1. pluć sobie w /oko, ręka, broda/
2. leżeć do góry /stopa, włos, brzuch, noga/
3. leżeć u czyichś /głowa, oko, stopa, broda/
4. jeść komuś z /nos, ucho, ręka/
5. świecić /ramię, paznokieć, oko/
6. chwytać za /noga, brzuch, serce/

IX. **Opisz ślub używając następujących wyrazów i związków frazeologicznych:**

wesele
państwo młodzi: pan młody
                  panna młoda
świadek/świadkowie/
gość /goście/
ślub w kościele /ślub kościelny/
ślub w Urzędzie Stanu Cywilnego /ślub cywilny/
obrączki

X.   **Przetłumacz:**

1. How long have you been going steady with her?
2. Where did you and Basia meet?
3. When do you intend to get married?
4. Where will you take up residence after the wedding?
5. The newlyweds look very happy.
6. Have you shared the news with them?
7. Where have you (f.) put my new records?
8. You look well in that black suit.
9. The commotion lasted two hours.
10. Have you expressed your sentiments.
11. Do you like your mother-in-law and your father-in-law?
12. Barbara! I congratulate you! I heard you are getting married.
13. As soon as I return home, I'll immediately lie down to sleep.
14. Wake up Zosia! It's time to get up!
15. Set the alarm clock for eight not nine.
16. Don't open the windows.
17. Usually I go to sleep at ten but yesterday I went to sleep at twelve.
18. Maria! Basia! Tomek i Zenon! Come over tonight.
    We'll sing a bit.
19. Don't put books on the table. Put them on the shelf.
20. For a long time I was lying in bed but couldn't fall asleep.
21. Don't forget to turn off the water and gas.
22. Who turned on the radio?
23. How many knives do we have?
24. As soon as I get up I will call you.
25. Put on your coat. It's cold outside.

Przysłowia

Jabłko daleko nie poleci od jabłoni.
The apple doesn't fall far from the tree.

Jakie drzewo, taki klin.
Jaki ojciec, taki syn.
Like father, like son.

Jaki guzik, taka dziurka.
Jaka matka, taka córka.
Like mother, like daughter.

Słowniczek

aspekt czasowników   *verbal aspect*
brudzić - brudzę, brudzisz, brudzą (imperf.); wybrudzić (perf.)   *dirty,*
  soil, make a mess (coś - *of sth*) *stain, smear, smudge*
chwytać - chwytam, chwytasz, chwytają (imperf.) + A; chwycić - chwycę,
  chwycisz, chwycą (perf.)   *grab, seize, grasp, get hold* (coś of sth)
chwytać za serce   *touching, be poignant*
fortepian   *piano* (koncertowy - *grand piano*)
gołąb (gołębie pl)   *pigeon*
* hałasować [given in L. 28] - hałasuję, hałasujesz, hałasują (imperf.);
  pohałasować (perf.)   *make noise, be noisy*
ilość   *quantity, amount, number*
jeść komuś z rąk   *eat out of sb's hand*
karuzela   *merry-go-round*
leniuch   *sluggard, idler, lazy-bones*
leżeć do góry brzuchem   *loll (in indolence)*
leżeć u czyichś stóp   *gravel before sb*
nadjechać - nadjadę, nadjedziesz, nadjadą (perf.); nadjeżdżać - nadjeżdżam,
  nadjeżdżasz, nadjeżdżają (imperf.)   *come up, arrive, drive up (in)*
niekiedy   *sometimes, at times, now and then, from time to time*
obywatel   *citizen*
oddzielić (się) - oddzielę się, oddzielisz się, oddzielą się (perf.) + A + "od" + G;
  oddzielać (się) - oddzielam się, oddzielasz się, oddzielają się (imperf.)
  separate (kogoś, coś od czegoś - *sb, sth from sth*)   *cut off, divide,*
  mark off, detach
oznajmiać - oznajmiam, oznajmiasz, oznajmiają (imperf.) + D + A; oznajmić
  - oznajmię, oznajmisz, oznajmią (perf.)   *inform* (komuś coś *sb of*
  sth) *state, announce*
pluć - pluję, plujesz, plują (imperf.); plunąć - plunę, pluniesz, pluną (perf.)
  spit
pluć sobie w oczy   *feel like kicking oneself for having done sth*
pobierać - pobieram, pobierasz, pobierają (imperf.); pobrać - pobiorę,
  pobierzesz, pobiorą (perf.)   *take (a number of things from different*
  places)
porzucenie palenia papierosów   *(quiting, stopping, giving up) smoking*
płaczący   *crying*
rzeźba   *sculpture*
rzucić - rzucę, rzucisz, rzucą (perf.); rzucać - rzucam, rzucasz, rzucają (imperf.)
  + A or I + "na" + A   *throw* (coś, czymś na kogoś, coś -
  sth at sb, sth)
śmiecić (w klasie) - śmiecę, śmiecisz, śmiecą (imperf.); naśmiecić (perf.)
  make, (leave) a mess, litter (with rubbish)
świecić oczami (za kogoś)   *be ashamed of sb*
skradziony   *stolen*

stawać - staję, stajesz, stają (imperf.);   stanąć - stanę, staniesz, staną (perf.)
   to take up a position, by standing (stanąć rzędem - *stand in a row*)
   stop, come to a halt
trawnik   *lawn, the green, the grass*
trzaskać - trzaskam, trzaskasz, trzaskają (imperf.) + I; trzasnąć - trzasnę,
   trzaśniesz, trzasną (perf.)   *bang, slam* (drzwiami - *the door*)
uroczystość   *feast, celebration, ceremony*
usłyszeć - usłyszę, usłyszysz, usłyszą (perf.) + A   *overhear, catch sound*
   of, hear, learn, be told ; słyszeć (imperf.)   *hear*
uznać - uznam, uznasz, uznają (perf.); uznawać - uznaję, uznajesz, uznają
   (imperf.)   *acknowledge, recognize, admit, accept (a fact)*
wódz   *leader, commander*
wóz   *cart, wagon, car* (colloq.)
wychylać się - wychylam się, wychylasz się, wychylają się (imperf.);
   wychylić się - wychylę się, wychylisz się, wychylą się (perf.)   *lean*
   out (z okna - *of the window*)
wykończyć - wykończę, wykończysz, wykończą (perf.); wykończać (imperf.)
   finish (sth) off (up)
wyrzucić - wyrzucę, wyrzucisz, wyrzucą (perf.); wyrzucać - wyrzucam,
   wyrzucasz, wyrzucają (imperf.)   *throw (sb, sth) out, get rid of, dump*
wytrwać - wytrwam, wytrwasz, wytrwają (perf.) or wytrzymać - wytrzymam,
   wytrzymasz, wytrzymają (perf.); wytrzymywać - wytrzymuję,
   wytrzymujesz, wytrzymują (imperf.)   *persevere, last, bear, endure*
wywołać - wywołam, wywołasz, wywołają (perf.); wywoływać - wywołuję,
   wywołujesz, wywołują   *call (sb) out, call up (spirits), elicit*
   (admiration etc.), produce (a senation etc.)
wyznać - wyznam, wyznasz, wyznają (perf.); wyznawać - wyznaję, wyznajesz,
   wyznają (imperf.)   *profess (certain principles), hold (a belief)*
zabawić - zabawię, zabawisz, zabawią (perf.); zabawiać - zabawiam, zabawiasz,
   zabawiają (imperf.)   *entertain, divert (sb), amuse (sb), keep (sb)*
   amused
zagotować się - zagotuje się, zagotują się (perf.); zagotowywać się -
   zagotowuje się, zagotowują się (imperf.)   *boil (some water, milk,*
   etc.) , *come to a boil, start boiling* (used in the 3p sg and 3p pl)
zakupić - zakupię, zakupisz, zakupią (perf.); zakupować - zakupuję,
   zakupujesz, zakupują (imperf.)   *buy, purchase*
związki frazeologiczne   *phraseological ties, links, relationships*
złodziej   *thief*

Szopka Krakowska

30

LEKCJA TRZYDZIESTA

Wywiad z człowiekiem,
do którego uśmiechnęło się szczęście

Polski dziennikarz Bogdan Michalski przeprowadza wywiad z Tadeuszem Snopem, człowiekiem, do którego uśmiechnęło się szczęście.

D. : - Tadziu! Zostałeś gwiazdą piosenki. Jesteś chyba najpopularniejszym piosenkarzem miesiąca. Wiem, że obecnie przebywasz w Hollywood i kręcisz film. Jak to się stało, że tak błyskawicznie zrobiłeś karierę?

T. : - Właściwie o mojej karierze zadecydował przypadek. Pewnego dnia w lokalu, w którym zmywałem naczynia, zachorował czołowy piosenkarz. Zaproponowałem dyrektorowi, że go zastąpię. Dyrektor dał mi szansę i zgodził się na jeden występ. Spodobałem się publiczności i podpisałem dłuższy kontrakt. Utworzyłem też własny zespół. Śpiewam piosenki, do których sam piszę słowa i muzykę.

D. : - W Polsce jesteś nieznany. Powiedz nam jak się znalazłeś tu, w Stanach Zjednoczonych?

T. : - Do Stanów Zjednoczonych zaprosiła mnie moja przyjaciółka Elizabeth Darlington. Przyjechałem tu tylko na trzy miesiące. Chciałem trochę poznać Amerykę. Tak się złożyło, że musiałem podjąć pracę w klubie nocnym.

D. : - Co robiłeś w Polsce przed wyjazdem?

T. : - Studiowałem grafikę na Akademii Sztuk Pięknych w Krakowie. Od dziecka też śpiewałem.

D. : - Jakim przebojem zacząłeś swoją karierę?

T. : - Była to właśnie moja piosenka "Lotnisko". Śpiewałem ją na pierwszym swoim występie.

D. : - Słyszałem, że reżyserujesz film, czy jest to twój pierwszy film?

T. : - Tak, "Marzenia prerii" jest to mój pierwszy film, który będę reżyserował.

D. : - Myślisz, że ten film odniesie sukces kasowy?

T. : - Mam nadzieję, że tak będzie. Jestem przecież dzieckiem szczęścia.

D. : - Dziękuję ci za wywiad i życzę dalszych sukcesów.

Słowniczek

błyskawicznie   *like lightning, with lightning speed, in a flash*
dziecko szczęścia   *child of fortune*
gwiazda piosenki   *singing star*
jakim przebojem   *(with) which hit*
kręcić - kręcę, kręcisz, kręcą (imperf.); nakręcić (perf.)   *shoot, make (a film)*
lokal   *cafe, bar*
od dziecka   *from childhood*
pewnego dnia   *one day, once*
piosenkarz miesiąca   *singer of the month*
przebój   *hit (song)*
przeprowadzać - przeprowadzam, przeprowadzasz, przeprowadzają (imperf.);
      przeprowadzić - przeprowadzę, przeprowadzisz, przeprowadzą (perf.)
      conduct (wywiad - *interview* etc.)
Snop   (snop   *sheaf [of wheat], etc.*)
szczęście mu się uśmiechnęło   *he had a stroke of luck*
tak się złożyło że...   *it so happened that...*
* trzydziesty   *thirtieth*
wyjazd   *departure, trip*
zadecydować - zadecyduję, zadecydujesz, zadecydują (perf.); decydować (imperf.)
      decide (what to do, to say etc.), make up one's mind, make a decision
znaleźć się - znajdę się, znajdziesz się, znajdą się (perf.); znajdować się and
      znajdywać się - znajduję się, znajdujesz się,, znajdują się (imperf.)
      find oneself

Przysłowia

Nie krzycz hop, bo jeszcze nie skoczyłeś.
Don't count your chickens before they've hatched.

Nie spadnie ci korona z głowy, jak się upokorzysz.
Nothing will happen to you if you eat humble pie.

ĆWICZENIA

I. **Odpowiedz na pytania:**

1. Kim jest Bogdan Michalski?
2. Po co dziennikarz przyszedł do Tadzia Snopa?
3. Kim stał się Tadeusz Snop?
4. Co robi obecnie nowy gwiazdor piosenki?
5. Co zadecydowało o karierze Tadzia?
6. Jak dotychczas zarabiał na życie Tadzio Snop?
7. Czyje piosenki śpiewa Tadzio Snop?
8. Kto zaprosił go do Stanów Zjednoczonych?
9. Co robił Tadzio w Polsce?
10. Jaką piosenką zaczął Tadzio swoją karierę?
11. Jaki film reżyseruje Tadzio?
12. Czego spodziewa się po tym filmie Tadzio?
13. Jak nazwał siebie Tadzio Snop?

II. **Zamień mowę niezależną na zależną:**

wzór: *Dziennikarz mówi: - Tadziu, zostałeś gwiazdą piosenki.*
Dziennikarz mówił, że Tadzio został gwiazdą piosenki.
Dziennikarz pyta: - Tadziu, czy jesteś najpopular-
niejszym piosenkarzem miesiąca?
Dziennikarz pyta, czy Tadzio jest najpopularniejszym
piosenkarzem   miesiąca.

1. Dziennikarz mówi: - Tadziu, wiem, że obecnie przebywasz w Hollywood i kręcisz film.
2. Przyjaciel pyta: - Tadziu, jak to się stało, że tak błyskawicznie zrobiłeś karierę.
3. Tadzio odpowiada: - Właściwie o mojej karierze zadecydował przypadek.
4. Pan Kowal twierdzi: - Tadziu, w Polsce jesteś nieznany.
5. Dziennikarz zapytał: - Tadziu, co robiłeś w Polsce przed wyjazdem?
6. Tadzio odpowiada: - Studiowałem grafikę na Akademii Sztuk Pięknych w Krakowie.
7. Dziennikarz pyta: - Tadziu, jakim przebojem zacząłeś swoją karierę?
8. Tadzio odpowiada: - Była to piosenka "Lotnisko".
9. Dziennikarz mówi: - Tadziu, słyszałem, że reżyserujesz film.
10. Dziennikarz pyta: - Tadziu, myślisz, że ten film odniesie sukces kasowy?
11. Tadzio twierdzi: - Mam nadzieję, że tak.

III.   Zdrobnianie i spieszczanie imion własnych: Od podanych
       imion utwórz spieszczenia stosując następujący schemat:

Krystyna	-	Kryśka	-	Krysia
Tadeusz	-	Tadek	-	Tadzio

Janina	-	Jaśka	-	_____ .
Jadwiga	-	Jadźka	-	_____ .
Barbara	-	Baśka	-	_____ .
Maria	-	Maryśka	-	_____ .
Hanna	-	Hanka	-	_____ .
Zofia	-	Zośka	-	_____ .
Kazimierz	-	Kazik	-	_____ .
Henryk	-	Heniek	-	_____ .
Stanisław	-	Staszek	-	_____ .
Czesław	-	Czesiek	-	_____ .
Józef	-	Józek	-	_____ .
Jan	-	Janek	-	_____ .

IV.   Zdania podrzędnie złożone okolicznikowe.

1.   Zdania okolicznikowe czasu.
Podane zdania uzupełnij odpowiednimi spójnikami:
    dopóki, jak, kiedy, tak długo:

Poproś mnie, _____ żona przyjedzie.
Będę czekał, _____ nie przyjedziesz.
Będę pisał _____, aż napiszę.
Przyjdę do domu, _____ skończę pracę.

2.   Zdania okolicznikowe przyczyny.
Podane zdania uzupełnij odpowiednimi spójnikami:
    że, bo, gdyż, ponieważ:

Nie mogę wyjść z domu, _____ pada.
Mówił dlatego, _____ lubił.
Nie dzwoniłem, _____ mam zepsuty telefon.
Nie powiedziałem mu, _____ był chory.

3.   Zdania okolicznikowe miejsca.
Podane zdania uzupełnij odpowiednimi spójnikami:
    dokąd, skąd, gdzie.

Bociany odlatują tam, _____ jest ciepło.
Byliśmy tam, _____ wracasz ty.
Ptaki lecą, _____ chcą.
Patrzymy stąd, _____ widać całe miasto.

4. **Zdania okolicznikowe celu.**
Podane zdania uzupełnij odopwiednimi spójnikami:
żebyś, żeby, żebyście.

Przyjechał do Polski, _____ nauczyć się języka.
Dałem ci pieniądze, _____ kupiła owoców.
Posłałem telegram, _____ żona przyjechała.
Rodzice pracują, _____ się mogli uczyć.

5. **Zdania okolicznikowe przyzwolenia.**
Podane zdania uzupełnij odpowiednimi spójnikami:
chociaż, choć, mimo że.

Pójdę na spacer, _____ jest zimno.
Nie tańczę, _____ mam ochotę.
Pracował, _____ był zmęczony.
Cały dzień biegał, _____ bolały go nogi.

V. **Formuły pragmatyczne służące do nawiązania kontaktu i podtrzymania rozmowy.**
Podane niżej formuły ułożone są według zabarwienia stylistycznego; na początku każdej grupy podane są formuły używane w kontaktach towarzyskich *(np w rozmowie przyjaciół),* w drugiej części w kontaktach oficjalnych *(np. w rozmowach służbowych) .*

Zastosuj poszczególne formuły w tekstach:

1. **Powitania**

   Hej.
   Cześć; Czołem.
   Dzień dobry,
   Witam.
   Witam Pana /Panią /.
   Serdecznie witam.
   Witam i kłaniam się.

2. **Przeproszenie:**

   Przepraszam.
   Bardzo /gorąco, serdecznie, najmocniej/ przepraszam.
   Przykro mi /Bardzo mi przykro/.
   Żałuję bardzo.
   Proszę mi wybaczyć.

3. **Podziękowanie:**

Dziękuję.
Dziękuję bardzo.
Serdecznie dziękuję.
Dziękuję, jestem Pani zobowiązany.
Dziękuję, jestem Panu wdzięczny.
Dziękuję, nie wiem doprawdy jak się odwdzięczę.

4. **Prośba o informację:**

Hej, powiedz mi.
Przepraszam cię, powiedz mi...
Bardzo przepraszam, czy możesz mi powiedzieć
/czy może Pan mi powiedzieć/...
Proszę wybaczyć, że przeszkadzam, ale czy może
Pani mnie poinformować...

5. **Polecenie:**

Zrób to /posprzątaj, przynieś.../
Zechciej to zrobić.
Może to zrobisz.
Proszę to zrobić. /Proszę zamknąć okno./
Niech Pan /Pani/ to zrobi.
Może Państwo to zrobią.
Może Pan łaskawie to zrobi.
Czy nie zechciałaby Pani tego zrobić?
Czy nie byłby Pan łaskaw tego zrobić?
Proszę bardzo, niech Pan to zrobi.

6. **Przyjęcie propozycji:**

Tak, dobrze.
Chętnie.
Bardzo chętnie.
Z przyjemnością.
Z prawdziwą przyjemnością.

7. **Odmowa:**

Nie chcę tego słyszeć.
Nie podoba mi się to.
Nadaremnie się trudzisz.
Niech się Pan nie fatyguje.
Nie chciałbym Panu sprawić kłopotu.

8. **Przypomnienie:**

Pamiętaj /zapamiętaj/.
Będziesz pamiętać?
Nie zapomnij.
Proszę pamiętać.
Będzie Pan łaskaw zapamiętać.

9. **Przytaknięcie:**

Tak.
Dobrze. /Bardzo dobrze/.
Słusznie.
Rzeczywiście.
Z pewnością tak.
W zupełności się zgadzam.

10. **Brak zgody.**

Nie.
Nieprawda.
Oczywiście, że nie.
Nic podobnego.
Bzdura.

11. **Ocena pozytywna:**

Tak.
Dobrze.
Bardzo dobrze.
Doskonale.
Wspaniale.
Cudownie.
Najcudowniej jak może być.

12. **Ocena negatywna:**

Niedobrze.
Źle.
Bardzo źle.
Gorzej nie można.
Fatalnie.
Okropnie.
Strasznie.
Koszmarnie.

Słowniczek

brak zgody   *lack of agreement*
bzdura   *nonsense , poppycock*
cudownie   *splendid, fine*
czołem   *hello !*
doprawdy   *really, indeed*
dotychczas (= dotąd)   *thus (so) far, till (until) now, to date,*
       up to the present
fatalnie   *fatally, disastrously*
fatygować się - fatyguję się, fatygujesz się, fatygują się (imperf.); pofatygować
       się (perf.)   *to trouble, to bother (oneself), take the trouble to*
formuły pragmatyczne   *pragmatic expressions*
gorąco przepraszam   *I'm heartily sorry*
gorzej nie można   *couldn't be any worse, things are at their worse*
gwiazdor piosenki   *recording (singing) star*
hej   *hey! hi! hello, there!*
imiona własne   *proper names*
kontakt oficjalny   *official contact*
kontakt towarzyski   *social contact*
koszmarnie   *nightmarishly, ghastly*
kłaniać się - kłaniam się, kłaniasz się, kłaniają się (imperf.) + D; ukłonić się -
       ukłonię się, ukłonisz się, ukłonią się (perf.)   *bow (to sb), greet*
       (komuś - *sb*)
kłaniam się   *(as a greeting) good morning (afternoon, evening); (as a*
       farewell) good-bye; send one's greetings (compliments, respects, kind
       regards) to sb
łaskaw   *(so) kind, gracious*
łaskawie   *graciously, kindly*
mimo że   *in spite, despite, notwithstanding*
mowa niezależna   *direct speech*
mowa zależna   *indirect speech*
nadaremnie   *in vain, to no purpose*
najcudowniej jak może być   *as wonderful as possible*
najmocniej przepraszam   *I'm awfully (so) sorry*
nawiązanie kontaktu   *establishing contact, starting a conversation*
nazwać siebie   *call, name (oneself)*
nic podobnego   *nothing of the kind! (of the sort)*
odlatywać - odlatuję, odlatujesz, odlatują (imperf.); odlecieć - odlecę, odlecisz,
       odlecą (perf.)   *fly away (off), take off, start on a flight*
odmowa   *refusal (czegoś of sth), denial*
odwdzięczyć się - odwdzięczę się, odwdzięczysz się, odwdzięczą się (perf.) + D;
       odwdzięczać się - odwdzięczam się, odwdzięczasz się, odwdzięczają się
       (imperf.)   *return, repay, requite (komuś za przysługę for sb's service)*
okropnie   *horribly, awfully, dreadfully*

podrzędnie złożone   *subordinate (clauses)*
podtrzymanie rozmowy   *maintaining a conversation*
podziękowanie   *expression of thanks*
powitanie   *greeting*
przeproszenie   *apology*
przyjęcie propozycji   *acceptance of a proposal (offer)*
przypomnienie   *reminder*
przytaknięcie   *assent, acquiescence*
rozmowa służbowa   *official (business) conversation*
rzeczywiście   *indeed*
serdecznie witam   *warm greetings*
słusznie   *right, true, quite so, oh yes*
spieszczanie   *creating endearing forms*
spójnik   *conjunction*
sprawić - sprawię, sprawisz, sprawią (perf.); sprawiać - sprawiam, sprawiasz,
          sprawiają (imperf.)   *cause, occasion, bring (sth) about* (komuś coś -
          sb sth)
strasznie   *terribly, frightfully*
trudzić się - trudzę się, trudzisz się, trudzą się (imperf.)   *trouble oneself, take
          pains, toil;* potrudzić się (perf.)   *make an effort, take (give oneself)
          some trouble*
twierdzić - twierdzę, twierdzisz, twierdzą (imperf.); stwierdzić (perf.)
          ascertain (sth), state, note (that) maintain (that)
wdzięczny   *grateful*
wybaczyć - wybaczę, wybaczysz, wybaczą (perf.) + D; wybaczać - wybaczam,
          wybaczasz, wybaczają (imperf.)   *forgive, pardon, excuse* (komuś *sb*)
w zupełności się zgadzam   *I completely (wholly, fully) agree*
zabarwienie stylistyczne   *stylistic coloring*
zarabiać na życie   *earn a living*
zdania okolicznikowe celu   *adverbial clauses of purpose*
zdania okolicznikowe czasu   *adverbial clauses of time*
zdania okolicznikowe miejsca   *adverbial clauses of place*
zdania okolicznikowe przyczyny   *adverbial clauses of cause*
zdania okolicznikowe przyzwolenia   *adverbial concessive clauses*
zdrobnianie   *dimunition*
zechcieć - zechcę, zechcesz, zechcą (perf.)   *be willing to, feel inclined (to do
          sth), feel like* (coś zrobić *doing sth*); chcieć (imperf.)   *want* (czegoś -
          sth; coś zrobić *do sth*)
zechciej to zrobić   *be so kind as to do this*
zobowiązany   *obliged, indebted*
z pewnością tak   *certainly true, surely, undoubtedly so*

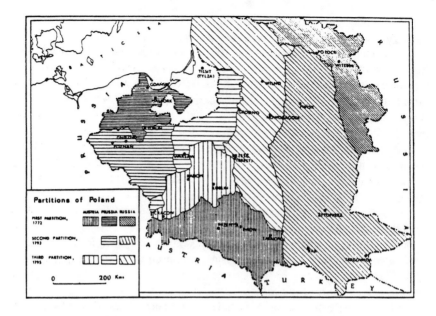

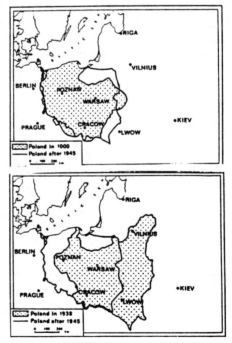

Maps taken from Andrzej Brożek, *The History of Poland*, Kraków:
Instytut Badań Polonijnych, Uniwersytet Jagielloński, 1985, pp. 18, 72-73.

SŁOWNIK

The present glossary has been compiled from the word lists (*słowniczki*) which follow the readings, dialogues and exercises in lessons 1-30 of *Instructional Materials for First Year Polish*. The glossary includes two types of words: 1) those that appear in Swan's *First Year Polish* at some later point rather than in the corresponding lesson (these are identified as S + lesson number where they are found in Swan), and 2) the remaining words which do not appear in Swan and constitute new vocabulary (the lessons in which these are found are also indicated). Vocabulary of the first type is identified additionally by an asterisk in the word lists contained in each lesson. The present glossary consists approximately of 1, 200 entries, most of which belong to the category of new vocabulary. As regards the verbs, both members of an aspectual pair are nearly always cited. Although the conjugation of verbs is not included in the glossary, the complete 1p sg, 2p sg and 3p pl forms are presented in the various vocabulary lists in each lesson. Moreover both the present glossary and the various word lists contained in each lesson offer considerable syntactic information to illustrate the words' use in specific contexts. For additional information regarding verb conjugation and declension of nouns, pronouns etc. the student is advised to consult: Witold Doroszewski, *Słownik poprawnej polszczyzny* (Warsaw: PWN, 1981), Mieczysław Szymczak, *Słownik ortograficzny języka polskiego* (Warsaw: PWN, 1981) and Jan Stanisławski, *The Great Polish-English , English-Polish Dictionary* (Warsaw: P. W. "Wiedza Powszechna," 1970 [or any neweredition])

A

akademia *academy* (L. 19) [S L. 30]

album *album* (L. 14)

angażować (imperf.) - **zaangażować** (perf.) + A *hire, employ, engage* (L. 20Ex.)

antonim *antonym* (L. 16Ex.)

archeologiczny *archaeological* (L. 27Ex.)

architektura *architecture* (L. 19)

aria *aria* (L. 25)

aspekt czasowników *verbal aspect* (L. 29Ex.)

a to ci niespodzianka *That's a surprise for you; Isn't that a surprise?* (L. 29b)

B

Baca (baca *flock-master, shepherd* [in charge of a flock in the Tatra mountains]) (L. 10)

badać (imperf.) - **zbadać** (perf.) + A *examine* (L. 26)

bar mleczny *milk bar, self-service restaurant* (L. 20Ex.) [S L. 21]

bawić się *play* (L. 29b)

biała suknia *white dress* (L. 29a)

biblioteka *library* (L. 12)

bilet kolejowy *railway ticket* (L. 22)

błąd *mistake, error* (L. 21Ex.)

błoto (w błocie) *mud (in mud), dirt* (L. 27c)

błyskawicznie *like lightning, with lightning speed, in a flash* (L. 30)

bo *because, for* (L. 2) [S L. 4]

bohater *hero* (L. 25Ex.)

bolący *aching, sore* (L. 27Ex.)

boleć (imperf.) - **rozboleć** (perf.) (used only in 3p sg and 3p pl) + A (of person) + N (of what) *hurt(s), ache(s), smart(s)* (L. 26) [S L. 27]

Boże (V of Bóg) *God!* (L. 29b)

bracia (N pl of brat) *brothers* (L. 13Ex.) [S L. 19]

brać ślub *get married, marry (sb), take (sb) in marriage* (L. 29a)

brakować (imperf.) - **zabrakować** (perf.) (only in 3p sg in present tense) + G. *be lacking, be missing, be absent, be short* (L. 22Ex.)

brakujący *missing, absent* (L. 22Ex.)

brak zgody *lack of agreement* (L. 30Ex.)

brudzić (imperf.) - **wybrudzić** (perf.) *dirty, soil, make a mess* (coś - *of sth*), *stain, smear, smudge* (L. 29Ex.)

Bruksela *Brussels* (L. 22Ex.)

brzydki *ugly* (L. 7) [S L. 8]

budować (imperf.) - **zbudować** (perf.) + A *build, erect, construct* (L. 24Ex.)

budowla *building, structure* (L. 19)

Bułgaria *Bulgaria* (L. 19Ex.)

bułka *bread roll* (L. 16)

być chorym na coś *be sick (ailing) with sth* (L. 26Ex.)

być na trzecim (pierwszym itd.) **roku studiów** (medycyny itd.) *to be a third year (level) student* (L. 29a)

bzdura *nonsense , poppycock* (L. 30Ex.)

C

celownik *dative case* (L. 25Ex.)

ceremonia ślubna *wedding ceremony* (L. 29a)

chcieć (imperf.) *want* (czegoś *sth* ; coś zrobić *do sth*) ; **zechcieć** (perf.) *be willing to, feel inclined (to do sth), feel like* (coś zrobić *doing sth*) (L. 30Ex.)

chętnie *willingly* (L. 22) [S L. 25]

Chiny *China* (L. 19Ex.)

chłopak *boy, youth* (L. 20Ex.)

chłopiec *boy* (L. 6) [S L. 13]

chodzić ze sobą *go together, go steady* (L. 29a)

Chopin, Fryderyk (1810-1849) *Polish pianist and composer* (L. 4Ex.)

chorować (imperf.) - **zachorować** (perf.) + "na" + A (of illness); *be ill (sick), ailing; to fall ill* (L. 13)

chwycić (perf.) - **chwytać** (imperf.) + A *grab, seize, grasp, get hold* (coś *of sth*) (L. 29 Ex.)

chwytać (imperf.) see **chwycić**

chwytać za serce *touching, be poignant* (L. 29Ex.)

ciało *body* (L. 27Ex.)

ciasno *cramped (for room), crowded* (L. 21)

ciastko *cake, pastry* (L. 16)

ciasto *cake, tart* (L. 17)

ciągnąć (imperf.) - **pociągnąć** (perf.) *pull, tug, drag* (L. 28b) [S L. 30]

ciągnąć psa (kota itd.) **za uszy (ogon)** *pull, tug a dog (cat etc.) by the ears (tail)* (L. 28b)

ciągnąć się (imperf.) *run, stretch* (L. 27a)

coca-cola (only the second element declines) *coca-cola* (L. 16)

codziennie *everyday, daily* (L. 11Ex.)

codzienny daily (L. 21)

Co pani powie! *You don't say; Is that so?* (L. 29b)

cudownie *splendid! fine* (L. 30Ex.)

cudze sprawy *somebody else's business (matters)* (L. 27Ex.)

cudzoziemiec *foreigner* (L. 24Ex.)

czas przeszły *past tense* (L. 18Ex.)

czas teraźniejszy *present tense* (L. 24Ex.)

czasem *sometimes* (L. 22Ex.)

czasownik dokonany *perfective verb* (L. 24Ex.)

czasownik egzystencjalny *existential verb* (L. 27Ex.)

czasownik niedokonany *imperfective verb* (L. 24Ex.)

czasownik ruchu *verb of motion* (L. 22Ex.)

czekający *waiting* (L. 21Ex.)

czesać się (imperf.) - **uczesać się** (perf.) *to comb one's hair* (L. 12)

często *often* (L. 8) [S L. 16]

część *part* (L. 27Ex.) [S L. 30]

czołem *hello !* (L. 30Ex.)

czynić (imperf.) - **uczynić** (perf.) *make* (L. 29a)

czynić przygotowania *prepare (do czegoś for sth)* (L. 29a)

czysty *clean* (L. 1) [S L. 13]

czytać (imperf.) - **przeczytać** (perf.) + A *read* (L. 8) [S L. 9]

D

dać sobie radę *manage to do sth* (L. 28a)

dalej *farther ([further] away, off), next, still, all the same, continue to* (L. 19)

daleko *far* (L. 11)

dawny *former, one-time, previous* (L. 27Ex.)

decydować (imperf.) - **zadecydować** (perf.) *decide (what to do, to say etc.), make up one's mind, make a decision* (L. 30)

deser *dessert* (L. 17)

dłużej (comp. adj.) *longer* (L. 15Ex.)

do + G *to, up to, until* (L. 12) [S L. 15]

dobrze zbudowany *well-built, of good physique* (L. 11)

dochodzić (imperf.) - **dojść** (perf.) *come to, reach* (L. 27b) [S L. 30]

docierać (imperf.) - **dotrzeć** (perf.) + "do" + G *reach* (L. 27b)

dodatkowo *additionally, in addition, furthermore* (L. 22)

dojść (perf.) see **dochodzić**

do kina ("do" + G of kino) *movies, movie house* (L. 7Ex.) [S L. 5]

dokładnie *thoroughly, carefully, closely* (L. 26)

dokończać (imperf.) - **dokończyć** (perf.) + A *finish, complete* (L. 15Ex.)

dokończyć (perf.) see **dokończać**

do kuchni *to the kitchen* (L. 12)

dopasować (perf.) see **pasować**

dopełniacz *genitive case* (L. 15Ex.)

dopiero *not till, not before* (L. 1)

doprawdy *really, indeed* (L. 30Ex.)

dorośli (N pl of dorosły) *adults, grown ups* (L. 21)

do rzeczy *to the point* (L. 15)

dostać (perf.) - **dostawać** (imperf.) + A *receive, get* (L. 15Ex.) [S L. 16]

dostawać (imperf.) see **dostać**

doszczętnie *completely, totally* (L. 27a)

dotrzeć (perf.) see docierać

dotychczas (= dotąd) *thus (so) far, till (until) now, to date, up to the present* (L. 30Ex.)

dowiadywać się (imperf.) - dowiedzieć się (perf.) + "o" + A *inquire (ask) about, for sb, sth* (L. 22Ex.)

dowiedzieć się (perf.) see dowiadywać sie

dowolne wyrazy *any. . . of one's choice (whichever . . . one likes) words* (L. 25Ex.)

druga wojna światowa *World War II* (L. 27a)

drzewo *tree, wood* (L. 22Ex.)

duży *large* [S L. 3]

dwór *manor, manor-house, manorial estate* (L. 25)

dyrektorze (V of dyrektor) *director* (L. 15) [S L. 29]

dziadek *grandfather* (L. 9) [S L. 13]

dziąsła (sg dziąsło) *gums* (L. 27Ex.)

dziecko szczęścia *child of fortune* (L. 30)

dzielić (imperf.) - podzielić (perf.) + A + "na" + A *divide, split, part sth into sth* (coś na coś) (L. 27Ex.)

dzielić się (imperf.) - podzielić się (perf.) + I + "z" + I *share* (czymś z kimś - *sth with sb*) (L. 29b)

dzielić włos na czworo *split hairs* (L. 27Ex.)

dziennie *daily* (L. 10)

dziewczyna *girl* (L. 5) [S L. 11]

dzięki temu *thanks to that* (L. 14)

dziękować (imperf.) - podziękować (perf.) + D + "za"

+ A *thank* (komuś za coś *sb for sth*) (L. 7Ex.) [S L. 7]

dziś wieczorem *this evening* (L. 2Ex.) [S L. 5]

dziwnym zbiegiem okoliczności *by strange coincidence* (L. 28a)

E

elegancki *elegant* (L. 11)

elegancko *elegantly, smartly* (L. 8)

encyklopedia *encyclopedia* (L. 14)

F

fabryka *factory* (L. 11)

fantastyczno-naukowa *science-fiction* (L. 14)

"Faraon" *Pharaoh* , novel by Bolesław Prus (pseud. of Alekander Głowacki, 1847-1912) (L. 23Ex.)

farba *paint* (L. 28a)

fatalnie *fatally, disastrously* (L. 30Ex.)

fatygować się (imperf.) - pofatygować się (perf.) *to trouble, to bother (oneself), take the trouble to* (L. 30Ex.)

festiwal *festival* (L. 25)

filharmonia *philharmonic* (L. 19) [S L. 27]

firanki *curtains* (L. 28a)

forma żeńska *feminine form* ; forma męska *masculine form* (L. 18Ex.)

formuły pragmatyczne *pragmatic expressions* (L. 30Ex.)

fortepian *piano* (koncertowy *grand piano*) (L. 29Ex.)

fundować (imperf.) - ufundować (perf.) *found, establish, endow* (L. 27Ex.)

G

galeria *gallery* (L. 19)

garbaty *hunch-backed* (L. 27Ex.)

garbus *hunch-back* (L. 27Ex.)

gardło *throat* (L. 26)

garnitur *suit (of clothes)* (L. 28a)

"Gazeta Wyborcza" *Election Gazette* (L. 14)

gąbka *sponge, eraser* (L. 16Ex.)

gołąb (gołębie pl) *pigeon* (L. 29Ex.)

gorąco przepraszam *I'm heartily sorry* (L. 30Ex.)

gorączka *fever, temperature* (L. 26)

gorzej nie można *couldn't be any worse, things are at their worse* (L. 30Ex.)

gotować (imperf.) - **ugotować** (perf.) + A *to cook, prepare, boil* (L. 8)

gra *game* (L. 18Ex.)

gra w piłkę *playing ball* (L. 18Ex.)

grać (imperf.) - **zagrać** (perf.) + "w" + A (of games); + "na" + L (of instruments) *play* (L. 27c) [S L. 29]

grobowiec *tomb, sepulchre* (L. 19)

gruby *thick* (L. 14)

grypa *influenza, flu* (L. 26)

gryźć (imperf.) - **ugryźć** (perf.) *bite* (L. 28b)

grzyb *mushroom* (L. 24Ex.)

gubić (imperf.) - **zgubić** (perf.) + A *lose* (L. 20Ex.)

gwiazda piosenki *singing star* (L. 30)

gwiazdor piosenki *singing star* (L. 30Ex.)

górska wspinaczka *moutain-climbing* (L. 27Ex.)

H

hałasować (imperf.) - **pohałasować** (perf.) *make noise , be noisy* (L. 29Ex.)

hej *hey! hi! hello, there!* (L. 30Ex.)

historia *history* (L. 14) [S L. 19]

historyczny *historical* (L. 14)

Hiszpania *Spain* (L. 19Ex.)

hodowla *animal husbandry, raising animals* (L. 10)

Holandia *Holland* (L. 19Ex.)

Hollender *Dutchman* (L. 22)

humor *humor* (L. 8)

I

idealny *ideal* (L. 8)

ilość *quantity, amount, number* (L. 29Ex.)

imieniny *name day* (L. 15Ex.) [S L. 19]

imiesłów przymiotnikowy *adjectival participle* (L. 18Ex.)

imiesłów przysłówkowy *adverbial participle* (L. 18Ex.)

imiona własne *proper names* (L. 30Ex.)

inżynier *engineer* (L. 18) [S L. 29]

J

jabłko *apple* (L. 13Ex.) [S L. 25]

Jabłoński (jabłoń [f.] *apple tree*) (L. 7)

jajko na miękko *soft-boiled egg* (L. 17)

jakim przebojem *(with) which hit* (L. 30)

jakoś *somehow* (L. 22Ex.)

Japonia *Japan* (L. 19Ex.)

jasny *fair, blond, clear, bright* (L. 8) [S L. 16]

jazda *drive, ride* (L. 22)

jechać (imperf. determ.) - jeździć (imperf. indeterm.) - pojechać (perf.) *go (travel) somewhere by conveyance; go off, set out for someplace* (L. 21Ex.) [S L. 22]

jednak *however* (L. 6) [S L. 7]

jeść (imperf.) - zjeść (perf.) + A *eat* (L. 12) [S L. 16]

jeść komuś z rąk *eat out of sb's hand* (L. 29Ex.)

jeszcze *yet, still* (L. 3Ex.) [S L. 12]

jezioro *lake* (L. 21Ex.) [S L. 22]

jeździć (imperf. indeterm.) see jechać

już dawno *for a long time* (L. 23)

K

kakao *cocoa* (L. 17)

kamienica *apartment house, tenement-house* (L. 19)

kanapka *sandwich* (L. 16)

kara *punishment, penalty* (L. 28b)

karmić (imperf.) - nakarmić (perf.) *to feed* (L. 10)

kartofel *potato* (L. 16Ex.)

karuzela *merry-go-round* (L. 29Ex.)

katar *common cold* (L. 26)

katedra *cathedral* (L. 19)

kawiarnia *café* (L. 9)

kazać (perf. & imperf.) + D *order, command sb to do sth* (L. 27Ex.)

każdy *each, every* (L. 19)

kilka razy (kilka + G pl of raz) *several times* (L. 10) [S L. 23]

kłaniać się (imperf.) - ukłonić się (perf.) + D *bow (to sb), greet* (komuś - sb) (L. 30Ex.)

kłaniam się (as a greeting) *good morning* (afternoon, evening); (as a farewell) *good-bye; send one's greetings (compliments, respects, kind regards) to sb* (L. 30Ex.)

kłaść kres (czemuś) *put and end to sth* (L. 29b)

kłopot *trouble, bother, nuisance, inconvenience* (L. 20Ex.)

kłótnia *quarrel* (L. 28a) [S L. 30]

kłótnia wisi w powietrzu *a fight is brewing, charged atmosphere* (L. 28a)

kobieta *woman* (L. 7) [S L. 8]

kochająca się para *couple in love* (L. 29a)

kolejka *line, queue* (L. 16)

kolekcjonować (imperf.) - skolekcjonować (perf.) + A *collect* (L. 14)

kolonia *summer (holiday) camp* (L. 28Ex.)

Kolumna Zygmunta *Zygmunt Column* (L. 27a)

kołdra *quilt, blanket* (L. 27Ex.)

koło *near* (L. 19) [S L. 30]

kompozytor *composer* (L. 4Ex.)

kończyć (imperf.) - skończyć (perf.) + A *finish* (L. 26Ex.) [S L. 29]

kończyć się (imperf.) - skończyć się (perf.) (mainly 1p sg and 3p pl used) *to finish, end* (L. 12)

konieczny *necessary, needful* (L. 26)

koniugacja *conjugation* (L. 18Ex.)

kontakt oficjalny *official contact* (L. 30Ex.)

kontakt towarzyski *social contact* (L. 30Ex.)

kosić (imperf.) - skosić (perf.) + A *to mow* (L. 10)

kostium kąpielowy *swim suit* (L. 23)

koszmarnie *nightmarishly, ghastly* (L. 30Ex.)

kosztować (imperf.) *cost* (L. 22)

kościół *church* (L. 19) [S L. 21]

kowal *blacksmith* (L. 2)
krakowiak *cracovianne (dance)* (L. 25)
Krakowskie Przedmieście *Cracow Suburb* (famous street in Warsaw) (L. 27b)
krawcowa *dressmaker, seamstress* (L. 28Ex.)
Krawczyk (krawiec *tailor* - krawczyna [pejorative] *paltry tailor*) (L. 7)
krawiec *tailor (m.)* (L. 28Ex.)
krem *cream, custard* (L. 9)
kręcić (imperf.) - nakręcić (perf.) *shoot, make (a film)* (L. 30)
król *king* (L. 19)
królewski *royal* (L. 19)
krzyczeć (imperf.) - krzyknąć (perf.) *cry out, exclaim, utter (give) a cry* (L. 27c)
krzyknąć (perf.) see krzyczeć
książka *book* (L. 2Ex.) [S L. 14]
księgarnia *bookshop, book-store* (L. 14)
kształcić (imperf.) - wykształcić (perf.) + A *instruct, educate, teach, train* (L. 19)
który (interrogative and relative pronoun) *which (one)* (L. 4Ex.) [S L. 10]
kuchnia *kitchen* (L. 12) [S L. 21]
kultura *culture* (L. 19)
"Kultura" *Culture* (L. 14)
kupić (perf.) - kupować (imperf.) *buy* (L. 11Ex.) [S L.13]
kupować (imperf.) see kupić
kurant *carillon, chime(s)* (L. 25)
"Kurier Polski" *Polish Courier* (L. 14)

L

laryngolog *laryngologist* (L. 27Ex.)
lata (pl of rok) *years* (L. 13) [S L. 26]
lato *summer* (L. 10) [S L. 26]
laty (old I form for present day latami) *years;* przed paru laty = parę lat temu (*ago*) (L. 20)
leci się *one flies (travels)* (L. 22)
leczyć (imperf.) + A *treat, attend (a patient*) ; leczyć kogoś na jakąś chorobę *treat sb for a disease;* wyleczyć (perf.) + A *cure, heal* (sb [kogoś] *of sth* [z czegoś]) (L. 26)
legenda *legend* (L. 19)
lekarz *doctor* (L. 13) [S L. 18]
lektorat *course (in a foreign language), class* (L. 20Ex.)
lektura *reading (matter)* (L. 14)
leniuch *sluggard, idler, lazy-bones* (L. 29Ex.)
letnia rezydencja *summer residence* (L. 27a)
leżeć (imperf.) *lie, recline* (w łóżku in bed); poleżeć (perf.) *lie, stay in bed (some time)* (L. 26)
leżeć do góry brzuchem *loll (in indolence)* (L. 29Ex.)
leżeć u czyichś stóp *grovel before sb* (L. 29Ex.)
liczebnik *numeral, number* (L. 15Ex.)
lis *fox* (L. 10Ex.)
list *letter* (L. 9Ex.) [S L. 14]
liść *leaf* (L. 27Ex.)
literatura *literature* (L. 14)
litr *litre* (L. 16Ex.)
lokal *café, bar* (L. 30)
lotnisko *airport* (L. 22) [S L. 27]
lub *or* (L. 17)
lubelski *of Lublin* (L. 20)
lubić (imperf.) + A *like, be fond of, enjoy* ; polubić (perf.) + A *grow to like, grow fond of* (L. 8) [S L. 11]

L

łańcuszek (dim of łańcuch) chainlet (L. 27Ex.)

łaskaw *(so) kind, gracious* (L. 30Ex.)

łaskawie *graciously, kindly* (L. 30Ex.)

ławka *bench* (L. 23Ex.)

łączyć (imperf.) - **połączyć** (perf.) + A + "z"+ I *join, connect, combine, unite* (L. 22Ex.)

łóżko [S L. 27] *bed* (L. 1)

M

malec *lad, boy* (L. 27c)

Malinowski (malina *raspberry [bush]*) (L. 26)

malować (imperf.) - **namalować** (perf.) + A *paint* (L. 27a)

małpa *monkey* (L. 10Ex.)

mały *small* [S L. 9]

mapa *map*

marsz *off you go, get out* (L. 27c)

marszczyć (imperf.) - **zmarszczyć** (perf.) *wrinkle, knit* (brew one's brow) (L. 27Ex.)

marzenie *dream* (L. 11Ex.) [S L. 30]

matka *mother* (L. 2Ex.) (S L. 3)

mazurek *mazurka (dance)* (L. 25)

Mazury *Masuria (northern lake district of Poland)* (L. 22)

Mickiewicz, Adam (1798-1855) *Poland's greatest poet* (L. 19)

mieć (imperf.) *have* (L. 2Ex.)

mieć nadzieję *(have) hope* (L. 20)

mieć sprawę do załatwienia *have a matter (business) to settle (take care of)* (L. 28a)

miejsce *place* (L. 15)

miejscowość *locality, place, spot* (L. 20)

mierzyć (imperf.) - **zmierzyć** (perf.) + A *measure;* mierzyć

komuś temperaturę *take* (+ D [of person] + A [of temperature] sb's temperature (L. 26)

mieścić się (imperf.) - **zmieścić się** (perf.) *be situated, have enough room for, go into sth* (L. 27Ex.)

między innymi *among other things* (L. 22)

milion *million* (L. 19)

miły *nice, pleasant* (of people); *attractive, nice pleasing* (of room, accommodation, view etc.) (L. 1) [S L. 3]

mimo że *in spite, despite, notwithstanding* (L. 30Ex.)

mnóstwo *large (great, enormous) number), lots* (L. 22Ex.)

modnie *fashionably, stylishly* (L. 8)

modyfikować (imperf.) - **zmodyfikować** (perf.) + A *modify, alter* (L. 22Ex.)

modyfikując *modifying* (L. 22Ex.)

mokro *wet* (L. 28Ex.)

moneta *coin* (L. 27Ex.)

Moniuszko, Stanisław (1819-1872) *great Polish nineteenth century composer* (L. 25)

most *bridge* (L. 23Ex.)

mowa niezależna *direct speech* (L. 30Ex.)

mowa zależna *indirect speech* (L. 30Ex.)

mój *possessive pronoun, m sg informal* (moja [f. sg], moje [n. sg]) *my, mine* (L. 2Ex.) [S L. 3]

mróz *frost, the cold* (L. 27Ex.)

mruczeć (imperf.) - **pomruczeć** (perf.) *murmur, grumble, mumble* (L. 28a)

mruczeć pod nosem *mumble under one's nose* (L. 28a)

muzyka ludowa *folk music* (L. 25)

mycie *washing* (L. 28a)

myśleć (imperf.) - pomyśleć (perf.) *think* (L. 20)

N

nadaremnie *in vain, to no purpose* (L. 30Ex.)

nadjechać (perf.) - nadjeżdżać (imperf.) *come up, arrive, drive up (in)* (L. 29Ex.)

nadjeżdżać (imperf.) see nadjechać

nadzieja *hope* (L. 12)

naiwny *naive* (L. 11)

najcenniejszy (superl. adj.) *most valuable* (L. 19)

najcudowniej jak może być *as wonderful as possible* (L. 30Ex.)

najmocniej przepraszam *I'm awfully (so) sorry* (L. 30Ex.)

najpierw *first (of all), at first* (L. 17)

najświeższa moda *latest fashion, style* (L. 27Ex.)

nakarmić (perf.) see karmić

nakładać (imperf.) - nałożyć (perf.) *put on* (L. 29a)

na koncercie ("na" + L + of koncert) *at the concert* (L. 7Ex.)

nakręcić (perf.) see kręcić

nałożyć (perf.) see nakładać

nałożyć sobie obrączki *exchange wedding bands* (L. 29a)

namalować (perf.) see malować

na nią ("na" + A of ona) *for her* (L. 12)

napewno *surely, for sure* (L. 25)

napisać (perf.) - pisać (imperf.) + I *write* (pisać czymś *write with sth*) (L. 7Ex.) [S L. 9]

naprawiać (imperf.) - naprawić (perf.) *repair, fix, mend* (L. 27Ex.)

naprawić (perf.) see naprawiać

narodowy *national* (L. 19) [S L. 27]

narrator *narrator* (L. 15Ex.)

narysować (perf.) - rysować (imperf.) + A (coś - sth) *draw, make a drawing, to pencil* (L. 24Ex.)

nasi (pl of nasz) *our(s)* (L. 13Ex.) [S L. 19]

następnie *then, next, afterwards* (L. 27Ex.)

następujące *following* (L. 15Ex.)

nasz *possessive pronoun m. sg informal* (nasza [f. sg] nasze [n. sg] *our(s)* (L. 3Ex.) [S L. 10]

na szczęście *fortunately, luckily* (L. 22Ex.)

naśmiecić (perf.) - śmiecić (imperf.) *make, (leave) a mess, litter (with rubbish)* (L. 29Ex.)

natychmiast *immediately* (L. 28b) [S L. 29]

nauczyć się (perf.) - uczyć się (imperf.) + G (of subject) *study, learn* (L. 2) [S L. 5]

nauka *study, science* (L. 19) [S L. 30]

nawias *parenthesis , bracket* (L. 16Ex.)

nawiązać (perf.) - nawiązywać (imperf.) + "do" + G *refer (to sth)* (coś do czegoś - *sth to [with] sth*) *link* (L. 25)

nawiązanie kontaktu *establishing contact, starting a conversation* (L. 30Ex.)

nawiązywać (imperf.) see nawiązać

na wprost *straight ahead* (L. 27b)

na wsi ("na" + L of wieś) *in the country* (L. 10)

nazwa *name, designation* (L. 19Ex.)

nazwać siebie *call, name (oneself)* (L. 30Ex.)

nazywany *called* (L. 19)

nic podobnego *nothing of the kind! (of the sort)* (L. 30Ex.)

nie należy *one should (ought) not* (L. 27Ex.)

niebieski *(sky-) blue* (L. 8) [S L. 23]

niecały *somewhat less than, incomplete* (L. 22)

niedługo *before long, not long* (L. 20)

niedźwiedź *bear* (L. 10Ex.)

niegdyś *once, in the past, in bygone days* (L. 27a)

niekiedy *sometimes, at times, now and then, from time to time* (L. 29Ex.)

nieostrożny *careless, imprudent, incautious* (L. 22Ex.)

niespodzianka *surprise* (L. 28Ex.)

niesympatyczny *unlikeable, uncongenial* (L. 7)

niewielkie *not large, little, small (ish)* (L. 10)

niezadowolenie *discontent, dissatisfaction* (L. 27Ex.)

niezadowolony *dissatisfied* (L. 11)

nieźle *pretty (fairly) well; not fully* (L. 22)

niski *low, short, of short statute* (L. 24Ex.) [S L. 25]

nocny pociąg *night (time) train* (L. 23Ex.)

nowożeńcy *bride and bridegroom, newlyweds* (L. 29a)

O

obciąć (perf.) - **obcinać** (imperf.) *cut off, clip, crop* (L. 27Ex.)

obcinać (imperf.) see **obciąć**

obecnie *(just) now, at present (time) , nowdays, to-day* (L. 9)

obiad *dinner* (L. 12) [S L. 17]

obok + G *alongside, next to* (L. 9) [S L. 30]

obok ciebie (obok + G of ty) *next to you* (L. 9Ex.) [S L. 30]

obok państwa Kowalów (obok + G of państwo Kowalowie) *next to Mr. and Mrs. Kowal* (L. 9Ex.)

obrady (pl only) *deliberations, debates, proceedings* (L. 27a)

oburzać się (imperf.) - **oburzyć się** (perf.) + "na" + A *feel (be) indignant* ("na" kogoś - *with sb* ; na coś - *at sth*), *resent* (na coś - *sth*) (L. 28b)

oburzyć się (perf.) see **oburzać się**

obywatel *citizen* (L. 29Ex.)

oczywiście *of course* (L. 6) [S L. 14]

odbierać (imperf.) - **odebrać** (perf.) + A + "od" + G *take* (coś od kogoś - *sth from sb*) *collect (pick up sth), take back* (L. 23)

odbudowany *rebuilt , reconstructed* (L. 27a)

oddać (perf.) - **oddawać** (imperf.) + A (of what) + D (to whom); *give (hand) back, return* (L. 20Ex.)

oddawać (imperf.) see **oddać**

od dziecka *form childhood* (L. 30)

oddzielać (się) (imperf.) - **oddzielić (się)** (perf.) + A + "od" + G *separate* (kogoś, coś od czegoś - *sb, sth from sth*) *cut off, divide, mark off, detach* (L. 29Ex.)

oddzielić (się) (perf.) see **oddzielać (się)**

odebrać (perf.) see **odbierać**

odezwać się (perf.) - **odzywać się** (imperf.) *respond, reply* (L. 28a)

odlatywać (imperf.) - **odlecieć** (perf.) *fly away (off), take off, start on a flight* (L. 30Ex.)

odlecieć (perf.) see **odlatywać**
odmiana *inflexion, declension* (L. 27Ex.)
odmowa *refusal (czegoś of sth), denial* (L. 30Ex.)
odnawiać (imperf.) - **odnowić** (perf.) *renew, renovate, restore* (L. 28a)
odnowić (perf.) see **odnawiać**
odpowiadać (imperf.) - **odpowiedzieć** (perf.) + "na" + A *answer, reply* (L. 9)
odpowiednie *appropriate, suitable, proper* (L. 15Ex.)
odpowiednik *equivalent, counterpart* (L. 19Ex.)
odpowiedzieć (perf.) see **odpowiadać**
odrabiać (imperf.) - **odrobić** (perf.) + A *get done* (lekcje one's lessons, homework; pracę one's work), *do, perform (one's assigned task)* (L. 28Ex.)
od rana *since morning* (L. 27Ex.)
odrobić (perf.) see **odrabiać**
od tygodnia *since a week ago* (L. 27a)
odwdzięczać się (imperf.) - **odwdzięczyć się** (perf.) + D *return, repay , requite* (komuś za przysługę - *for sb's service*) (L. 30Ex.)
odwdzięczyć się (perf.) see **odwdzięczać się**
odwiedzać (imperf.) - **odwiedzić** (perf.) + A *visit, call on sb, pay a visit, go and see* (L. 13)
odwiedzić (perf.) see **odwiedzać**
odzywać się (imperf.) see **odezwać się**
ogórek *cucumber* (L. 16)
ojciec *father* (L. 2Ex.) [S L. 3]
okazać się (perf.) - **okazywać się** (imperf.) + I *turn out (to be sth*

or sb) ; *okazuje się, że* it *appears that* (L. 26)
okazywać się (imperf.) see **okazać się**
oko (pl oczy) *eye* (L. 8) [S L. 27]
okropnie *horribly, awfully, dreadfully* (L. 30Ex.)
okrzyk *shout, exclamation, cheer* (L. 29b)
ołtarz *altar* (L. 19)
o nich ("o" + L of oni and one) *about them* (L. 15Ex.)
opera *opera* (L. 25) [S L. 27]
opisać (perf.) - **opisywać** (imperf.) + A *describe* (L. 16Ex.)
opisywać (imperf.) see **opisać**
opowiadać (imperf.) - **opowiedzieć** (perf.) + A *tell, relate* (L. 20)
opowiedzieć (perf.) see **opowiadać**
oprócz + G *besides* (L. 4Ex.) [S L. 16]
oraz *and, also, as well as* (L. 16)
organizowany *organized* (L. 25)
Orłowski (orzeł eagle) (L. 4) [S L. 10])
o swoich ogłoszeniach ("o" + L pl) *about one's own advertisements* (L. 15Ex.)
owoc (pl owoce) *fruit* (L. 16)
owsiane *of oats* (L. 17)
oznajmiać (imperf.) - **oznajmić** (perf.) + D + A *inform* (komuś coś - *sb of sth*) *state, announce* (L. 29Ex.)
oznajmić (perf.) see **oznajmiać**
ożenić się (perf.) - **żenić się** (imperf.) + "z" + I *marry, get married (of men)* ; **wychodzić** (imperf.) - **wyjść** (perf.) **za mąż** *marry, get married (of women)* (L. 25) [S L. 29]

P

paczka [S L.23] *package* (L. 17Ex.)

Pałac Kultury i Nauki *Palace of Culture and Science* (L. 27b)

pałac magnacki *magnate's palace* (L. 27a)

pałac w Wilanowie *palace in Wilanów* (L. 27a)

pani domu *mistress* (L. 29b)

panie (V of pan) *sir* (L. 15) [S L. 29]

pan młody *bridegroom* (L. 29a)

panna młoda *bride* (L. 29a)

państwo *state, nation* (L. 27a)

państwowy *state, national* (L. 20)

papuga *parrot* (L. 10Ex.)

para *pair* (L. 16Ex.)

parasolka *lady's umbrella* (L. 23Ex.)

parter *ground floor (U.S. first floor)* (L. 21Ex.)

pasować (imperf.) - **dopasować** (perf.) + A +"do" + G *fit sth to sth* (L. 27Ex.)

pasować do czegoś *to be in character with sth* (L. 27Ex.)

patrzeć (się) (imperf.) "na" + A *look at, see* ; **popatrzeć (się)** (perf.) *look a while, have a look* (L. 19Ex.)

pchać (imperf.) - **pchnąć** (perf.) + A *shove, push, stick* (only imperf. used in this meaning) (L. 27Ex.)

pchnąć (perf.) see **pchać**

pełnić (imperf.) - **spełnić** (perf.) + A *perform, fulfil* (L. 27Ex.)

"Perspektywy" *Perspectives* (L. 14)

pewnego dnia *one day, once* (L. 30)

pianistka *pianist* (L. 13)

piasek *sand* (L. 27Ex.)

pić (imperf.) - **wypić** (perf.) + A *drink* (L. 12) [S L. 16]

pieniądz *coin* ; pieniądze (N pl) *money* (G pl pieniędzy) (L. 11) [S L. 23]

piesek (dim of pies) *doggie* (L. 28Ex.)

pięćset *five hundred* (L. 19) [S L. 26]

piętro *floor, story* (L. 21Ex.)

pilna sprawa *urgent, pressing matter (business)* (L. 28a)

pilniczek (dim of pilnik) *fingernail file* (L. 27Ex.)

pilnować (imperf.) + G *keep watch, guard*; **popilnować** (perf.) *keep watch, guard* (awhile) (L. 10)

pilny *diligent, studious* (L. 19Ex.)

piłka nożna *football, soccer* (L. 27c)

piosenka *song* (L. 8) [S L. 11]

piosenkarz miesiąca *singer of the month* (L. 30)

pisać (imperf.) see **napisać**

plan miasta *town map (plan)* (L. 27b)

planować (imperf.) - **zaplanować** (perf.) + A *plan, make plan, intend, contemplate* (L. 23)

pluć (imperf.) - **plunąć** (perf.) *spit* (L. 29Ex.)

pluć sobie w oczy *feel like kicking oneself for having done sth* (L. 29Ex.)

plunąć (perf.) see **pluć**

płaczący *crying* (L. 24Ex.)

płakać (imperf.) *cry, weep;* **zapłakać** (perf.) *start crying (weeping)* (L. 24Ex.)

pobierać (imperf.) - **pobrać** (perf.) *take (a number of things from different places)* (L. 29Ex.)

pobierać się (imperf.) - pobrać
się (perf.)   marry, be married
(used only in pl. to mean "to get
married") (L. 29a)
pobrać (perf.) see pobierać
pobrać się (perf.) see pobierać się
pociągnąć (perf.) see ciągnąć
poczucie   sense (of) feeling (of)
(L. 8)
podać (perf.) - podawać (imperf.) +
A   supply, give (L. 16Ex.)
podane niżej given (listed) below
(L. 28Ex.)
podany given,   supplied (L.
16Ex.)
podawać (imperf.) see podać
podarty torn (L. 27Ex.)
podawać (imperf.) see podać
podbite oko   black eye (L. 27c)
podhalański   of   the   Tatra
Highlands (L. 10)
podkreślony   underlined   (L.
18Ex.)
podobnie   similarly, in a like
manner (L. 27a)
podobno   it appears, rumor has it,
presumably, supposedly (L. 27Ex.)
po drodze ("po" + L of droga)   on
the way (L. 22Ex.)
podrzędnie złożone   subordinate
(clauses) (L. 30Ex.)
podtrzymanie rozmowy
maintaining a conversation (L.
30Ex.)
podwórko (court)yard, back-yard
(L. 28b)
podzielić (perf.) see dzielić
podziękować   (perf.)   see
dziękować
podziękowanie expression   of
thanks (L. 30Ex.)
poeta poet (L. 19)
pofatygować   się (perf.)   see
fatygować się
pogoda weather (L. 22Ex.)

pogromca conqueror (L. 27a)
pohałasować   (perf.)   see
hałasować
pojechać (perf.) see jechać
pojechać nad   wodę go to the
lake (L. 28Ex.)
pokaleczony cut, injured (L. 27c)
pokazać (perf.) - pokazywać
(imperf.)   + D (of person) + A (of
things) ;   show, exibit, let (sb) see
(sth) (L. 15)
pokazać komuś język   to stick
out one's tongue at someone (L.
28b)
pokazywać (imperf.) see pokazać
pokój room (L. 1) [S L. 20]
pole   field (L. 10) [S L. 28]
poleżeć (perf.) see leżeć
polonez polonaise (L. 25)
polubić (perf.) see lubić
połączyć (perf.) see łączyć
pomału slowly, gradually (L. 29b)
pomidor tomato (L. 16) [S L.
20]
pomnik monument (L. 19)
pomruczeć (perf.) see mruczeć
pomyśleć (perf.) see myśleć
ponieważ because, for, since
(L. 14)
popatrzeć (się) (perf.) see patrzeć
(się)
popchnięty jostled,   pushed,
shoved (L. 28b)
popilnować (perf.) see pilnować
po polsku   in Polish (L. 2)
poprawiać się (imperf.)   -
poprawić się (perf.)   improve,
get better (L. 28Ex.)
poprawić się   (perf.)   see
poprawiać się
poprowadzić (perf.) - prowadzić
(imperf.) + A   lead (L. 19)
pora time, season (L. 10) [S L. 29]
porozmawiać (perf.) talk, chat (a
little), have a talk (with sb) ;

rozmawiać (imperf.) *converse* + "z" + I (L. 12) [S L. 14]

portret *portrait* (L. 27Ex.)

Portugalia *Portugal* (L. 19Ex.)

porządek *order* (robić porządek - *tidy sth up, clean sth*) (L.16)

porządnie *neatly, carefully* (L. 29b)

porzucać (imperf.) - **porzucić** (perf.) *abandon, give up, quit, renounce, forsake* (L. 29a)

porzucenie palenia papierosów *(quitting, stopping, giving up) smoking* (L. 29Ex.)

porzucić (perf.) see **porzucać**

posiedzieć (perf.) - **siedzieć** (imperf.) *sit awhile, stay (at home etc.)* (L. 9) [S L. 27]

posłuchać (perf.) - **słuchać** (imperf.) + G *listen to* (L. 7) [S L. 16]

posługiwać się (imperf.) - **posłużyć się** (perf.) + I *use, employ make use of* (L. 19Ex.)

posługując się *employing, using* (L. 19Ex.)

posłużyć się (perf.) see **posługiwać się**

pospać (perf.) *to have some sleep;* **spać** (imperf.) *sleep* (L. 12Ex.) [S L. 29]

posprzątać (perf.) - **sprzątać** (imperf.) *clean, tidy up* (L. 28a)

postać (perf.) *stand (awhile)* ; **stać** (imperf.) *stand* (L. 16) [S L. 29]

postanawiać (imperf.) - **postanowić** (perf.) *decide, determine, resolve, make up one's mind* (L. 22) [S L. 30]

postanowić (perf.) see **postanawiać**

postudiować (perf.) see **studiować**

poszukać (perf.) - **szukać** (imperf.) + G *look for* (L. 15) [S L. 17]

pośmiać się (perf.) see **śmiać się**

poświecić (perf.) - **świecić** (imperf.) *shine, emit light, irradiate* (L. 28Ex.)

po świecie ("po" + L of świat) *around the world, all over the world* (L. 11)

poświęcać (imperf.) - **poświęcić** (perf.) + A + "na" + A *devote, spend* (L. 14)

poświęcić (perf.) see **poświęcać**

potem *after that, afterwards, then, later (on)* (L. 12)

potęga turecka *Turkish power* (L. 27a)

potrącając + G *jostling, bumping into* (L. 28b)

potrudzić się (perf.) *make an effort, take (give oneself) some trouble* ; **trudzić się** (imperf.) *trouble oneself, take pains, toil* (L. 30Ex.)

potrwać (perf.) - **trwać** (imperf.) *take place , go on, last, take (some time)* (L. 22)

potrzymać (perf.) - **trzymać** (imperf.) + A *hold* (L. 28Ex.)

poważny *serious* (L. 10)

powiadać - *to say, tell* (L. 10)

powiesić (perf.) - **wieszać** (imperf.) + A *hang* (L. 27a)

powietrze *air* (L. 28a)

powitanie *greeting* (L. 30Ex.)

powstać (perf.) - **powstawać** (imperf.) *come into being (into existence), originate* (L. 19)

powstawać (imperf.) see **powstać**

powtarzać (imperf.) - **powtórzyć** (perf.) + A *repeat* (L. 11Ex.)

powtórzyć (perf.) see **powtarzać**

po wyjściu ("po" + L of wyjście) *after leaving* (L. 27Ex.)

pozwalać (imperf.) - **pozwolić** (perf.) + D *allow, permit let sb (to)do sth* (L. 27Ex.)

pozwolić (perf.) see pozwalać

pożałować (perf.) - żałować
(imperf.) *pity sb or sth* (czegoś)
(L. 27Ex.) [S L. 29]

później *later* (L. 18)

praca *work, occupation, labor* (L. 12Ex.) [S L. 13]

praca **domowa** *paper, (writing assignment), housework* (L. 12Ex.)

praca **zawodowa** *professional work* (L. 28a)

Pradze (L of Praga) *Prague* (L. 20Ex.)

prowadzić (imperf.) see poprowadzić

przebój *hit (song)* (L. 30)

przebyć (perf.) - przebywać (imperf.) *stay* (L. 9) [S L. 18]

przebywać (imperf.) see przebyć

przechodzący *passer-by* (L. 29b)

przechodzić (imperf.) - przejść (perf.) + A *cross, go (walk) along* (L. 27b)

przechodzień *passer-by* (L. 28b)

przeczący *negative* (L. 16Ex.)

przeczytać (perf.) see czytać

przedpokój *anteroom, antechamber, hall* (L. 21)

przedpołudnie *forenoon, morning* (L. 23)

przedrostek *prefix* (L. 22Ex.)

przedtem *before, (then, that), earlier* (L. 20Ex.)

przed **wiekami** *ages ago* (L. 27a)

przejąć (perf.) - przejmować (imperf.) + A *take over* (L. 27a)

przejmować (imperf.) see przejąć

przejść (perf.) - przechodzić (imperf.) + A *cross, go (walk) along* (L. 27b)

"Przekrój" *Review* (L. 14Ex.)

przekształcać (imperf.) - przekształcić (imperf.) + A *transform, convert* (L. 20Ex.)

przekształcić (perf.) see przekształcać

przepraszać (imperf.) - przeprosić (perf.) + A + "za" +A *offer apology, beg, ask* (kogoś - sb́s) *pardon, apologize* (kogoś za coś - sb for sth), *express regret* (za coś - for sth) (L. 28b)

przeprosić (perf.) see przepraszać

przeproszenie *apology* (L. 30Ex.)

przeprowadzać (imperf.) - przeprowadzić (perf.) *conduct* (wywiad - interview etc.,) (L. 30)

przeprowadzać **się** (imperf.) - przeprowadzić **się** (perf.) *move, change one's residence* (L. 21)

przeprowadzić (perf.) see przeprowadzać

przeprowadzić **się** (perf.) see przeprowadzać **się**

przerażony *frightened, horrified, aghast* (L. 28a)

przerwa *break, pause, interval* (L. 12)

przestać (perf.) - przestawać (imperf.) *stop, cease, leave off, discontinue, quit* (coś robić - doing sth) (L. 28Ex.)

przestawać (imperf.) see przestać

przestrach *fright, fear, terror* (L. 27Ex.)

przestraszony *frightened, scared* (L. 27c)

przesunąć (perf.) - przesuwać (imperf.) *move, shift* (L. 28a)

przesuwać (imperf.) see przesunąć

przeszkadzać (imperf.) - przeszkodzić (perf.) *hinder, disturb, trouble* (L. 7) [S L. 25]

przeszkodzić (perf.) see przeszkadzać
prześledzić (perf.) ; śledzić (imperf.) + A *make a thorough study* (L. 27b)
przetłumaczyć (perf.) + A + "na" + A (inny język) *translate, render in different language* ; tłumaczyć (imperf.) "z" + G (of original language) + "na" + A (target language) (tłumaczyć z czego na co - tłumaczyć powieść z francuskiego na [język] polski) (L. 24Ex.)
przez siebie *by you (yourself, oneself)* (L. 26Ex.)
przybyć (perf.) - przybywać (imperf.) *come, arrive, attain (one's destination)* (L. 27Ex.)
przybywać (imperf.) see przybyć
przychodnia *outpatient clinic, dispensary* (L. 26)
przychodzić (imperf.) - przyjść (perf.) *come, arrive (on foot)* (L. 15) [S L. 23]
przyglądać się (imperf.) - przyjrzeć się (perf.) + D *have a look at sb (sth), watch, observe, examine, scrutinize* (L. 27Ex.)
przygoda *adventure* (L. 25)
przygotować (perf.) - przygotowywać (imperf.) + A *prepare, get ready* (L. 12)
przygotowanie *preparation* (L. 29a)
przygotowywać (imperf.) see przygotować
przyimki (przyimek sg) *prepositions* (L. 15Ex.)
przyjemność *pleasure* (L. 18Ex.)[S L. 24]
przyjemny *pleasant* (L. 18Ex.)
przyjęcie *reception, party* (L. 16) [S L. 23]

przyjęcie propozycji *acceptance of a proposal (offer)* (L. 30Ex.)
przyjrzeć się (perf.) see przyglądać się
przyjść (perf.) see przychodzić
przymierzalnia *fitting room* (L. 23)
przymiotnik *adjective* (L. 16Ex.)
przynieść (perf.) - przynosić (imperf.) + A *bring (by carrying)* (L. 15Ex.)
przynosić (imperf.) see przynieść
przypomnienie *reminder* (L. 30Ex.)
przyrzec (perf.) - przyrzekać (imperf.) + D + A *promise* (komuś coś -*sb sth*) (L. 28Ex.)
przyrzekać (imperf.) see przyrzec
przystanek *stop* (autobusowy, tramwajowy - *bus, streetcar*) (L. 27Ex.)
przystojny *handsome* (L. 7) [S L. 8]
przysłówek *adverb* (L. 16Ex.)
przytaknięcie *assent, acquiescence* (L. 30Ex.)
przywitać (perf.) - witać (imperf.) + A *greet (sb), bid welcome* (kogoś - *sb.*). Witaj(cie)! w Ameryce (w Polsce itd.) *Welcome to America (Poland etc.)* (L. 28Ex.)
psuć (imperf.) - zepsuć (perf.) + A *damage, spoil, mess (sth) up* (L. 23Ex.) [S L. 24]
psuć się (imperf.) - zepsuć się (perf.) *go bad, rot, break down, spoil, get spoiled* (L. 24Ex.)
punkt miejski *municipal (town) point (place)* (L. 27Ex.)
puszczając *releasing, letting go (coś, of sth)* (L. 28b)
puszka *can* (L. 16Ex.)

R

radość *joy, delight, happiness* (L. 21)

ramię *shoulder* (L. 27Ex.)

ratusz *town hall, city-hall* (L. 27Ex.)

razem *together* (L. 9) [S L. 26]

redakcja *(editorial) staff, (editorial) office* (L. 21)

redaktor *editor* (L. 18)

rodzice *parents* (L. 9) [S L. 13]

rodzinny adj. *family* (L. 17) [S L. 20]

rola *role* (L. 27a)

romantyzm *romanticism* (L. 15)

rosnąć (imperf.) - **wyrosnąć** (perf.) *grow, grow up* (L. 23Ex.)

rozbity *injured, hurt, bruised* (L. 27c)

rozboleć (perf.) see **boleć**

rozdzielone *divided up, dealt out* (L. 29b)

rozmawiać (imperf.) see **porozmawiać**

rozmowa *conversation* (L. 15Ex.)

rozmowa służbowa *official (business) conversation* (L. 30Ex.)

rozpoczęte *begun, started* (L. 20Ex.)

rozprawiać (imperf.) - **rozprawić** (perf.) + "nad" + I or "o" + L *discuss, speak, (at length) discourse* (nad czymś - *about sth* : o czymś - *on sth*) (L. 29b)

rozprawić (perf.) see **rozprawiać**

róg *corner, horn* (L. 23)[S L. 27]

również *also, likewise* (L. 14) [S L. 18]

różany *pink, rosy, rose* (colored) (L. 21)

różnić się (imperf.) czymś od kogoś (czegoś) *differ* (L. 22)

Rumunia *Romania* (L. 19Ex.)

ruszać (imperf.) - **ruszyć** (perf.) *start, set off* (L. 28b)

ruszyć (perf.) see **ruszać** (

rynek *market (square)* (L. 19) [S L. 27]

rysować (imperf.) see **narysować**

rzadko *rarely, seldom* (L. 13)

rzadszy *thinner* (L. 24)

rząd *row, tier* (L. 28Ex.)

rzeczownik *noun* (L. 15Ex.)

rzeczownik odsłowny *verbal noun* (L. 18Ex.)

rzeczywiście *indeed* (L. 30Ex.)

rzeczywistość *reality, actuality, the facts (of) the case* (L. 22)

rzeźba *sculpture* (L. 29Ex.)

rzucać (imperf.) - **rzucić** (perf.) + A or I + "na" + A (coś, czymś na kogoś, coś - *sth at sb, sth*) *throw* (L. 29Ex.)

rzucić (perf.) see **rzucać**

S

sądzić (imperf.) *judge, think* (L. 15Ex.) [S L. 26]

sąsiad *neighbor* (L. 10) [S L. 28]

schemat *pattern* (L. 28Ex.)

schodzić (imperf.) - **zejść** (perf.) *go (come, walk, step) down, desend* (L. 21Ex.)

serdecznie witam *warm greetings* (L. 30Ex.)

sernik *cheese-cake* (L. 17)

siadać (imperf.) - **siąść** (perf.) *sit down* (L. 23Ex.) [S L. 29]

siąść (perf.) see **siadać**

siedziba *seat (of government, kings)* (L. 27a)

siedzieć (imperf.) see **posiedzieć**

Sienkiewicz, Henryk (1846-1916) first Polish novelist to receive a Nobel Prize in literature (1905) (L. 14Ex.)

siostrzeniec (pl siotrzeńcy) *nephew (sister's son;* bratanek - *brother's son)* ; siostrzenica *niece* (L. 13)

siwy *gray* (L. 27Ex.)

skarpetka *sock* (L. 23)

składać (imperf.) - **złożyć** (perf.) *put away*, *fold* (L. 29b)

skolekcjonować (perf.) see **kolekcjonować**

skończyć (perf.) see **kończyć**

skończyć się (perf.) see **kończyć się**

skosić (perf.) see **kosić**

skradziony *stolen* (L. 29Ex.)

skręcać (imperf.) - **skręcić** (perf.) *turn* (L. 27b)

skręcić (perf.) see **skręcać**

słabo *weakly* (L. 9) [S L. 25]

słuchać (imperf.) see **posłuchać**

słusznie *right, true, quite so, oh yes* (L. 30Ex.)

słyszeć (imperf.)*hear* ; **usłyszeć** (perf.) - + A *overhear, catch sound of, hear, learn, be told* (L. 29Ex.)

smok wawelski *Wawel dragon* (L. 27Ex.)

Snop (snop *sheaf [of wheat], etc.)* (L. 30)

Sobieski, Jan (1624-1696) King of Poland (1674-1696) (L. 27a)

spacer *walk, stroll* (L. 15Ex.)

spać (imperf.) see **pospać**

spadać (imperf.) - **spaść** (perf.) *fall (down)* (L. 28Ex.)

spadł deszcz *rain fell, it rained* (L. 28Ex.)

spaść (perf.) see **spadać**

spełnić (perf.) - **pełnić** (imperf.) + A *perform, fulfil* (L. 27Ex.)

spędza mi sen z oczu *keeps me awake at night* (L. 27Ex.)

spędzać (imperf.) - **spędzić** (perf.) + A *pass (czas na czymś) one's time doing sth , spend, pass (time)* (L. 9)

spędzić (perf.) see **spędzać**

spieszczanie *creating endearing forms* (L. 30Ex.)

spotkać (perf.) - **spotykać** (imperf.) + A *meet* (L. 11Ex.) [S L. 12]

spotykać (imperf.) see **spotkać**

spójnik *conjunction* (L. 30Ex.)

sprawdzać (imperf.) - **sprawdzić** (perf.) + A *check, verify, test* (L. 20Ex.)

sprawdzić (perf.) see **sprawdzać**

sprawiać (imperf.) - **sprawić** (perf.) *cause, occasion, bring (sth) about* (komuś coś - *sb sth*) (L. 30Ex.)

sprawić (perf.) see **sprawiać**

sprawowanie *performance,* -**się** *conduct, behavior* (L. 21)

sprzątać (imperf.) - **sprzątnąć** (perf.) + A *clean (up), clear,, take (sth) away* (L. 24Ex.) [S L. 28]

sprzątanie *cleaning (up), housework* (L. 28a)

sprzątnąć (perf.) see **sprzątać**

sprzedawca *shop attendant (m.), salesman, shopkeeper, dealer* (L. 28Ex.)

sprzedawczyni *shop attendant (f.), saleswoman* (L. 28Ex.)

stać (imperf.) see **postać**

stale *permanently, constantly* (L. 13)

stanąć (perf.) - **stawać** (imperf.) *to take up a position, by standing* (stanąć rzędem - *stand in a row*) *stop, come to a halt* (L. 29Ex.)

stan kawalerski *bachelorhood* (L. 29a)

Stare Miasto *Old Town* (L. 14Ex.)

staromiejski adj. *old-town* (L. 19)

starzec   *old man*   (L. 27Ex.)
stawać   (imperf.) see **stanąć**
stojący   adj. *standing,   upright*
(L. 19)
stopień   *degree, grade*   (L. 16Ex.)
[S L. 18]
strasznie   *terribly, frightfully*   (L.
30Ex.)
straszny   *terrible*   (L. 25) [S L.
28]
streszczenie   *summary*   (L.
15Ex.)
strona bierna   *passive voice*   (L.
20Ex.)
strona czynna   *active voice*   (L.
20Ex.)
studiować   (perf.) - **postudiować**
(imperf.) + A   (of subject) + "na"
or "w" + L (of place),   *study* (L.
2)   [S L. 13]
stwierdzać   (imperf.) - **stwierdzić**
(perf.)   *state, note sth*   (L. 27Ex.)
stwierdzić   (perf.) see stwierdzać
stwierdzić   (perf.) - **twierdzić**
(imperf.)   *ascertain (sth), state,
note (that) maintain (that)*   (L.
30Ex.)
Stwosz, Wit   (Veit Stoss, ca. 1440-
1533)   *sculptor of the famous
gothic altarpiece in St Mary's
church in Cracow.*   (L. 19)
sukces   *success*   (L. 19Ex.) [S L.
30]
sukienka   *dress*   (L. 17Ex.) [S L.
23]
swe   (short form of swoje)   *one's
own* (L. 29b)
syn   *son*   (L. 6) [S L. 13]
szachy   *(pl. only)   chess*   (L.
24Ex.)
szafa   *cupboard, closet*   (L. 1) [S
L. 27]
szarlotka   *apple-pie,   apple-tart*
(L. 17)
szczęście   mu   się   uśmiechnęło

he had a stroke of luck   (L. 30)
szef   *chief, manager, boss*   (L. 28a)
szeroki   *wide*   (L. 25Ex.)
szlachcic   *nobleman*   (L. 25)
szukać   (imperf.) see **poszukać**
szwagier   *brother-in-law*   (L. 13)
szwagierka   *sister-in-law* (L. 13)
szyć   (imperf.) - **uszyć** (perf.)   + A
sew   (L. 27Ex.)

Ś

ściągać   (imperf.) - **ściągnąć** (perf.)
+ A   *attract*   (L. 19)
ściągnąć   (perf.) see ściągać
ślad   *footprint, trace*   (L. 27Ex.)
śledzić   (imperf.) see **prześledzić**
śliczny   *beautiful, lovely*   (L.
27Ex.)
ślub   *wedding,   nuptials*   (ślub
cywilny   *civil   marriage* ; ślub
kościelny *church marriage* [z kimś]
to marry [sb])   (L. 26Ex.)
śmiać   się   (imperf.)   + "z" + G
laugh (at) ; **pośmiać** się   (perf.)
laugh, have a good laugh   (L. 20)
[S L. 30]
śmiecić   (imperf.) see **naśmiecić**
śmiecie   *litter, rubbish, garbage*
(L. 28a)
śniadanie   *breakfast*   (L. 12) [S L.
17]
śpiewać   (imperf.) -   **zaśpiewać**
(perf.) + A   *sing*   (L. 8) [S L. 9]
środek   *center middle*   (L. 19)
świeci   *słońce sun   shines* (L.
28Ex.)
świecić   (imperf.) see **poświecić**
świecić   oczami   (za kogoś) *be
ashamed of sb* (L. 29Ex.)

T

tak   się   złożyło   że...   *it so
happened that...* (L. 30)
także   *also, too, as well* (L. 19)
talerz   *plate*   (L. 16Ex.) [S L. 29]
tańczyć   (imperf.) - **zatańczyć**

Tatry *Tatra Mountains (part of the Carpathian Mountains)* (L. 23)

telewizja *television* (L. 8) [S L. 11]

tematycznie *thematically* (L. 17Ex.)

teść *father-in-law* (L. 29b)

teściowa *mother-in-law* (L. 29b)

tłumaczyć (imperf.) *see* **przetłumaczyć**

tłumaczyć się (imperf.) - **wytłumaczyć się** (perf.) *excuse (explain) oneself* (L. 27c)

Trakt Królewski *Royal (King's) road (highway)* (L. 27a)

trasa *route* (L. 27a)

trawnik *lawn, the green, the grass* (L. 29Ex.)

tresować (imperf.) - **wytresować** (perf.) + A *train (animals)* (L. 28b)

trolejbus *trolley bus* (L. 22Ex.)

trudzić się (imperf.) *see* **potrudzić się**

trwać (imperf.) *see* **potrwać**

tryb rozkazujący *imperative mood* (L. 17Ex.)

tryb warunkowy *conditional mood* (L. 28Ex.)

"Trylogia" *Trilogy* (L. 14Ex.)

trzaskać (imperf.) - **trzasnąć** (perf.) + I *bang, slam* (drzwiami - *the door*) (L. 29Ex.)

trzasnąć (perf.) *see* **trzaskać**

trzymać (imperf.) *see* **potrzymać**

trzysta *three hundred* (L. 19) [S L. 26]

turysta *tourist* (L. 19)

twierdzący *affirmative* (L. 16Ex.)

twierdzić (imperf.) *see* **stwierdzić**

twoi (N pl of twój in reference to male persons or mixed gender) *your(s)* (L. 9Ex.) [S L. 19]

twoje /n. sg/ *your(s)* (L. 2Ex.)

tworzyć (imperf.) - **utworzyć** (perf.) + A *create* (L. 17Ex.)

twój *possessive pronoun, m. sg informal* (twoja [f. sg]) (L. 2) [S L. 3]

twórca *creator, founder* (L. 25)

twórczość *creation(s), composition(s)* (L. 25)

tydzień (G tygodnia) *week* (L. 5Ex.) [S L. 22]

"Tygodnik 'Solidarność'" *"Solidarity" Weekly* (L. 14)

tygrys *tiger* (L. 10Ex.)

tymczasem *meanwhile, in the meantime* (L. 21)

tysiąc *thousand* (L. 19) [S L. 20]

U

ubiegły *last (week, year, etc.)* **ubiegłego wieku** (w ubiegłym wieku) *last century* (L. 25)

ubierać się (imperf.) - **ubrać się** (perf.) + "w" + A *to dress* (L. 8)

ubrać się (perf.) *see* **ubierać się**

ubranie *suit, clothes* (L. 13Ex.) [S L. 23]

uczennica *pupil (f.)* (L. 13)

uczeń *pupil (m.)* (L. 13) [S L. 18]

uczesać się (perf.) *see* **czesać się**

uczony *scholar, scientist* (L. 19)

uczta weselna *wedding feast (banquet)* (L. 29a)

uczucie *feeling, sentiment* (L. 29b)

uczyć się (imperf.) *see* **nauczyć się**

uczynić (perf.) *see* **czynić**

ufundować (perf.) *see* **fundować**

ufundowany *founded, endowed, established* (L. 27a)

ugotować (perf.) *see* **gotować**

ugryźć (perf.) *see* **gryźć**

ujęty *enclosed* (L. 27Ex.)

układać (imperf.) - ułożyć (perf.)
+ A   compose,   arrange   (L.
15Ex.)
ukłonić się (perf.) see kłaniać się
ulica   street   (L. 19) [S L. 21]
ulica Świętokrzyska   Holy Cross
Street   (L. 27b)
ulicą   along the street   (L. 23Ex.)
ułożyć (perf.) - układać (imperf.)
+ A   compose,   arrange   (L.
15Ex.)
Uniwersytet Warszawski
Warsaw University   (L. 27a)
upominać (imperf.) - upomnieć
(perf.)   reprimand, rebuke, scold,
upbraid   (L. 29b)
upomnieć (perf.) see upominać
uprawiać (imperf.) - uprawić
(perf.) + A   to till, to farm   (L.
10)
uprawić (perf.) see uprawiać
urlop   leave (of absence), vacation,
furlough   (L. 22Ex.)
uroczystość   feast,   celebration,
ceremony   (L. 29Ex.)
urodziny   birthday   (L. 16)
urwis   rascal, urchin   (L. 28b)
Urząd Stanu Cywilnego   registry
(L. 29a)
usłyszeć (perf.) see słyszeć
usta (pl. only) mouth, lips   (L. 27c)
ustawiony   situated   (L. 27a)
uszyć (perf.) see szyć
uśmiechać się (imperf.) + "do" +
G (at sb) "na" + A (at sth)
smile ; uśmiechnąć się (perf.)
give a smile   (L. 13Ex.)
uśmiechnąć się (perf.)   see
uśmiechać się
uśmiechnięty   smiling   (L. 8)
utwarzać (imperf.) - utworzyć
(perf.)   create, form   (L.30)
utworzyć (perf.) see tworzyć
utworzyć (perf.) see utwarzać

utwór   composition, literary work,
production   (L. 25) [S L. 30]
uważać (imperf.) (no perf. pair)
consider, think, regard, deem   (L.
14) [S L. 18)
uzdrowisko   health resort   (L. 25)
uznać (perf.) - uznawać (imperf.)
acknowledge, recognize, admit,
accept (a fact)   (L. 29Ex.)
uznawać (imperf.) see uznać
uzupełniać (imperf.) - uzupełnić
(perf.) + A   complete,   supply
(L. 15Ex.)
uzupełnić (perf.) see uzupełniać

W

wakacje (pl. only)   vacation,
holidays   (L. 9)
w Ameryce ("w" + L of Ameryka)
in America   (L. 2Ex.)
warzywo (pl. warzywa)   vegetable
(L. 10)
wasi   (N pl. of wasz) your(s)
(L. 13Ex.) [S L. 19]
w bibliotece   ("w" + L of
biblioteka)   in the library   (L.
12Ex.)
wchodzić (imperf.) - wejść (perf.)
go in, enter on foot   (L. 21Ex.) [S
L. 23]
w czasie ("w" + L of czas)   during
the time of   (L. 12)
wczasy (pl only)   holiday, vacation,
rest leave   (L. 23)
wcześniej   earlier, sooner, before
(L. 22)
w domu   ("w" + L of dom)   at
home   (L. 3Ex.) [S L. 20]
wdzięczny   grateful   (L. 30Ex.)
według   according to sth, in
accordance with sth   (L. 21Ex.)
wejść (perf.) see wchodzić
welon z koronki   laced veil   (L.
29a)

wersalka *couch (folding type)* (L. 28a)

wesoły (pl wesołe / weseli) *merry* (L. 8)

westchnąć (perf.) - **wzdychać** (imperf.) *sigh, heave a sigh* (L. 28Ex.)

Węgry *Hungary* (L. 19Ex.)

w góry ("w" + A pl of góra) *to the mountains* (L. 22Ex.)

wiązać się (imperf.) - **związać się** (perf.) *join, unite, relate, connect* (L. 25Ex.)

widać + A *can be seen* (L. 19) [S L. 30]

widocznie *evidently* (L. 7Ex.) [S L. 19]

widzieć (imperf.) - **zobaczyć** (perf.) *see ; catch sight of, see* (L. 19) [S L. 30]

wieczne pióro *fountain pen* (L. 20Ex.) [S L. 22]

Wiedeń *Vienna* (L. 27a)

wiejski *country (woman, folk, house), rustic* (L. 25)

wiek *age, century* (L. 19) [S L. 26]

wielbłąd *camel* (L. 10Ex.)

wiele *a lot (of people, things etc.)* (L. 19) [S L. 23]

wieloryb *whale* (L. 10Ex.)

wiersz *verse,* (wiersze - *poetry*) (L. 24Ex.)

wieszać (imperf.) - **powiesić** (perf.) + A *hang* (L. 27a)

wieszak *hanger* (L. 23)

wieś (f.) *village, country* (L. 10)

Wilanów *King Jan Sobieski's palace near Warsaw* (L. 27a)

wilk *wolf* (L. 10Ex.)

winny *guilty, culprit* (L. 28b)

wisieć (imperf.) + "na" + I (na czym *on what*) *hang, be suspended* (L. 23Ex.)

Wiśniewski (wiśnia *cherry, cherry-tree*) (L. 3).

witać (imperf.) see **przywitać**

wiza tranzytowa *transit visa* (L. 22)

wjechać (perf.) - **wjeżdżać** (imperf.) *drive (ride, go, come) into; enter by conveyance* (L. 21Ex.)

wjeżdżać (imperf.) see **wjechać**

w Katowicach ("w" + L pl of Katowice) *in Katowice* (L. 13) [S L. 20]

w kierunku ("w" + L of kierunek) *in the direction* (L. 28b)

w kolejce ("w" + L of kolejka) + "po" + A *in line for sth* (L. 16)

w kolorowe kwiatki ("w" + A pl) *with colored flowers* (L. 23)

wkrótce *shortly, soon* (L. 23)

w którą stronę ("w" + A) *in which direction* (L. 27Ex.)

właściwa forma *(proper, right, appropriate) form* (L. 23Ex.)

właśnie *precisely, exactly, just* (L. 2) [S L. 16]

Włochy *Italy* (L. 19Ex.)

włos (pl włosy) *hair* (L. 8) [S L. 19]

w kuchni ("w" + L of kuchnia) *in the kitchen* (L. 12Ex.)

w lecie ("w" + L of lato) *in the summer (time)* (L. 10)

wnuczek (dim of wnuk) *grandson*

wnuczka *granddaughter* (L. 24Ex.)

woleć (imperf.) *prefer* (L. 7Ex.) [S L. 11]

wołać (imperf.) - **zawołać** (perf.) + A *call* (kogoś - sb) (L. 28Ex.)

wołać zgodnym chórem *call out in a harmonious chorus* (L. 29b)

wódz *leader, commander* (L. 29Ex.)

wóz *cart, wagon, car* (colloq.) (L. 29Ex.)

wpadło mi coś w + A *something fell (got) into my* (L. 27Ex.)

w piasku ("w" + L of piasek) *in sand* (L. 29b)

w Polsce ("w" + L of Polska) *in Poland* (L. 2Ex.)

w porę ("w" + A) *in time* (L. 10)

w prawo ("w" + A) *to the right* (L. 27b)

wreszcie *finally, at last* (L. 21) [S L. 28]

w rzędach *in rows* (L. 28Ex.)

wsadzać (imperf.) - **wsadzić** (perf.) + A +"w" + A *poke, stick* (nos do czegoś - one's nose into sth) (L. 27Ex.)

wsadzić (perf.) see **wsadzać**

w sadzie ("w" + L of sad) *in the orchard* (L. 20)

wskazać (perf.) - **wskazywać** (imperf.) + "na" + A *point out, indicate, show* (L. 9)

wskazywać (imperf.) see **wskazać**

wskaźnik zespolenia *indicator of a junction* (L. 22Ex.)

wspaniale *splendidly, superbly* (L. 13Ex.)

współczuć (perf.) - **współczuwać** (imperf.) + D (of person) *sympythize, commiserate with sb, feel for sb, pity sb* (L. 24)

współczuwać (imperf.) see **współczuć**

wstać (perf.) - **wstawać** (imperf.) *to get up* (L. 12) [S L. 29]

wstawać (imperf.) see **wstać**

wstawiać (imperf.) - **wstawić** (perf.) *insert, put in* (L. 15Ex.)

wstawiając *inserting, putting in* (L. 27Ex.)

wstawić (perf.) see **wstawiać**

wszystko *everything* (L. 9) [S L. 10]

w Warszawie ("w" + L of Warszawa) *in Warsaw* (L. 2)

w wielu ("w" + L of wiele) *in many* (L. 22)

wybaczać (imperf.) - **wybaczyć** (perf.) + D *forgive, pardon, excuse (komuś sb)* (L. 30Ex.)

wybaczyć (perf.) see **wybaczać**

wybierać (imperf.) - **wybrać** (perf.) + A *select, choose* (L. 19Ex.)

wybierać się (imperf.) - **wybrać się** (perf.) *be about to leave (for a journey), be planning to go (on a journey)* (L. 28Ex.)

wybrać (perf.) see **wybierać**

wybrać się (perf.) see **wybierać się**

wybrany *selected, chosen* (L. 26Ex.)

wybrudzić (perf.) - **brudzić** (imperf.) *dirty, soil, make a mess* (coś - of sth) *stain, smear, smudge* (L. 29Ex.)

wychodzić (imperf.) - **wyjść** (perf.) **za mąż** *marry, get married (of women)* ; **żenić się** (imperf.) - **ożenić się** (perf.) + "z" + I *marry, get married (of men)* (L. 25) [S L. 29]

wychylać się (imperf.) - **wychylić się** (perf.) *lean out* (z okna - of the window) (L. 29Ex.)

wychylić się (perf.) see **wychylać się**

wydarzenie *event* (L. 19) [S L. 20]

wygrać (perf.) - **wygrywać** (imperf.) *win (money, a prize, a bet, etc.)* (L. 28Ex.) [S L. 29]

wygrywać (imperf.) see **wygrać**

wyjazd *departure, journey, trip* (L. 23)

wyjechać (perf.) - **wyjeżdżać** (imperf.) *leave (by vehicle), go out of (town, the country)* (L. 21Ex.) [S L. 22]

wyjeżdżać (imperf.) see **wyjechać**

wyjść (perf.) see **wychodzić - za mąż**

wykończać (imperf.) - **wykończyć** (perf.) *finish (sth) off (up)* (L. 29Ex.)

wykończyć (perf.) see **wykończać**

wykształcić (perf.) see **kształcić**

wykupić (perf.) - **wykupować** (imperf.) + D (of sb) + A (sth) *purchase, buy* (L. 26)

wykupować (imperf.) see **wykupić**

wyleczyć (perf.) see **leczyć**

wymagać (imperf.) + G *demand* (L. 18Ex.)

wymieniać (imperf.) - **wymienić** (perf.) *name, mention* (L. 5Ex.)

wymienić (perf.) see **wymieniać**

wymyślać (imperf.) - **wymyślić** (perf.) *think (sth) up, conceive, concoct, contrive* (L. 28Ex.)

wymyślić (perf.) see **wymyślać**

wynieść (perf.) - **wynosić** (imperf.) *carry (sth) out, remove* (L. 28a)

wynosić (imperf.) see **wynieść**

wyobrazić (perf.) - **wyobrażać** (imperf.) + D *imagine, fancy, picture to oneself* (wyobrazić sobie) (L. 20)

wyobrażać (imperf.) - **wyobrazić** (perf.) + D *imagine, fancy, picture to oneself* (wyobrazić sobie) (L. 20)

wyobrażenie *notion, idea, conception* (L. 22)

wypić (perf.) see **pić**

wypracowanie *composition, essay, exercise* (L. 24Ex.)

wyraz *word expression* (L. 15Ex.)

wyrazić (perf.) - **wyrażać** (imperf.) *express, state, voice* (L. 29b)

wyrażać (imperf.) see **wyrazić**

wyrażenie *expression* (L. 18Ex.)

wyrosnąć (perf.) see **rosnąć**

wyrzucać (imperf.) - **wyrzucić** (perf.) *throw (sb, sth) out, get rid of, dump* (L. 29Ex.)

wyrzucić (perf.) see **wyrzucać**

wysoki *tall, high* (L. 7) [S L. 13]

wystający *sticking out, protruding* (L. 27Ex.)

wystawa *exhibition, display, show* (L. 20Ex.)

wystawać (imperf. has no perf. pair) *protrude, stick out* (L. 27Ex.)

wystąpić (perf.) - **występować** (imperf.) + "w" or "na" + L *appear, perform* (L. 8) [S L. 30]

występować (imperf.) see **wystąpić**

występujący *appearing* (L. 19Ex.)

wytłumaczyć (perf.) - **tłumaczyć** (perf.) *explain* (L. 28Ex.)

wytłumaczyć się (perf.) see **tłumaczyć się**

wytresować (perf.) see **tresować**

wytrwać (perf.) or **wytrzymać** (perf.) - **wytrzymywać** (imperf.) *persevere, last, bear, endure* (L. 29Ex.)

wytrzymywać (imperf.) see **wytrwać**

wywiad *interview* (L. 18)

wywołać (perf.) - **wywoływać** (imperf.) *call (sb) out, call up (spirits), elicit (admiration etc.), produce (a senation etc.)* (L. 29Ex.)

wywoływać (imperf.) see **wywołać**

wyznać (perf.) - wyznawać
(imperf.) *profess (certain*
principles), hold (a belief) (L.
29Ex.)
wyznawać (imperf.) see wyznać
wyzwoliciel *liberator* (L. 27a)
wzajemnie *reciprocally, mutually*
(L. 29a)
wzdychać (imperf.) see westchnąć
wzdychając *sighing* (L. 28a)
wzgląd *regard, consideration* (L.
21Ex.)
wzgórze *hill* (L. 19)
wzorowy *exemplary, model* (L.
23Ex.)
wzór *example, model, pattern* (L.
21Ex.)
w zupełności się zgadzam *I*
completely (wholly, fully) agree
(L. 30Ex.)

Z

zaangażować (perf.) - angażować
(imperf.) + A *hire, employ,*
engage (L. 20Ex.)
zabarwienie stylistyczne
stylistic coloring (L. 30Ex.)
zabawa *party, dance, ball, game*
(L. 28Ex.)
zabawiać (imperf.) - zabawić
(perf.) *entertain, divert (sb),*
amuse (sb), keep (sb) amused (L.
29Ex.)
zabawić (perf.) see zabawiać
zabierać (imperf.) - zabrać (perf.)
+ A + D *take (sth) away* (komuś
from sb) (L. 25Ex.)
zabierać się (imperf.) - zabrać się
(perf.) +"do" + G *set about, get*
ready (to do sth), start,begin (do
robienia czegoś - to doing sth) (L.
28a)
zabrać (perf.) see zabierać
zabrać się (perf.) see zabierać się
zabrakować (perf.) see brakować

zabytek *monument (of art, nature*
etc.), relic (of the past) (L. 19)
zabytkowy *monumental* (L. 27a)
zachodzić (imperf.) - zajść (perf.)
+ "do" + G (kogoś sb) *drop in*
at sb's place, call on sb (L.
23Ex.)
zachorować (perf.) see chorować
zachować się (perf.) -
zachowywać się (imperf.)
behave, conduct oneself, act (L.
28b)
zachowywać się (imperf.) see
zachować się
zacząć (perf.) - zaczynać (imperf.)
+ A or + infinitive *begin* (L.
21) [S L. 24]
zaczerwienić się (perf.) -
zaczerwieniać się *turn red*
(L. 27Ex.)
zaczerwienił mi się nos *my*
nose turned red (L. 27Ex.)
zaczynać (imperf.) see zacząć
zadecydować (perf.) see
decydować
zagotować się (perf.) -
zagotowywać się (imperf.)
boil (some water, milk, etc.) ,
come to a boil, start boiling (used
in the 3p sg and 3p pl) (L. 29Ex.)
zagotowywać się (imperf.) see
zagotować się
zagrać (perf.) see grać
zaimek *pronoun* (L. 25Ex.)
zająć (perf.) - zajmować (imperf.)
+ A *occupy* (L. 19) [S L. 22]
zająć się (perf.) - zajmować się
(imperf.) + I *to be busy with*
(L. 10) [S L. 18]
zajmować (imperf.) see zająć
zajmować się (imperf.) see zająć
się
zajść (perf.) see zachodzić

zakańczać (imperf.) - zakończyć (perf.) + A   finish, end, bring (sth) to an end, put an end (coś to sth) (L. 28Ex.)

za karę   as punishment (L. 28b)

zakład usługowy   service (shop, station, establishment) (L. 27Ex.)

zakładać (imperf.) - założyć (perf.) hang, put on, install (L. 28a)

zakończyć (perf.) see zakonczać or zakańczać

zakupić (perf.) - zakupować (imperf.)   buy, purchase   (L. 29Ex.)

zakupować (imperf.) see zakupić

zalety (pl of zaleta)   good points, merits, virtues (L. 21Ex.)

załamać (perf.) - załamywać (imperf.) + A wring (ręce one's hands) (L. 27Ex.)

załamywać (imperf.) see załamać

założyć (perf.) see zakładać

zamawiać (imperf.) - zamówić (perf.) + A   order (L. 9)

zamek castle (L. 19)

Zamek Królewski   Royal Castle (L. 27a)

zamieniać (imperf.) - zamienić (perf.) + A   replace, exchange (L. 16Ex.)

zamienić (perf.) see zamieniać

zamieszanie turmoil, confusion, commotion (L. 29b)

zamieszkać (perf.) - take up residence, take lodgings ; zamieszkiwać (imperf.)   reside, live, occupy (a room, flat, region, etc.) (L. 29a)

zamieszkiwać (imperf.) see zamieszkać

zamknąć (perf.) - zamykać (imperf.) + A   close, shut (L. 28Ex.) [S L. 29]

zamówić (perf.) see zamawiać

zamykać (imperf.) see zamknąć

zapakowany   packaged, packed (L. 23)

zapisać (perf.) + D (for sb) + A (sth) zapisywać   (imperf.) prescribe (medicine); (zapisać coś - write (sth) down) (L. 26)

zapisywać (imperf.) see zapisać

zaplanować (perf.) see planować

zapłakać (perf.) see płakać

zapraszać (imperf.) - zaprosić (perf.)   + A (of person) + "na" + A (of event) invite   (zaprosić kogoś na coś - invite sb for sth) (L. 17Ex.) [S L.24]

zaprosić (perf.) see zapraszać

zapuścić (perf.) - zapuszczać (imperf.)   let (one's hair, beard, mustache) grow (L. 27Ex.)

zapuszczać (imperf.) see zapuścić

zarabiać na życie   earn a living (L. 30Ex.)

zasługiwać (imperf.) - zasłużyć (perf.) + "na" + A   deserve, merit, become worthy (of sth) (L. 24)

zasłużyć (perf.) see zasługiwać

zasłyszany heard about, overheard (L. 29b)

zastosować   (perf.)   - zastosowywać (imperf.)   use, employ, apply (L. 27Ex.)

zastosowywać   (imperf.)   see zastosować

zastrzyk   injection, shot (L. 24Ex.)

zaśpiewać (perf.) see śpiewać

zatańczyć (perf.) see tańczyć

zawołać (perf.) see wołać

zbadać (perf.) see badać

zbierać (imperf.) - zebrać (perf.) + A   gather, collect, pick (flowers, berries, etc.) (L. 10)

zbiór   collection (L. 27Ex.)

zboże   grain, cereal, corn (L. 10)

zbudować (perf.) see budować

zbudowany constructed, built (L. 27a)

zdania okolicznikowe celu adverbial clauses of purpose (L. 30Ex.)

zdania okolicznikowe czasu adverbial clauses of time (L. 30Ex.)

zdania okolicznikowe miejsca adverbial clauses of place (L. 30Ex.)

zdania okolicznikowe przyczyny adverbial clauses of cause (L. 30Ex.)

zdania okolicznikowe przyzwolenia adverbial concessive clauses (L. 30Ex.)

zdanie rozkazujące imperative sentence (L. 24Ex.)

zdanie złożone warunkowe complex conditional (mood) sentence (L. 28Ex.)

zdecdować się (perf.) - decydować się (imperf.) + "na" + A decide, make a decision, make up one's mind (L. 20)

zdejmować (imperf.) - zdjąć (perf.) + A (sth) + "z" + G (czegoś sth) take off (i.e. remove coat etc.), take sth off (down from), remove (L. 23) [S L. 29]

zdenerwowany irritated, excited, nervous, vexed (L. 27c)

zdjąć (perf) see zdejmować

zdrobnianie dimunition (L. 30Ex.)

zebrać (perf.) see zbierać

zechcieć (perf.) see chcieć

zechciej to zrobić be so kind as to do this (L. 30Ex.)

zejść (perf.) see schodzić

zepsuć (perf.) see psuć

zepsuć się (perf.) see psuć się

zespół troupe, group (L. 27a)

ze względu na considering, in consideration of (L. 21Ex.)

ze złością angrily, resentfully (L. 28a)

zgorszony outraged, indignant, shocked (L. 28b)

zgrabna graceful, adroit, shapely (L. 8)

zgubić (perf.) see gubić

zielony green (L. 21) [S L. 23]

zjechać (perf.) - zjeżdżać (imperf.) ride (drive) downhill, go down (windą - by elevator) (L. 21Ex.)

zjeść (perf.) see jeść

zjeżdżać (imperf.) see zjechać

złamał mi się my. . . broke (L. 27Ex.)

złamany broken (L. 27Ex.)

złodziej thief (L. 29Ex.)

złość anger, vexation (L. 28a)

złota obrączka gold wedding band (ring) (L. 29a)

złożyć (perf.) see składać

złożyć ubranie put away suit (clothing) (L. 29b)

zły (pies) vicious (dog), bad, erie (L. 24Ex.)

zmarszczyć (perf.) see marszczyć

zmierzyć (perf.) see mierzyć

zmieścić się (perf.) see mieścić się

zmodyfikować (perf.) see modyfikować

zmora bane, nightmare, curse (L. 27Ex.)

znaczek pocztowy postage stamp (L. 11Ex.)

znaczyć (imperf.) + A mean, signify (L. 4) [S L. 26]

znajdować (imperf.) - znaleźć (perf.) find (L. 20Ex.) [S L. 23]

znajdować się (imperf.) - znaleźć się (perf.) find oneself (L. 30)

znajdywać się (imperf.) - **znaleźć się** (perf.)　*find oneself* (L. 30)
znaleźć (perf.) see **znajdować**
znaleźć się (perf.) see **znajdować się** or **znajdywać się**
znany　*well-known, famed* (L. 8)
zniszczone　*destroyed, ruined, devastated* (L. 27a)
znowu　*again* (L. 13) [S L. 30]
znudzony　*bored, weary* (L. 15)
zobaczyć (perf.) see **widzieć**
zobowiązany　*obliged, indebted* (L. 30Ex.) [S L. 30]
zostać (perf.) - **zostawać** (imperf.) + I　*remain, become* (L. 18) [S L. 20]
zostawać (imperf.) see **zostać**
zostawiać (imperf.) - **zostawić** (perf.)　*leave (sb, sth) alone, let (sth, sb) be* (L. 28b)
zostawić (perf.) see **zostawiać**
z pewnością tak　*certainly true, surely, undoubtedly so* (L. 30Ex.)
z prądem　*downstream, with the stream* (L. 22Ex.)
zrywanie　*tearing off, picking* (L. 27Ex.)
z sobą (z + I of siebie)　*with oneself* (L. 15Ex.)
związać się (perf.) see **wiązać się**
związany　*bound (up), connected (with)* (L. 17Ex.)
związki frazeologiczne　*phraseological ties, links, relationships* (L. 29Ex.)
zwichnięty　*sprained, dislocated* (L. 27Ex.)
zwiedzanie　*sightseeing* (L. 27a)
zwrot　*expression, phrase* (L. 28Ex.)
zwyczaj　*custom, practice, usage* (L. 19)
zwykle　*usually* (L. 12Ex.) [S L. 17]

Ż

żałować (imperf.) see **pożałować**
żenić się (imperf.) see **ożenić się**
"Życie Literackie"　*Literary Life* (L. 14Ex.)
"Życie Warszawy"　*Warsaw Life* (L. 14)
życzyć (imperf.) + D (of person) + G (of what is wished) **dalszych sukcesów**　*further successes* (L. 18) [S L. 30]
żyrafa　*giraffe* (L. 10Ex.)
żywy　*live, living* (żywa pamięć *present to the mind*) (L. 19)

KONIEC

For Notes

For Notes

OTHER BOOKS FROM SLAVICA

Ronelle Alexander: *The Structure of Vasko Popa's Poetry*, 196 p., 1986 (ISBN: 0-89357-149-0), (UCLA Slavic Studies, Volume 14).

American Contributions to the Tenth International Congress of Slavists, Sofia, September, 1988, Linguistics, edited by Alexander M. Schenker, 439 p., 1988 (ISBN: 0-89357-190-3)

American Contributions to the Tenth International Congress of Slavists, Sofia, September, 1988, Literature, edited by Jane Gary Harris, 433 p., 1988 (ISBN: 0-89357-191-1)

American Contributions to the Ninth International Congress of Slavists (Kiev 1983) *Vol. 1: Linguistics,* ed. by Michael S. Flier, 381 p., 1983 (ISBN: 0-89357-112-1).

American Contributions to the Ninth International Congress of Slavists, (Kiev 1983) *Vol. 2: Literature, Poetics, History,* ed. by Paul Debreczeny, 400 p., 1983 (ISBN: 0-89357-113-X).

American Contributions to the Eighth International Congress of Slavists (Zagreb and Ljubljana, Sept. 3-9, 1978), *Vol 1: Linguistics and Poetics,* ed. by Henrik Birnbaum, 818 p., 1978 (ISBN: 0-89357-126-1).

American Contributions to the Eighth International Congress of Slavists (Zagreb and Ljubljana, Sept. 3-9, 1978) *Vol. 2: Literature,* ed. by Victor Terras, 799 p., 1978 (ISBN: 0-89357-047-8).

Patricia M. Arant: *Russian for Reading,* 214 p., 1981 (ISBN: 0-89357-086-9).

Howard I. Aronson: *Georgian: A Reading Grammar,* 526 p., 1982 (ISBN: 0-89357-100-8).

James E. Augerot and Florin D. Popescu: *Modern Romanian,* xiv + 330 p., 1983 (ISBN: 0-89357-124-5).

Natalya Baranskaya: Неделя как неделя *Just Another Week,* edited by L. Paperno *et al.,* 92 p., 1989 (ISBN: 0-89357-202-0).

Adele Marie Barker: *The Mother Syndrome in the Russian Folk Imagination,* 180 p., 1986 (ISBN: 0-89357-160-1).

R. P. Bartlett, A. G. Cross, and Karen Rasmussen, eds.: *Russia and the World of the Eighteenth Century,* viii + 684 p., 1988 (ISBN: 0-89357-186-5).

John D. Basil: *The Mensheviks in the Revolution of 1917,* 220 p., 1984 (ISBN: 0-89357-109-1).

Henrik Birnbaum & Thomas Eekman, eds.: *Fiction and Drama in Eastern and Southeastern Europe: Evolution and Experiment in the Postwar Period,* ix + 463 p., 1980 (ISBN: 0-89357-064-8) (UCLA V. 1).

Henrik Birnbaum and Peter T. Merrill: *Recent Advances in the Reconstruction of Common Slavic (1971-1982),* vi + 141 p., 1985 (ISBN: 0-89357-116-4).

OTHER BOOKS FROM SLAVICA

Marianna D. Birnbaum: *Humanists in a Shattered World: Croatian and Hungarian Latinity in the Sixteenth Century*, 456 p., 1986 (ISBN: 0-89357-155-5). (UCLA Slavic Studies, Volume 15).

Feliks J. Bister and Herbert Kuhner, eds.: *Carinthian Slovenian Poetry*, 216 p., 1984 (ISBN: 3-85013-029-0).

Karen L. Black, ed.: *A Biobibliographical Handbook of Bulgarian Authors*, 347 p., 1982 (ISBN: 0-89357-091-5).

Marianna Bogojavlensky: *Russian Review Grammar*, xviii + 450 p., 1982 (ISBN: 0-89357-096-6).

Rodica C. Boţoman, Donald E. Corbin, E. Garrison Walters: *Îmi Place Limba Română/A Romanian Reader*, 199 p., 1982 (ISBN: 0-89357-087-7).

Richard D. Brecht and James S. Levine, eds: *Case in Slavic*, 467 p., 1986 (ISBN: 0-89357-166-0).

Gary L. Browning: *Workbook to Russian Root List*, 85 p., 1985 (ISBN: 0-89357-114-8).

Diana L. Burgin: *Richard Burgin A Life in Verse*, 230 p., 1989 (ISBN: 0-89357-196-2).

R. L. Busch: *Humor in the Major Novels of Dostoevsky*, 168 p., 1987 (ISBN: 0-89357-176-8).

Catherine V. Chvany and Richard D. Brecht, eds.: *Morphosyntax in Slavic*, v + 316 p., 1980 (ISBN: 0-89357-070-2).

Jozef Cíger-Hronský: *Jozef Mak* (a novel), translated from Slovak, 232 p., 1985 (ISBN: 0-89357-129-6).

J. Douglas Clayton, ed.: *Issues in Russian Literature Before 1917 Selected Papers of the Third World Congress for Soviet and East European Studies*, 248 p., 1989 (ISBN: 0-89357-199-7).

Frederick Columbus: *Introductory Workbook in Historical Phonology*, 39 p., 1974 (ISBN: 0-89357-018-4).

Julian W. Connolly and Sonia I. Ketchian, eds.: *Studies in Russian Literature in Honor of Vsevolod Setchkarev*, 288 p. 1987 (ISBN: 0-89357-174-1).

Gary Cox: *Tyrant and Victim in Dostoevsky*, 119 p., 1984 (ISBN: 0-89357-125-3).

Anna Lisa Crone and Catherine V. Chvany, eds.: *New Studies in Russian Language and Literature*, 302 p., 1987 (ISBN: 0-89357-168-7).

Carolina De Maegd-Soëp: *Chekhov and Women: Women in the Life and Work of Chekhov*, 373 p., 1987 (ISBN: 0-89357-175-X).

Bruce L. Derwing and Tom M. S. Priestly: *Reading Rules for Russian: A Systematic Approach to Russian Spelling and Pronunciation, with Notes on Dialectal and Stylistic Variation*, vi + 247 p., 1980 (ISBN: 0-89357-066-4).

OTHER BOOKS FROM SLAVICA

Dorothy Disterheft: *The Syntactic Development of the Infinitive in Indo-European,* 220 p., 1980 (ISBN: 0-89357-058-3).

Thomas Eekman and Dean S. Worth, eds.: *Russian Poetics* Proceedings of the International Colloquium at UCLA, September 22-26, 1975, 544 p., 1983 (ISBN: 0-89357-101-6) (UCLA Slavic Studies, Volume 4).

Mark J. Elson: *Macedonian Verbal Morphology A Structural Analysis,* 147 p., 1989 (ISBN: 0-89357-201-2).

Michael S. Flier and Richard D. Brecht, eds.: *Issues in Russian Morphosyntax,* 208 p., 1985 (ISBN: 0-89357-139-3) (UCLA V. 10).

Michael S. Flier and Alan Timberlake, eds: *The Scope of Slavic Aspect,* 295 p., 1985 (ISBN: 0-89357-150-4). (UCLA Slavic Studies 12).

John Miles Foley, ed.: *Comparative Research on Oral Traditions: A Memorial for Milman Parry,* 597 p., 1987 (ISBN: 0-89357-173-3).

John M. Foley, ed.: *Oral Traditional Literature A Festschrift for Albert Bates Lord,* 461 p., 1981 (ISBN: 0-89357-073-7).

Diana Greene: *Insidious Intent: An Interpretation of Fedor Sologub's The Petty Demon,* 140 p., 1986 (ISBN: 0-89357-158-X).

Charles E. Gribble, ed.: *Medieval Slavic Texts, Vol. 1, Old and Middle Russian Texts,* 320 p., 1973 (ISBN: 0-89357-011-7).

Charles E. Gribble: *Reading Bulgarian Through Russian,* 182 p., 1987 (ISBN: 0-89357-106-7).

Charles E. Gribble: *Russian Root List with a Sketch of Word Formation, Second Edition,* 62 p., 1982 (ISBN: 0-89357-052-4).

Charles E. Gribble: *A Short Dictionary of 18th-Century Russian/*Словарик Русского Языка 18-го Века, 103 p., 1976 (ISBN: 0-89357-172-5).

Charles E. Gribble, ed.: *Studies Presented to Professor Roman Jakobson by His Students,* 333 p., 1968, (ISBN: 0-89357-000-1).

George J. Gutsche and Lauren G. Leighton, eds.: *New Perspectives on Nineteenth-Century Russian Prose,* 146 p., 1982 (ISBN: 0-89357-094-X).

Morris Halle, ed.: *Roman Jakobson: What He Taught Us,* 94 p., 1983 (ISBN: 0-89357-118-0).

Morris Halle, Krystyna Pomorska, Elena Semeka-Pankratov, and Boris Uspenskij, eds.: *Semiotics and the History of Culture In Honor of Jurij Lotman Studies in Russian,* 437 p., 1989 (ISBN: 0-89357-195-4), (UCLA Slavic Studies, Volume 17).

Charles J. Halperin: *The Tatar Yoke,* 231 p., 1986 (ISBN: 0-89357-161-X).

William S. Hamilton: *Introduction to Russian Phonology and Word Structure,* 187 p., 1980 (ISBN: 0-89357-063-X).

Pierre R. Hart: *G. R. Derzhavin: A Poet's Progress,* iv + 164 p., 1978 (ISBN: 0-89357-054-0).

OTHER BOOKS FROM SLAVICA

Michael Heim: *Contemporary Czech,* 271 p., 1982 (ISBN: 0-89357-098-2) (UCLA Slavic Studies, Volume 3).

Michael Heim, Zlata Meyerstein, and Dean Worth: *Readings in Czech,* 147 p., 1985 (ISBN: 0-89357-154-7). (UCLA V. 13).

Warren H. Held, Jr., William R. Schmalstieg, and Janet E. Gertz: *Beginning Hittite,* ix + 218 p., 1988 (ISBN: 0-89357-184-9).

M. Hubenova & others: *A Course in Modern Bulgarian, Part 1,* viii + 303 p., 1983 (ISBN: 0-89357-104-0); *Part 2,* ix + 303 p., 1983 (ISBN: 0-89357-105-9).

Martin E. Huld: *Basic Albanian Etymologies,* x + 213 p., 1984 (ISBN: 0-89357-135-0).

Charles Isenberg: *Substantial Proofs of Being: Osip Mandelstam's Literary Prose,* 179 p., 1987 (ISBN: 0-89357-169-5).

Roman Jakobson, with the assistance of Kathy Santilli: *Brain and Language Cerebral Hemispheres and Linguistic Structure in Mutual Light,* 48 p., 1980 (ISBN: 0-89357-068-0). (New York University Slavic Papers, Interdisciplinary Series, Volume IV)

Donald K. Jarvis and Elena D. Lifshitz: *Viewpoints: A Listening and Conversation Course in Russian, Third Edition,* iv + 66 p., 1985 (ISBN: 0-89357-152-0); *Instructor's Manual,* v + 37 p., (ISBN: 0-89357-153-9).

Leslie A. Johnson: *The Experience of Time in Crime and Punishment,* 146 p., 1985 (ISBN: 0-89357-142-3).

Stanislav J. Kirschbaum, ed.: *East European History: Selected Papers of the Third World Congress for Soviet and East European Studies,* 183 p., 1989 (ISBN: 0-89357-193-8).

Emily R. Klenin: *Animacy in Russian: A New Interpretation,* 139 p., 1983 (ISBN: 0-89357-115-6). (UCLA Slavic Studies, Volume 6)

Andrej Kodjak, Krystyna Pomorska, and Kiril Taranovsky, eds.: *Alexander Puškin Symposium II,* 131 p., 1980 (ISBN: 0-89357-067-2) (New York University Slavic Papers, Volume III).

Andrej Kodjak, Krystyna Pomorska, Stephen Rudy, eds.: *Myth in Literature,* 207 p., 1985 (ISBN: 0-89357-137-7) (New York University Slavic Papers, Volume V).

Andrej Kodjak: *Pushkin's I. P. Belkin,* 112 p., 1979 (ISBN: 0-89357-057-5).

Andrej Kodjak, Michael J. Connolly, Krystyna Pomorska, eds.: *Structural Analysis of Narrative Texts (Conference Papers),* 203 p., 1980 (ISBN: 0-89357-071-0) (New York University Slavic Papers, Volume II).

Demetrius J. Koubourlis, ed.: *Topics in Slavic Phonology,* vii + 270 p., 1974 (ISBN: 0-89357-017-6).

Ronald D. LeBlanc: *The Russianization of Gil Blas: A Study in Literary Appropriation,* 292 p. 1986 (ISBN: 0-89357-159-8).

OTHER BOOKS FROM SLAVICA

Richard L. Leed, Alexander D. Nakhimovsky, and Alice S. Nakhimovsky: *Beginning Russian, Vol. 1*, xiv + 426 p., 1981 (ISBN: 0-89357-077-X); *Vol. 2*, viii + 339 p., 1982 (ISBN: 0-89357-078-8); *Teacher's Manual*, 45 p., 1981 (ISBN: 0-89357-079-6).

Richard L. Leed and Slava Paperno: *5000 Russian Words With All Their Inflected Forms: A Russian-English Dictionary*, xiv + 322 p., 1987 (ISBN: 0-89357-170-9).

Edgar H. Lehrman: *A Handbook to Eighty-Six of Chekhov's Stories in Russian*, 327 p., 1985 (ISBN: 0-89357-151-2).

Lauren Leighton, ed.: *Studies in Honor of Xenia Gąsiorowska*, 191 p., 1983 (ISBN: 0-89357-102-4).

R. L. Lencek: *The Structure and History of the Slovene Language*, 365 p., 1982 (ISBN: 0-89357-099-0).

Jules F. Levin and Peter D. Haikalis, with Anatole A. Forostenko: *Reading Modern Russian*, vi + 321 p., 1979 (ISBN: 0-89357- 059-1).

Maurice I. Levin: *Russian Declension and Conjugation: A Structural Description with Exercises*, x + 159 p., 1978 (ISBN: 0-89357-048-6).

Alexander Lipson: *A Russian Course. Part 1*, ix + 338 p., 1981 (ISBN: 0-89357-080-X); *Part 2*, 343 p., 1981 (ISBN: 0-89357-081-8); *Part 3*, iv + 105 p., 1981 (ISBN: 0-89357-082-6); *Teacher's Manual* by Stephen J. Molinsky (who also assisted in the writing of Parts 1 and 2), 222 p., 1981 (ISBN: 0-89357-083-4).

Yvonne R. Lockwood: *Text and Context Folksong in a Bosnian Muslim Village*, 220 p., 1983 (ISBN: 0-89357-120-2).

Sophia Lubensky & Donald K. Jarvis, eds.: *Teaching, Learning, Acquiring Russian*, viii + 415 p., 1984 (ISBN: 0-89357-134-2).

Horace G. Lunt: *Fundamentals of Russian*, xiv + 402 p., reprint, 1982 (ISBN: 0-89357-097-4).

Paul Macura: *Russian-English Botanical Dictionary*, 678 p., 1982 (ISBN: 0-89357-092-3).

Thomas G. Magner, ed.: *Slavic Linguistics and Language Teaching*, x + 309 p., 1976 (ISBN: 0-89357-037-0).

Amy Mandelker and Roberta Reeder, eds.: *The Supernatural in Slavic and Baltic Literature: Essays in Honor of Victor Terras*, Introduction by J. Thomas Shaw, xxi + 402 p., 1989 (ISBN: 0-89357-192-X).

Vladimir Markov and Dean S. Worth, eds.: *From Los Angeles to Kiev Papers on the Occasion of the Ninth International Congress of Slavists*, 250 p., 1983 (ISBN: 0-89357-119-9) (UCLA Slavic Studies, Volume 7).

Mateja Matejić and Dragan Milivojević: *An Anthology of Medieval Serbian Literature in English*, 205 p., 1978 (ISBN: 0-89357-055-9).

OTHER BOOKS FROM SLAVICA

Peter J. Mayo: *The Morphology of Aspect in Seventeenth-Century Russian (Based on Texts of the Smutnoe Vremja)*, xi + 234 p., 1985 (ISBN: 0-89357-145-8).

Arnold McMillin, ed.: *Aspects of Modern Russian and Czech Literature Selected Papers of the Third World Congress for Soviet and East European Studies*, 239 p., 1989 (ISBN: 0-89357-194-6).

Gordon M. Messing: *A Glossary of Greek Romany As Spoken in Agia Varvara (Athens)*, 175 p., 1988 (ISBN: 0-89357-187-3).

Vasa D. Mihailovich and Mateja Matejic: *A Comprehensive Bibliography of Yugoslav Literature in English, 1593-1980*, xii + 586 p., 1984 (ISBN: 0-89357-136-9).

Vasa D. Mihailovich: *First Supplement to A Comprehensive Bibliography of Yugoslav Literature in English 1981-1985*, 338 p., 1989 (ISBN: 0-89357-188-1).

Edward Mozejko, ed.: *Vasiliy Pavlovich Aksenov: A Writer in Quest of Himself*, 272 p., 1986 (ISBN: 0-89357-141-5).

Edward Możejko: *Yordan Yovkov*, 117 p., 1984 (ISBN: 0-89357-117-2).

Alexander D. Nakhimovsky and Richard L. Leed: *Advanced Russian, Second Edition, Revised*, vii + 262 p., 1987 (ISBN: 0-89357-178-4).

The Comprehensive Russian Grammar of A. A. Barsov/ Обстоятельная грамматика А. А. Барсова, Critical Edition by Lawrence W. Newman, lxxxvi + 382 p., 1980 (ISBN: 0-89357-072-9).

Felix J. Oinas: *Essays on Russian Folklore and Mythology*, 183 p., 1985, (ISBN: 0-89357-148-2).

Hongor Oulanoff: *The Prose Fiction of Veniamin Kaverin*, v + 203 p., 1976 (ISBN: 0-89357-032-X).

Temira Pachmuss: *Russian Literature in the Baltic between the World Wars*, 448 p., 1988 (ISBN: 0-89357-181-4).

Lora Paperno: *Getting Around Town in Russian: Situational Dialogs*, English translation and photographs by Richard D. Sylvester, 123 p., 1987 (ISBN: 0-89357-171-7).

Slava Paperno, Alexander D. Nakhimovsky, Alice S. Nakhimovsky, and Richard L. Leed: *Intermediate Russian: The Twelve Chairs*, 326 p., 1985, (ISBN: 0-89357-144-X).

Ruth L. Pearce: *Russian For Expository Prose, Vol. 1 Introductory Course*, 413 p., 1983 (ISBN: 0-89357-121-0); *Vol. 2 Advanced Course*, 255 p., 1983 (ISBN: 0-89357-122-9).

Jan L. Perkowski: *The Darkling A Treatise on Slavic Vampirism*, 169 p., 1989 (ISBN: 0-89357-200-4).

Gerald Pirog: *Aleksandr Blok's* Итальянские Стихи *Confrontation and Disillusionment*, 219 p., 1983 (ISBN: 0-89357-095-8).

OTHER BOOKS FROM SLAVICA

Stanley J. Rabinowitz: *Sologub's Literary Children: Keys to a Symbolist's Prose*, 176 p., 1980 (ISBN: 0-89357-069-9).

Gilbert C. Rappaport: *Grammatical Function and Syntactic Structure: The Adverbial Participle of Russian*, 218 p., 1984 (ISBN: 0-89357-133-4) (UCLA Slavic Studies, Volume 9).

David F. Robinson: *Lithuanian Reverse Dictionary*, ix + 209 p., 1976 (ISBN: 0-89357-034-6).

Don K. Rowney & G. Edward Orchard, eds.: *Russian and Slavic History*, viii + 303 p., 1977 (ISBN: 0-89357-036-2).

Catherine Rudin: *Aspects of Bulgarian Syntax: Complementizers and WH Constructions*, iv + 232 p., 1986, (ISBN: 0-89357-156-3).

Gerald J. Sabo, S.J., ed.: *Valaská Škola, by Hugolin Gavlovič, with a linguistic sketch by Ľ. Ďurovič, 730 p., 1988* (ISBN: 0-89357-179-2).

Ernest A. Scatton: *Bulgarian Phonology*, xii + 224 p., 1975 (reprint: 1983) (ISBN: 0-89357-103-2).

Ernest A. Scatton: *A Reference Grammar of Modern Bulgarian*, 448 p., 1984 (ISBN: 0-89357-123-7).

Barry P. Scherr and Dean S. Worth, eds.: *Russian Verse Theory Proceedings of the 1987 Conference at UCLA*, 514 p., 1989 (ISBN: 0-89357-198-9).

William R. Schmalstieg: *Introduction to Old Church Slavic, second edition*, 314 p., 1983 (ISBN: 0-89357-107-5).

William R. Schmalstieg: *A Lithuanian Historical Syntax*, xi + 412 p., 1988 (ISBN: 0-89357-185-7).

R. D. Schupbach: *Lexical Specialization in Russian*, 102 p., 1984 (ISBN: 0-89357-128-8) (UCLA Slavic Studies, Volume 8).

Peter Seyffert: *Soviet Literary Structuralism: Background Debate Issues*, 378 p., 1985 (ISBN: 0-89357-140-7).

Kot K. Shangriladze and Erica W. Townsend, eds.: *Papers for the V. Congress of Southeast European Studies (Belgrade, September 1984)*, 382 p., 1984 (ISBN: 0-89357-138-5).

Michael Shapiro: *Aspects of Russian Morphology, A Semiotic Investigation*, 62 p. (7 x 10" format), 1969 (ISBN: 0-89357-004-4).

J. Thomas Shaw: *Pushkin A Concordance to the Poetry*, 2 volumes, 1310 pages total, 1985 (ISBN: 0-89357-130-X for the set).

Efraim Sicher: *Style and Structure in the Prose of Isaak Babel'*, 169 p., 1986 (ISBN: 0-89357-163-6).

Mark S. Simpson: *The Russian Gothic Novel and its British Antecedents*, 112 p., 1986 (ISBN: 0-89357-162-8).

David A. Sloane: *Aleksandr Blok and the Dynamics of the Lyric Cycle*, 384 p., 1988 (ISBN: 0-89357-182-2).

OTHER BOOKS FROM SLAVICA

Greta N. Slobin, ed.: *Aleksej Remizov: Approaches to a Protean Writer*, 286 p., 1987 (ISBN: 0-89357-167-9).

Theofanis G. Stavrou and Peter R. Weisensel: *Russian Travelers to the Christian East from the Twelfth to the Twentieth Century*, L + 925 p., 1985, (ISBN: 0-89357-157-1).

Gerald Stone and Dean S. Worth, eds.: *The Formation of the Slavonic Literary Languages, Proceedings of a Conference Held in Memory of Robert Auty and Anne Pennington at Oxford 6-11 July 1981*, 269 p., 1985 (ISBN: 0-89357-143-1) (UCLA Slavic Studies, Volume 11).

Roland Sussex and J. C. Eade, eds.: *Culture and Nationalism in Nineteenth-Century Eastern Europe*, 158 p., 1985 (ISBN: 0-89357-146-6).

Oscar E. Swan: *First Year Polish, second edition, revised and expanded*, 354 p., 1983 (ISBN: 0-89357-108-3).

Oscar E. Swan: *Intermediate Polish*, 370 p., 1986 (ISBN: 0-89357-165-2).

Jane A. Taubman: *A Life Through Verse Marina Tsvetaeva's Lyric Diary*, 296 p., 1989 (ISBN: 0-89357-197-0).

Charles E. Townsend: *Continuing With Russian*, xxi + 426 p., 1981 (ISBN: 0-89357-085-0).

Charles E. Townsend and Veronica N. Dolenko: *Instructor's Manual to Accompany Continuing With Russian*, 39 p., 1987 (ISBN: 0-89357-177-6).

Charles E. Townsend: *Czech Through Russian*, viii + 263 p., 1981 (ISBN: 0-89357-089-3).

Charles E. Townsend: *The Memoirs of Princess Natal'ja Borisovna Dolgorukaja*, viii + 146 p., 1977 (ISBN: 0-89357-044-3).

Charles E. Townsend: *Russian Word Formation, corrected reprint*, viii + 272 p., 1975 (ISBN: 0-89357-023-0).

Janet G. Tucker: *Innokentij Annenskij and the Acmeist Doctrine*, 154 p., 1987 (ISBN: 0-89357-164-4).

Boryana Velcheva: *Proto-Slavic and Old Bulgarian Sound Changes*, Translation of the original by Ernest A. Scatton, 187 p., 1988 (ISBN: 0-89357-189-X).

Walter N. Vickery, ed.: *Aleksandr Blok Centennial Conference*, 403 p., 1984, (ISBN: 0-89357-111-3).

Essays in Honor of A. A. Zimin, ed. D. C. Waugh, xiv + 416 p., 1985 (ISBN: 0-89357-147-4).

Daniel C. Waugh: *The Great Turkes Defiance On the History of the Apocryphal Correspondence of the Ottoman Sultan in its Muscovite and Russian Variants*, ix + 354 p., 1978 (ISBN: 0-89357-056-7).

Susan Wobst: *Russian Readings and Grammatical Terminology*, 88 p., 1978 (ISBN: 0-89357-049-4).

OTHER BOOKS FROM SLAVICA

James B. Woodward: *The Symbolic Art of Gogol: Essays on His Short Fiction,* 131 p., 1982 (ISBN: 0-89357-093-1).

Dean S. Worth: *Origins of Russian Grammar Notes on the state of Russian philology before the advent of printed grammars,* 176 p., 1983 (ISBN: 0-89357-110-5). (UCLA Slavic Studies, Volume 5)

Что я видел *What I Saw* by Boris Zhitkov, Annotated and Edited by Richard L. Leed and Lora Paperno, 128 p. (8.5 x 11" format), 1988 (ISBN: 0-89357-183-0).